CINE PENSADO
Estudios críticos sobre 30 películas estrenadas en 2015

CINE PENSADO
Estudios críticos sobre 30 películas estrenadas en 2015

FilaSiete. Libros de Cine
www.filasiete.com
libros@filasiete.com

©2016, Nipho Publicaciones & Comunicación S.L.U.
Avda. Blas Infante, 6. Edificio Urbis, planta 10, módulo A1. 41011 Sevilla

Con la colaboración de la Fundación Estudios de la Comunicación (FEC)
y del Centro Universitario Villanueva

Los derechos de las fotografías pertenecen a las productoras y distribuidoras
que aparecen reflejadas en las fichas de las películas analizadas.
La Editorial hace declaración expresa de respeto del copyright de
las imágenes y agradece su colaboración a las distintas entidades

Diseño: Nipho Publicaciones & Comunicación

Diseño de portada: Ignacio Diez

ISBN: 978-84-946225-0-2
Depósito Legal: SE 1619-2016
Primera edición: octubre de 2016
Segunda edición: diciembre de 2016

Impreso en España - Printed in Spain

Todos los derechos reservados. No está permitida la reproducción total o parcial de este libro, ni su tratamiento informático, ni la transmisión de ninguna forma o por cualquier medio, ya sea electrónico, mecánico, por fotocopia, por registro u otros métodos sin el permiso previo y por escrito del editor.

Diríjase a CEDRO (Centro Español de Derechos Reprográficos) si necesita fotocopiar o escanear algún fragmento de esta obra (www.conlicencia.com; 917 021 970 / 932 720 445)

Autores

ALBERTO FIJO CORTÉS **coordinador editor**
Director de FilaSiete, revista y portal de crítica de cine y TV. Profesor de Historia del Cine y Narrativa audiovisual en el Centro Universitario Villanueva (adscrito a la Universidad Complutense). Entre sus libros: "100 clásicos. Una antología cinematográfica", "Cine 2008. Una selección de 100 estrenos cinematográficos" y "Cine 2009. Una selección de 100 estrenos cinematográficos". Editor y coautor de "Breve Encuentro. Estudios sobre 20 directores de cine contemporáneo".

ANA SÁNCHEZ DE LA NIETA
Periodista. Es directora adjunta de la revista FilaSiete. Coordina las secciones de cine de la agencia Aceprensa y de la revista Telva.

ÁNGEL PEÑA DELGADO
Redactor de la revista Actualidad Económica y profesor de Ética y Escritura de la Universidad IE. Ha colaborado en diferentes medios de comunicación y realizado crítica cinematográfica en FilaSiete y La Gaceta de los Negocios.

ANTONIO SÁNCHEZ-ESCALONILLA GARCÍA-RICO
Profesor titular de Guion Audiovisual en la Universidad Rey Juan Carlos, donde dirige el Doctorado de Humanidades. Ha trabajado como analista de historias para diversas productoras nacionales e internacionales y es autor de manuales de cine como "Estrategias de guion cinematográfico", "Del guion a la pantalla: Lenguaje visual para directores y guionistas de cine" y "Fantasía de aventuras: Claves creativas en novela y cine". Ha intervenido en el campo de la novela juvenil con "Ana y la Sibila".

ARMANDO FUMAGALLI
Profesor de Semiótica e Historia del cine en la Università Cattolica del Sacro Cuore de Milán, donde dirige el Máster en International Screenwriting and Production. Desde 1999 es también consultor de desarrollo de guiones para la productora italiana Lux Vide, especializada en series y miniseries internacionales ("Guerra y paz", "Maria de Nazareth", "Anna Karenina", "Medici. Masters of Florence"...). Entre otras muchas publicaciones (como por ejemplo, "Creatividad al poder", Rialp, Madrid, 2014) edita una colección anual de reseñas de cine ("Scegliere un film", Milano, Ares, 2004 y ss.).

CARMEN AZPURGUA
Filóloga. Máster en Estudios Narrativos de Artes Audiovisuales por la Universidad Rey Juan Carlos (Madrid). Trabaja en Comunicación institucional.

CLAUDIO SÁNCHEZ DE LA NIETA
Redactor-jefe de FilaSiete y director de las secciones de series de televisión de iCmedia y Aceprensa.

AUTORES

CRISTINA ABAD CADENAS
Combina el ejercicio de la comunicación institucional con la crítica cinematográfica y televisiva en la revista FilaSiete. Es máster en Guion, Narrativa y Creatividad Audiovisual por la Universidad de Sevilla y licenciada en Periodismo por la Universidad de Navarra.

ENRIQUE FUSTER
Profesor de Teoría e historia del cine y de Guion audiovisual en la Pontificia Università della Santa Croce (Roma). Autor de "Verso Dio nel cinema: viaggio in dieci tappe" (2013) y "El cine de Graham Greene" (2008). Editor de "La figura del padre nella serialità televisiva" (2014) y "Repensar la ficción. El mal moral en las pantallas: necesidades dramáticas y patologías industriales" (2011).

FERNANDO GIL-DELGADO MANRIQUE DE LARA
Historiador y filólogo. Crítico de cine en FilaSiete y Aceprensa. Es miembro del Círculo de Escritores Cinematográficos. Ha estudiado las relaciones entre cine y literatura. Prepara una monografía sobre Jacques Tourneur. Es autor de "Introducción a Shakespeare a través del cine" (2001. Madrid: Eiunsa) y coautor de una decena de libros sobre cine.

FERNANDO HERNÁNDEZ BARRAL
Doctor en Comunicación Audiovisual por la Universidad Complutense de Madrid y Licenciado en Comunicación Audiovisual por la misma universidad. Acreditado como Ayudante Doctor por la ANECA. Autor de numerosos cortometrajes, entre los que destacan "Fábrica de Silencio" (2001), presentado en el Festival de Cine de Sitges, y "Sinfonía" (2000), rodado en Nueva York con financiación del Vicerrectorado de Alumnos de la Universidad Complutense de Madrid. Es profesor de las asignaturas Realización Audiovisual, La Cultura de la Imagen y Teoría del Texto Audiovisual, en el Grado en Comunicación Audiovisual del Centro Universitario Villanueva.

JERÓNIMO JOSÉ MARTÍN SÁNCHEZ
Licenciado en Derecho por la Universidad Autónoma de Madrid. Presidente del Círculo de Escritores Cinematográficos (CEC) desde 1999. Crítico de cine de COPE, 13TV, FilaSiete, Aceprensa, Pantalla 90 y Cinemanet. Profesor de Historia del Cine de Animación en U-tad (Centro Universitario de Tecnología y Arte Digital), y de Cine y Moda en el Centro Universitario Villanueva. Coautor de los libros "Cine y Revolución Francesa" (Rialp, 1991), "Breve encuentro. Estudios sobre 20 directores de cine contemporáneo" (CIE/Dossat 2000, 2004) y "Cine y moda. ¡Luces, cámara, pasarela!" (Pigmalión Lumière, 2015). Coordinador de 1993 a 2006 de los anuarios de crítica de cine de las editoriales Palabra y CIE/Dossat 2000. Coguionista y productor asociado del documental "Alexia" (2011), de Pedro Delgado. Premio Puente de Toledo 2003 a la mejor labor periodística.

JORGE MILÁN FITERA
Profesor de Comunicación Audiovisual y de Documental y Vídeo Institucional, en la Pontificia Universidad de la Santa Cruz (Roma). Autor del libro "Religión en Televisión" (2009). Director, coautor y editor del vídeo institucional "Aprender Roma para comunicar la Iglesia" (2006).

JOSÉ GABRIEL LORENZO
Profesor de Narrativa cinematográfica en el Centro Universitario Villanueva y de Guion, Historia del Cine y Análisis fílmico en la Escuela Superior de Arte Dramático de Castilla y León. Fue docente en el Máster de Teatro y Artes Escénicas de la Universidad Complutense de Madrid. Cursó estudios de guion en la New York Film Academy. Colabora con diversas productoras en el desarrollo y escritura de guiones de largometraje. Tiene publicado por la Comunidad de Madrid el guion "El día del fin del mundo"

con el que obtuvo una beca para el desarrollo de guiones de largometraje. Coautor de "Breve encuentro: estudios sobre 20 directores de cine contemporáneo" con un estudio sobre John Sayles.

JOSÉ M. GARCÍA PELEGRÍN

Doctor en Filosofía y Letras, Universidad de Colonia. Autor de libros sobre cine (p.ej."Der Himmel über Hollywood. Was große Filme über den Menschen sagen", ed. española "El cielo sobre Hollywood") y sobre temas históricos ("La Rosa Blanca. Los estudiantes que se alzaron contra Hitler", "La Iglesia y el nazismo"). Crítico de cine del periódico Die Tagespost. Miembro de la Asociación de Críticos Cinematográficos de Alemania. Vive y trabaja en Berlín.

JUAN LUIS SÁNCHEZ GONZÁLEZ

Licenciado en Ciencias de la Información por la Universidad Complutense de Madrid. Autor del libro "Audrey Hepburn: Icono de la gran pantalla". Junto con Luis Miguel Carmona ha escrito: "Peter Jackson: De Mal gusto a El hobbit", "Tim Burton y sus mundos de fantasía; De Perdidos a Star Wars, J.J. Abrams: un hombre y sus sueños", "Lucha de gigantes. Godzilla, Gamera, Mothra y otros monstruos enormes de Japón". En breve, aparecerá "De Terminator a Avatar. James Cameron: El rey del mundo". Ha trabajado en las redacciones de los diarios Ya y Gaceta de los negocios, de las revistas Cinerama, Estrenos de cine, Estrenos de vídeo y Época. Escribe en Mundo Cristiano, El Distrito y Gente. Es Secretario General del Círculo de Escritores Cinematográficos (CEC).

JUAN ORELLANA GUTIÉRREZ DE TERÁN

Doctor en Humanidades por la Universidad CEU San Pablo y licenciado en Filosofía por la Universidad Pontificia Comillas. Profesor Adjunto de Narrativa Audiovisual en la Universidad CEU San Pablo. También es miembro del Círculo de Escritores Cinematográficos (CEC), Director del Departamento de Cine de la Conferencia Episcopal Española y Presidente de Signis-España. Actualmente colabora en varios programas de la cadena COPE y dirige la revista digital de crítica de cine Pantalla 90. Crítico de cine del semanario Alfa y Omega, del diario digital Páginas Digital, de Aceprensa y de Aleteia. Director de la colección de cine de Ediciones Encuentro. Autor de diversas monografías.

JUAN PABLO SERRA

Licenciado en Filosofía por la Universidad Complutense de Madrid (2003) y doctor en Filosofía por la Universidad de Navarra (2016). Es profesor de Humanidades en distintos grados de la Universidad Francisco de Vitoria, así como de metodología de la investigación en posgrado. Co-autor de "Pasión de los fuertes: la mirada antropológica de diez maestros del cine" (2005), "Grandes libros I: Antígona y Gorgias" (2010) y "Grandes libros II: Epístolas morales a Lucilio y Las leyes" (2011). Recientemente ha participado en el libro colectivo "El antifaz transparente: antropología en el cine de superhéroes" (2016). Sus áreas de interés tienen que ver con la filosofía política, el cine, la literatura y el análisis de la cultura popular.

JULIÁN LARRAURI

Productor Creativo y Director de Comunicación. Responsable de la visión estratégica, la gestión de producción y el desarrollo creativo de diversas películas y series para productoras como Disney, Paramount o Ilion. Nominado al Goya como mejor Director de Producción en 2015 por "Mortadelo y Filemón contra Jimmy el Cachondo". Experto en imagen visual, storytelling y desarrollo de proyectos creativos. Licenciado en Comunicación Audiovisual por la Universidad Complutense de Madrid.

LAURA GARCÍA POUSA

Guionista con amplia experiencia y diversos reconocimientos como los de la Academia de Televisión

(Premio Iris al Mejor Guion al equipo de guionistas de "Cuéntame cómo pasó", 2006, 2007, 2008 y 2009), la Academia de Cine (Nominación al Goya 2012 al Mejor Cortometraje de Ficción por "Meine Liebe") o el Festival IBAFF, con el premio The Abbas Kiarostami Film Seminar. Además, es Doctora en Historia del Cine por la UAM; ha sido profesora de Audiovisuales en la Facultad de Bellas Artes de la UCM, y actualmente en la UIC (Barcelona). Su primer libro publicado se titula "La memoria televisada: Cuéntame cómo pasó" (Comunicación Social, 2015).

LAURA MONTERO PLATA

Doctora en Historia del Cine por la Universidad Autónoma de Madrid y licenciada en Comunicación Audiovisual por la Universidad San Pablo CEU. Forma parte de la redacción de la revista de crítica cinematográfica FilaSiete y de A Cuarta Parede. Ha publicado en revistas como Secuencias o Cahiers du Cinéma España y ha sido colaboradora del Festival Cines del Sur. Es programadora y co-organizadora de la Semana de Cine Actual de la EOI de Madrid desde 2010. Sus líneas de investigación giran en torno al anime y al cine japonés contemporáneo. Es autora del libro "El mundo invisible de Hayao Miyazaki" (actualmente en su quinta edición), y también ha publicado en inglés, francés y español sobre otros autores como Satoshi Kon, Kenzō Masaoka, Hirokazu Kore-eda, Kim Jee-woon o Shunji Iwai.

LUIS DELTELL

Es profesor de la Universidad Complutense de Madrid. Imparte las asignaturas de Comunicación Digital e Historia del Cine. Ha publicado libros y artículos científicos sobre cine y cultura audiovisual. Además, es cineasta y ha realizado diversos documentales y trabajos audiovisuales.

MARÍA CABALLERO WANGÜEMERT

Catedrática de Literatura Hispanoamericana en la Universidad de Sevilla. Su actividad docente se compagina con la investigación, centrada en la narrativa -novela histórica, memorias, literatura femenina-, la teoría literaria y el cine. Ha coordinado "Mujeres de cine. 360º alrededor de la cámara" (Madrid, Biblioteca Nueva, 2011), conjunto de quince estudios sobre la mujer como actriz, guionista y directora de cine. Y ha dirigido durante 20 años, en la Universidad de Sevilla, una asignatura/seminario sobre mujer y cine titulada Femenino plural: mujer y cine.

MARTA GARCÍA SAHAGÚN

Doctora con Mención Europea en Comunicación Audiovisual y Publicidad por la Universidad Complutense de Madrid. Ha trabajado en el ámbito cultural y publicitario en España, Reino Unido y Estados Unidos. A su vez, ha complementado su actividad académica con estancias de investigación en la Universidad de Edimburgo y en París IV-Sorbonne.

NADIA MCGOWAN

Es profesora en la Universidad de Notre Dame de Louaize (Líbano), donde imparte las asignaturas de Iluminación y de Realización de Series. Ha colaborado como redactora en la revista cinematográfica profesional Cameraman y trabajado en el mundo audiovisual como parte del equipo de cámara.

PABLO ECHART

Profesor de Guion de Ficción - Cine en la Universidad de Navarra, donde también ha dirigido el máster en Guion Audiovisual, programa de posgrado en el que coordina un taller de escritura de largometrajes. Además de la monografía "La comedia romántica del Hollywood de los años 30 y 40" (Cátedra, 2005), ha publicado más de veinte artículos y capítulos de libro de carácter académico, referidos a cineastas como Alexander Payne, Clint Eastwood o Paul Auster, y a géneros cinematográficos como el thriller o la comedia (https://unav.academia.edu/PabloEchart). También realiza consultaría de guion para productoras y guionistas.

PAOLO BRAGA

Profesor de Escritura para cine y televisión en la Università Cattolica del Sacro Cuore de Milán, donde da clases también en el máster en International Screenwriting and Production. Ha publicado extensamente sobre temas de semiótica, series de televisión, guion para cine y televisión. Su libro más reciente es "Words in Action. Forms and techniques of Film Dialogue", Peter Lang, Berna, 2015.

RUTH GUTIÉRREZ DELGADO

Profesora de Guion y de Epistemología en la Facultad de Comunicación de la Universidad de Navarra. Desde sus comienzos en la investigación, con su tesis doctoral sobre "Lo heroico en el cine de John Ford", ha centrado sus estudios en la Poética, el Mito y el Heroísmo. Es investigadora principal del Proyecto de Investigación MYHE (Mythmaking y Heroísmo en las narrativas mediáticas). Ha sido profesora visitante de la University of Glasgow, St. Andrews University, University College Cork y de la Universität Bremen.

SOFÍA LÓPEZ HERNÁNDEZ

Doctora en Ciencias de la Información por la Universidad Complutense de Madrid con la tesis "Las composiciones cinematográficas de Augusto Algueró: análisis musical y estilo compositivo". Profesora de Historia del Cine Español y de Estética Musical en el CU Villanueva, adscrito a la Universidad Complutense de Madrid. Crítico de la revista mensual de crítica cinematográfica FilaSiete. Miembro del Círculo de Escritores de Cine (CEC). Forma parte del proyecto I+D del Ministerio de Economía y Competitividad "La Canción Popular como fuente de inspiración. Contextualización de fuentes".

Presentación

Se reúnen en este libro estudios de 30 películas de buen nivel, valiosas en fondo y forma. Todas ellas se estrenaron en España a lo largo del año 2015. Los que escribimos somos críticos de cine profesionales y/o profesores de universidad que enseñamos directa o indirectamente lenguaje cinematográfico y narrativa audiovisual. La mayor parte vivimos en España, pero hay siete que trabajan en Inglaterra, Italia, Alemania y Líbano. Damos clase en doce universidades. Escribimos y hablamos de cine en diarios, revistas, radios, televisiones y portales de internet. Muchos son los libros sobre cine que hemos publicado.

Nuestra ilusión, que ha sido el motor del proyecto, es que el libro pueda ser útil para profesores, estudiantes y buenos aficionados al cine que quieran profundizar en el fondo y en la forma de una amplia selección de las mejores películas del año. Prestamos atención al lenguaje cinematográfico y a las estrategias narrativas empleadas en las obras analizadas.

La inmediatez que proporcionan las nuevas tecnologías de la comunicación nos invita a un cambio de paradigma en cuanto a las publicaciones. Parece conveniente que los críticos y los profesores tendamos un puente para que alumnos, profesores y personas interesadas en el cine puedan acercarse a lo que se está haciendo hoy y ahora en el campo de la ficción audiovisual. Este tipo de libro es fruto del convencimiento de que los docentes y los escritores cinematográficos hemos de traer la realidad al ámbito académico. Para hacerlo, hemos de estar en contacto con lo que se estrena en las salas, pensando las películas, descubriendo claves, tendencias, influencias, conexiones entre el cine que se está haciendo, el que se hizo y el que previsiblemente se hará.

La idea es continuar editando anualmente CINE PENSADO. Así facilitamos a los lectores que puedan descubrir o saborear películas notables. Nos acoge el sello editorial FILA SIETE (LIBROS DE CINE), vinculado a una de las revistas de crítica de cine y TV más prestigiosas escritas en español. Tengo la suerte y el honor de dirigirla desde su nacimiento en 1998. En FilaSiete escriben habitualmente 11 de los 27 autores firmantes. La trayectoria profesional de los autores está compendiada al principio del libro.

Agradezco a los autores su entusiasmo y dedicación. A nuestro editor, Juan Pedro Delgado, la prontitud con que acogió el proyecto y haberlo hecho posible. José Tomás Asencio ha cuidado la maquetación y el diseño con su esmero habitual. Cristina Abad, subdirectora de Fila Siete, ha leído el manuscrito y aportado muchas buenas ideas.

La colaboración y el interés que han puesto en este libro la Fundación de Estudios de la Comunicación (FEC) y el Centro Universitario Villanueva han sido importantes. A ambos, nuestra gratitud.

A usted, amable lectora o lector, nuestro agradecimiento por la confianza que supone haber comprado el libro. Esperamos que sea de su agrado y que esto sea el principio o la consolidación de una larga amistad...

Alberto Fijo
Crítico de cine. Profesor universitario de
Narrativa Audiovisual e Historia del Cine

Atrapa la bandera (Enrique Gato)

JERÓNIMO JOSÉ MARTÍN

El vallisoletano Enrique Gato estudió Ingeniería Técnica Informática entre 1995 y 1999, al tiempo que realizaba sus propios cortometrajes de animación -*Toy Jístory*, *Starship Trappers*, *Bicho*...- y colaboraba como animador de videojuegos en empresas como Pyro Studios y Virtual Toys. En 2003 comienza a crear contenidos para cine en la productora La Fiesta, lo que le lleva a ganar en 2006, con *Tadeo Jones*, el Goya al mejor corto de animación y otros 64 premios nacionales e internacionales, incluida una preselección para el Oscar. Dos años más tarde, volvió a ganar el Goya y otros 30 premios con *Tadeo Jones y el sótano maldito*, su segundo corto sobre ese modesto obrero de la construcción, caótico, ingenuo y algo gafe, que ansía convertirse en un arqueólogo a lo Indiana Jones.

Esa imparable proyección artística y comercial de Enrique Gato se confirmó con *Las aventuras de Tadeo Jones*, primer largometraje del personaje, ya producido por Lightbox Animation Studios, fundados en 2008 por el propio Gato, Nicolás Matji y otros cuantos locos de los dibujos animados. La película, con un ajustadísimo presupuesto de unos 8 millones de dólares, fue un inesperado éxito de taquilla en España y en todo el mundo, recaudando unos 60 millones de dólares y convirtiéndose así en la película española de animación más taquillera de la historia. Además, ganó en 2013 los Premios Goya y las

Medallas CEC del Círculo de Escritores Cinematográficos al mejor largometraje de animación, director revelación y guion adaptado, así como el Premio José María Forqué al mejor largometraje documental o de animación. Para 2017 está previsto el estreno de un nuevo largometraje sobre Tadeo Jones, también dirigido por Enrique Gato.

«Durante muchos años se han estado haciendo películas de animación, pero quizás faltaba algo rotundo -aseguraba el joven cineasta-. Tadeo consiguió muchos hitos. Fue la primera película de animación española que generó una saga y se convirtió en un modelo exportable a seguir. Abrió un melón que llevaba mucho tiempo queriendo explotar, y por fin el mundo del dinero se dio cuenta de que se podía invertir en él».

La pasión secreta de Jordi Gasull

Con estos precedentes, el segundo largometraje de Enrique Gato, *Atrapa la bandera*, estaba llamado a ser la consolidación definitiva de él como cineasta y de Lightbox Animation Studios como productora. Para conseguirlo, eligieron un guion a ocho manos, liderado por el barcelonés Jordi Gasull, coproductor y coguionista de *Las aventuras de Tadeo Jones*, que ya había escrito los libretos de ficciones de acción real como *El viaje de Arián* (2000), *Bruc. El desafío* (2010) y *Lope* (2010), y de documentales como *Mira la luna* (2006) y *Son & Moon: diario de un astronauta* (2009), ambos sobre Miguel López Alegría -el primer astronauta español-, y en los que Gasull se dio a conocer como el mayor coleccionista español de objetos relacionados con la carrera espacial.

«*Atrapa la bandera* es un proyecto muy personal, que sale del corazón -explicaba Gasull-. Es un arte compartido y trabajas con cientos de personas, pero la primera fuerza creativa viene de esa pasión espacial y de haber podido contagiar a todos». De hecho, su amplia colección de objetos -alojada en el Museo Lunar de la Estación Espacial de Fresnedillas (Madrid)- fue de gran utilidad para la realización del filme. «El *checklist* es una especie de cuadernillo que llevaban los astronautas sobre el guante -comenta Gasull-. Nos ha ayudado muchísimo a la hora de hacer la película. Los animadores le sacaban fotos, se lo ponían, veían la textura, el tamaño... También nos ha ayudado con los trajes espaciales en temas de modelado, textura, forma, movimientos...».

La pandilla contra el malvado ricachón

Esa pasión de Gasull por la exploración espacial marca cada pasaje del argumento de la película, protagonizado por Mike Goldwing, un simpático y decidido chaval kitesurfero de 12 años, al que le encanta vivir arriesgadas aventuras con sus amigos, el friki Marty, la futura periodista Amy e Igor, un pequeño lagarto con aspiraciones de ser Godzilla. El padre de Mike es astronauta en la NASA, y su abuelo también lo fue, aunque ahora vive retirado en una residencia, muy distanciado de su familia por un hecho que Mike ignora.

En ésas, un ambicioso multimillonario texano, Richard Carson, desata una polémica mediática cuando asegura que la llegada a la luna del Apolo XI en 1969 fue un montaje. En realidad, este vanidoso magnate del petróleo quiere robar la bandera que depositaron los astronautas estadounidenses en la Luna, y apropiarse del satélite para explotar sin competencia el Helio 3, un nuevo mineral energético. Entonces, la NASA intenta adelantarse, y nombra al padre de Mike jefe de una nueva expedición espacial. Pero, por una serie de contratiempos y casualidades, serán el propio Mike, su abuelo y sus amigos lo que viajan a la Luna para intentar impedir que Carson se salga con la suya, y salvar así la Tierra y a su propia familia.

Hacia el mundo entero y más allá

Al igual que *Las aventuras de Tadeo Jones*, *Atrapa la bandera* está rotulada en inglés, con el fin de facilitar unas amplias ventas internacionales. «Si quieres hacer películas de cierto nivel presupuestario, hay que pensar que el mercado es el mundo, no solo España -explicaba Gasull-. Es muy complicado financiar 11 millones de euros solo con el mercado español. Diría que es suicida. Producir una película de ese presupuesto contando solo con nuestro país, implica que deberías recaudar en España más de 36 millones de euros para recuperar el capital invertido. Sólo dos películas españolas en toda la historia han alcanzado (y superado) esa cifra: *Lo imposible* y *Ocho apellidos vascos*».

Por otra parte, el filme contó con el asesoramiento de Miguel López Alegría y con la autorización de la NASA para reproducir sus trajes, instalaciones y objetos espaciales. «La NASA nos pedía que los logos fueran en los lugares donde van en la realidad -señalaba Gasull-, y que no pusiéramos un logo de la NASA en un traje si no lo llevaba en la realidad». Y asegura: «Hicimos que nuestros trajes fueran los A7L, los modelos que emplearon Armstrong y Aldrin en la Luna, además todos de blanco, sin franjas rojas que identificaran al comandante». Estos esfuerzos dan al filme un *look* realista y muy estadounidense, injustamente criticado por algunos al considerarlo una pérdida de las raíces españolas de la producción y una excesiva imitación de los personajes, fondos y diseños de las películas de animación digital de Pixar y Disney.

La historia se enriquece con conflictos dramáticos de gran interés, sobre todo en lo referente a los problemas familiares de los personajes.

Al estilo del Spielberg de hace tres décadas

Ciertamente, Gasull y Gato no ocultan su profunda admiración por las películas de esas grandes productoras, y tampoco disimulan su nostalgia por el cine familiar *spielbergiano* de los años 80 del siglo pasado, en el que seguramente se formaron como cinéfilos. Así que es fácil detectar en el filme homenajes, a veces explícitos, a las magníficas producciones animadas de los estudios de Emeryville y Burbank, así como a películas del estilo de *E.T. El extraterrestre*, *Los Goonies* o *El secreto de la pirámide*. Hasta Stanley Kubrick y Steve Jobs son objeto de guiños divertidos y audaces, destinados a los más cinéfilos.

«Hay tantas películas de animación ya hechas -se justifica Enrique Gato-, que crear un personaje de animación real totalmente original es casi imposible. Hoy en día siempre te van a poder comparar, aunque sí es cierto que nuestro referente artístico es la animación de Disney y Pixar, pues ellos han conseguido algo básico, como es equilibrar a la perfección acción, aventura y emoción, que son los tres pilares fundamentales de todo, quitándose de paso ese complejo de que la animación es solo para niños, y consiguiendo involucrar a los adultos... De todas formas, hablo siempre de personajes que recrean seres humanos de carne y hueso, pues nadie podrá decir que nuestro Igor, el lagarto, se parece a algún otro animal de esta especie en otra película de animación».

En cualquier caso, en *Atrapa la bandera* funciona también de forma excelente la conjunción de realismo y fantasía características de esas películas admiradas. «No puedes olvidar que esto es una película de dibujos para niños -afirmaba Gasull-. Puedes llevar el realismo hasta cierto límite, pero después tienes que dejar volar la imaginación y pensar que esto es una ficción, no un documental».

Calidad premium a precio de crisis

En cuanto a su resolución formal, sorprende la altísima calidad de la animación de *Atrapa la bandera*, casi siempre comparable con la de sus poderosos referentes, pero lograda con un presupuesto diez o doce veces menor. De modo que sus 11 millones acreditados permiten a Enrique Gato un notable salto de calidad respecto a *Las aventuras de Tadeo Jones*, patente en la expresiva animación de todos los personajes -algunos más realistas, otros estilo *cartoon*, como el divertido lagarto Igor-, en los cuidadísimos fondos -detallados con esmero- y en una agilísima planificación, de ritmo progresivo y muy brillante en las largas y espectaculares secuencias de acción.

«Hacemos milagros con nuestros presupuestos -afirma Gato respecto a esta evidente mejora cualitativa con un presupuesto no mucho mayor-. Estoy muy contento, porque una de mis principales obsesiones era que en pantalla se notara esta evolución de nuestro estudio, esta mayor madurez, y que el público se diera cuenta de que la animación española no tiene nada que envidiar a la estadounidense. Con este mayor oficio podremos generar confianza en el dinero, que lo que quiere es seguridad, saber que se va a invertir en algo solvente, serio y rentable. No estamos pensando en hacer caja y marcharnos, sino en crear una industria».

Elogio especial merecen los doblajes en español de Michelle Jenner y Dani Rovira, así como la vibrante banda sonora del tinerfeño Diego Navarro, en la que confirma la calidad y versatilidad que ya mostró en otro notable largometraje de animación, *Puerta del tiempo* (2002), de Pedro Delgado. También es chispeante y pegadiza la canción de créditos, *Te sigo*, interpretada por Auryn, la popularísima *boyband* juvenil española.

Aventuras con alma

Toda esa calidad técnica se pone al servicio de una historia muy entretenida, algo imitativa en los perfiles básicos de los protagonistas -que acaban formando una pandilla juvenil algo convencional-, pero que se enriquece con conflictos dramáticos de gran interés, sobre todo en lo referente a los problemas familiares de los personajes. En este sentido -y aunque desaprovecha un poco personajes atractivos, como la madre de Mike o su hermana pequeña, Tessa-, *Atrapa la bandera* ofrece una bella exaltación del cariño familiar, la amistad y la reconciliación, con certeras reflexiones sobre el papel de los abuelos, el trabajo en equipo y las miserias del capitalismo salvaje. «Todos tenemos algún tipo de herida en la familia y todos queremos ver esa herida sanar -señalaba Gasull-. Eso hace que *Atrapa la bandera* sea una película que gusta a niños, adolescentes, gente mayor y gente de mediana edad».

Atrapa la bandera también pasará a la historia por ser la primera película española en ser distribuida mundialmente por un estudio de Hollywood, Paramount Pictures, abriendo así el camino a futuras producciones de Lightbox y de otras empresas españolas. Sin embargo, ese poderoso apoyo no se tradujo en la taquilla esperada, sobre todo fuera de España, de modo que se quedó muy lejos de lo recaudado por *Las aventuras de Tadeo Jones*. En cualquier caso, sí que ganó los principales galardones españoles al mejor filme de animación 2016 -el Goya, la Medalla CEC, el Forqué, el Gaudí...-, así como el Premio Platino en esa misma categoría, convirtiéndose así en la única película española distinguida ese año en estos jóvenes reconocimientos del Cine Iberoamericano. Y, desde luego, no paró traumáticamente -como ha pasado otras veces- las excelentes perspectivas de Lightbox Animation Studios, que ultiman *Las aventuras de Tadeo Jones 2*, al tiempo que han puesto en marcha su propia Academia, especializada, como es lógico, en la enseñanza de la animación digital.

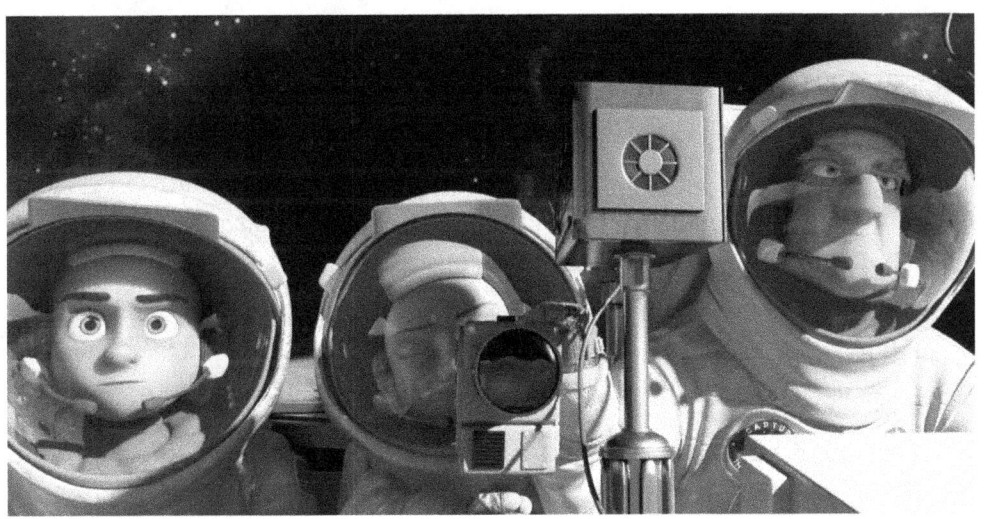

ATRAPA LA BANDERA (2015)
País: **España**
Dirección: **Enrique Gato**
Guion: **Jordi Gasull, Neil Landau, Javier López Barreira**, a partir de un argumento de **Patxi Amezcua**
Montaje: **Alexander Adams**
Música: **Diego Navarro**
Producción: **Jordi Gasull, Nicolás Matji, Edmon Roch, Ignacio Fernández-Veiga Feijóo**
Voces originales: **Dani Rovira, Michelle Jenner, Camilo García, Oriol Tarragó, Carme Calvell, Javier Balas, Toni Mora, Marta Barbará, Xavier Casan**
97 minutos
Distribuidora DVD: **Paramount**
Estreno en España: **28.8.2015**

Filmografía de Enrique Gato como director

- *Las aventuras de Tadeo Jones 2* (2017).
- *Atrapa la bandera* (2015).
- *Las aventuras de Tadeo Jones* (2012).

FUENTES

- FIJO, Alberto (2015). Crítica de Atrapa la bandera. *FilaSiete*. Crítica de cine & TV <http://filasiete.com/peliculas/atrapa-la-bandera-85/>

- GASULL, Jordi (2015). El mercado es el mundo, no sólo España. Entrevista a Jordi Gasull, guionista y coproductor de Atrapa la bandera. *El Blog de Cine Español*. 06.08.2015 <http://www.elblogdecineespanol.com/?p=24162>

- GATO, Enrique (2015). Estamos viviendo el mejor momento de la animación española de la historia. Entrevista a Enrique Gato, director de Atrapa la bandera. *El Blog de Cine Español*. 09.09.2015 <http://www.elblogdecineespanol.com/?p=24600>

- MARTÍNEZ Beatriz (2015). Hacemos milagros con nuestros presupuestos. Entrevista con Enrique Gato, director de Atrapa la bandera. *El Periódico*. 30.08.2015 <http://www.elperiodico.com/es/noticias/ocio-y-cultura/enrique-gato-hacemos-milagros-con-nuestros-presupuestos-4465819>

- NAVARRO, Víctor (2015). *Y el sueño de Jordi Gasull se convirtió en película*. Telefónica Fundación. Exposición Atrapa la bandera. 14.07.2015 <https://espacio.fundaciontelefonica.com/noticia/atrapa-la-bandera-entrevista-jordi-gasull/?ide=42236>

- PLASENCIA, Pedro (2015). El dibujo español toca la luna. Los creadores de Tadeo Jones vuelven a la animación con una odisea espacial muy familiar supervisada por la NASA. Despega Atrapa la bandera. *Edición digital del diario El Mundo*. 28.08.2015 <http://www.elmundo.es/cultura/2015/08/28/55b8f9eb46163f36168b459b.html>

- VV.AA (2015). Crítica de Atrapa la bandera. *Decine21* <http://decine21.com/peliculas/ atrapa-la-bandera-29554>

- VV.AA. (2016). La animación española. Academia. *Revista digital del cine español*. Nº 219. Mayo-junio 2016 <http://www.academiadecine.com/revista_digital/com.academiadecine.revista.pc/index.html>

Birdman (Alejandro González Iñárritu)
CARMEN AZPURGUA

La carrera cinematográfica de Alejandro González Iñárritu ha sido rápida y fulgurante. Con sus tres primeros y premiados largos -*Amores perros* (2000), *21 gramos* (2003) y *Babel* (2006)-, en los que trabajó con Guillermo Arriaga, se colocó directamente entre los directores reputados del cine internacional.

Esas películas iniciales, conocidas como "Trilogía de la muerte" por su unidad temática y formal, tienen una estructura multitrama, son historias a modo de mosaico que se entrelazan hasta confluir en un punto de unión, donde todo cobra sentido. La triada reúne todas las características del cine múltiplex[1], un tipo de cine que ha proliferado tanto desde los 90 que puede considerarse un sub-género de la posmodernidad cinematográfica[2] (ORELLANA, 2011).

En lo formal, la técnica básica del múltiplex es la fragmentación como forma de transmitir al espectador la confusión y la pérdida de control de la perspectiva espacio-temporal; el montaje es muy explícito, muy ágil y se sirve de frecuentes innovaciones;

---

[1] Utilizando la terminología de Lipovetsky en su libro "La pantalla global".

[2] Como película inaugural del sub-género y pese a que "Gran Canyon" (Lawrence Kasdan, 1991) es anterior, se menciona "Vidas cruzadas", de Robert Altman. Le siguen un gran número de filmes: "Before the rain" (Mitcho Mancheuski, 1994) "Smoke" (Wayne Wang, 1995), "Magnolia" (Paul Thomas Anderson, 1999) "Traffic" (Steven Sodenergh, 2000), "Codigo desconocido" (Michael Haneke, 2000), "Vidas contadas" (Jill Sprecher, 2002), "Crash" (Paul Haggis, 2004), etc.

en cuanto a la narrativa mezcla el modelo realista clásico con esquemas deconstruidos y con el lenguaje del cine más comercial.

Respecto al tema y al héroe narrativo, también hay en el cine múltiplex un protagonista colectivo por antonomasia: el hombre posmoderno, un antihéroe, confundido y desnortado.

Iñárritu se ha encontrado muy cómodo en el cine multitrama porque la clave de su cine, que tiene mucho de búsqueda personal, es la disección de las incoherencias de nuestro sistema de vida, el desmantelamiento del escepticismo, el encuentro con la debilidad humana y, desde ahí, la aceptación de la impotencia y el amor como asidero. Las películas múltiplex son esencialmente epifánicas y el cine del mexicano indudablemente quiere serlo.

Birdman como epítome del cine posmoderno

El argumento de *Birdman* es puramente vehicular: Riggan Thomson (Michael Keaton), actor en horas bajas famoso en su día por encarnar a un célebre superhéroe, trata de dar un nuevo rumbo a su carrera montando una obra teatral en Broadway.

La trama es solo una excusa para que Iñárritu continúe hablando de lo que le interesa, en *Birdman* el realizador mexicano insiste, lejos de abandonar repasa la misma temática. Si antes se había ido aproximando, en esta ocasión se le nota la voluntad de dar el abordaje definitivo, de no dejar nada fuera. *Birdman* aspira a ser el epítome del cine posmoderno. Puede que Iñárritu repita temática pero en ningún caso es "más de lo mismo", entre otras cosas porque invierte casi todas las estrategias cinematográficas que había usado hasta el momento: si hasta ahora la clave era dramática, *Birdman* se adentra en la comedia, si la fragmentación había sido el vehículo formal, el plano secuencia es en esta ocasión la baza fundamental. Veamos cómo la hace.

Uno de los aspectos más destacables de la cinta es su grandísima proliferación temática, la película es un sumario completo de sociología posmoderna. Es difícil hacer un elenco de todas las cuestiones argumentales que se desarrollan en los 119 minutos de metraje. Las declaraciones del propio Iñárritu dan idea de la multiplicidad de objetivos del guion:

> *Birdman* es una película que tiene alas, que me ha liberado. He cambiado la forma de abordar los temas, pero estos siguen siendo los mismos: quién coño somos, qué significado tiene y de qué trata esta vida. Es una película para todos los que sentimos

eso. Habla de la necesidad de reconocimiento, de confundir la admiración con el amor; de entender ya demasiado tarde que era amor lo que tuvimos y que no lo supimos, y que eso era lo único que necesitábamos tener. Los seres humanos somos criaturas patéticas y adorables. Todos tenemos algo de *Birdman* (MARTÍNEZ AHRENS, 2015)

También ha hablado Iñárritu del ego como tema en *Birdman*:

> La idea proviene de mi propia exploración y de los propios mecanismos del ego: de cómo funciona esa voz interna que muchas veces es muy dictatorial, como en mi caso, que es absolutamente inflexible, demandante y eternamente insatisfecha (PALOVITS, 2015)

Pero hay además en la película otros muchos temas que constituyen un catálogo exhaustivo de posmodernidad: la familia disfuncional, el fracaso en la paternidad, el abandono de los hijos, la ausencia total de vínculos en las relaciones, la inmadurez posmoderna.

Los personajes de *Birdman* son una galería de individuos patéticos en crisis vitales con una falta de madurez muy adecuada al perfil social contemporáneo: mujeres preocupadas a última hora por el reloj biológico, veinteañeras de vuelta de todo, actoresególatras, tipos humanos carentes de interioridad propia.

El guion explora las formas de razonar, los eslóganes y los tics de conductas sociales, la dependencia de la información y la hiperconexión: *No seáis tan penosos, dejad de mirar el mundo a través de vuestros móviles, vivid el mundo real*, dice Mike en uno de los preestrenos.

Se subrayan las diferencias generacionales, la nueva forma de ver y entender el mundo: *Las cosas están sucediendo en un lugar que ignoras deliberadamente, un lugar donde ya se te ha olvidado. Y, ¿quién eres tú? Odias a los bloggers. Te burlas de Twitter. Ni siquiera tienes una página de Facebook. Tú eres el que no existe*, dice Sam a Riggan.

Tampoco se dejan fuera las patologías psíquicas actuales: la adicción a las drogas, al alcohol, al sexo o a la popularidad, así como las enfermedades mentales habituales como la depresión y, de otra forma, la esquizofrenia.

Se aborda, por último, el temor a la muerte y esa vaguedad trascendente con la que nos cuestionamos el más allá: insertos oníricos, visiones o alucinaciones en las que Iñárritu, en una arriesgada decisión narrativa, renuncia al realismo.

Como puede verse, *Birdman* es un buen retrato del narciso contemporáneo (LIPOVESTSKY, 2003) en el que pocos temas quedan fuera.

Metaficción, intertextualidad y humor en *Birdman*

Además del elenco temático, otra de las cuestiones que otorgan a *Birdman* ese cariz de cine posmoderno es su vertiente metaficcional. La película introduce el arte teatral dentro del arte cinematográfico y se convierte en un instrumento para el autoanálisis de la industria del cine.

Se ironiza sobre el exhibicionismo artístico y sobre la superioridad moral que se atribuye a sí misma la élite cultural, en concreto los críticos: *Un hombre se convierte en crítico cuando es incapaz de hacer arte del mismo modo que se convierte en espía cuando no puede ser soldado*, espeta Mike a la crítica teatral del New York Times. Se inserta también un tema tan posmoderno como la distinción entre la alta y baja cultura.

Hay muchas otras escenas metacinematográficas, como aquella en la que Iñárritu se lamenta del modo en que el cine comercial acaba con los buenos actores y hace su propia lista de "casos lamentables":

RIGGAN: Búscame un actor. Un buen actor. Philip Seymour Hoffman...

JAKE: Está haciendo "Los Juegos del Hambre".

RIGGAN: ¿Michael Fassbender?

JAKE: Hace la precuela de la precuela de "X-Men".

Llegan al camerino de Riggan.

RIGGAN: ¿Cómo se llama? Jeremy Renner...

JAKE: ¿Quién?

RIGGAN: El tipo que hizo "En tierra hostil".

JAKE: Sí, es uno de "Los Vengadores".

RIGGAN: (Con disgusto) Joder. A otro que le han puesto una capa. No te preocupes. Búscame a cualquiera.

En el propio casting de actores también jugó un papel importante ese elemento metaficcional, pues González Iñárritu tuvo bastante en cuenta que el personaje se adaptara a la biografía del actor que iba a representarlo. Así, como protagonista buscó a Michael Keaton, actor en horas bajas que interpretó a *Batman* en los 90, y para dar vida al ególatra Mike escogió a Edward Norton, famoso en Hollywood por ser problemático en los rodajes.

Otro de los juegos posmodernos de *Birdman* es la intertextualidad. Entre las diversio-

Varapalo a la crítica cinematográfica en boca de Mike.

nes del cinéfilo contemporáneo figura encontrar citas referenciales a otros autores en un texto fílmico. *Birdman* está llena de referencias, Raymond Carver el padre del realismo sucio es la fundamental y la más justificada pero no es la única: están Roland Barthes, filósofo icónico de la posmodernidad, Shakespeare, Flaubert, Martin Scorsese, Godard, Cassavetes y probablemente muchos más. Hay quien tilda de pedante este elenco referencial, pero Iñárritu no pretende otra cosa que incorporar a su película todas las claves del cine posmoderno y la referencialidad es una de ellas.

Por el mismo motivo se recurre al humor, a la sátira y el gag y al pastiche y a la parodia y a la combinatoria de géneros, todo eso que conforma la lógica lúdica de la posmodernidad cinematográfica (ZAVALA, 2005).

La forma en *Birdman*

La radicalidad en la realización es otro de los presupuestos del cine de la posmodernidad. La apuesta de Iñárritu por el plano secuencia y el abandono de la narración fragmentada es quizá la divergencia más evidente con su cine anterior.

La película pretende dar la impresión de estar rodada en un único plano; si bien esa impresión es falsa, hay muy pocos cortes a lo largo del metraje: dieciséis en ciento diecinueve minutos.

Sobre el motivo por el que decidió usar ese tipo de plano, Iñárritu ha hecho las siguientes declaraciones: «Creo que ya había explorado lo suficiente toda esa parte que es la yuxtaposición del tiempo y del espacio, que es la sangre, el pulso del cine, o lo que define al cine, y esta idea de estar dentro de la cabeza, o dentro de un punto de vista radical del personaje, pensé que era la mejor forma» (PALOVITS, 2015).

Este recurso no es por tanto una mera innovación formal, la opción de realización encaja con una de las características del cine posmoderno que prima el sentimiento frente a la racionalidad, la cercanía del plano secuencia facilita mucho la empatía con el personaje.

Además, la técnica, opuesta de suyo a la fragmentación, está utilizada para conseguir unos resultados similares: causar confusión, aturdir al espectador, mostrar la falta de dirección de los personajes, su descentramiento vital. El uso del plano secuencia, con un constante entrar y salir en espacios muy cerrados, casi claustrofóbicos, y las incursiones en las vidas de los personajes, funciona de forma parecida a los saltos entre historias que veíamos en las películas anteriores.

De hecho, aunque en *Birdman* hay un personaje que ostenta el protagonismo, también puede ser considerada una película multiprotagonista o al menos un largometraje coral. En realidad, como se puede ver, hay bastante continuidad con el González Iñárritu anterior.

El final epifánico

Entramos por último en el final de *Birdman*. Lauro Zavala (2005) diferencia los finales epifánicos en el cine clásico, moderno y posmoderno y dice que si una epifanía clásica revela una verdad que resuelve el enigma, y una epifanía moderna neutraliza la resolución por medio de un final abierto, una cinta posmoderna concluye con un simulacro de epifanía cerrando también en abierto.

El final de *Birdman* es paradójico, abierto, sugerente y radicalmente epifánico y posmoderno. Merece la pena analizarlo con detenimiento.

La película tiene un largo y doble final; comienza a cerrarse a partir del minuto 84 después del encuentro de Riggan con la crítica del New York Times.

A partir de ese momento, Riggan asume su fracaso, se emborracha y cede a la sugestión de su voz interior recreando junto a su dualidad, el hombre pájaro, una escena de cine "porno apocalíptico".

Después de esa secuencia comienzan las tentativas de suicidio que, si bien son mostradas al espectador de forma ambigua, conducen hacia un único final coherente.

En la primera tentativa, Riggan contempla interiormente la idea del suicidio, en la azotea del teatro. Al borde del alféizar tiene su epifanía, conoce la verdad acerca de sí mismo y ve claro el camino a seguir.

Se ve con nitidez la liberación que le produce la comprensión de la epifanía porque el vuelo que se inicia es imaginario, pero muy placentero.

De forma muy inteligente -el viaje finaliza con la bajada de un taxi que abandona sin pagar- se nos hace ver que, por el momento, se trata solo de una idea, algo que está en la cabeza del personaje, que no ha ocurrido en realidad.

Después de esa secuencia, Riggan ya está determinado a su fin. A continuación, tranquilo, seguro, se dirige al escenario; es el momento de la segunda tentativa de suicidio, esta vez de forma real, en medio de la función teatral.

La cinta podría haber terminado aquí, de hecho así lo sugieren los planos en los que Riggan tiene la típica revisión audiovisual *premortem*, sin embargo, el disparo es fallido, un nuevo fracaso, que absurdamente le conduce el éxito.

Iñárritu se aventura entonces con el doble final en el que, señalando la diferencia, se ha roto el plano secuencia. Riggan está en el hospital, el éxito que perseguía ha llegado pero no despierta en él ningún tipo de euforia. Sí se conmueve con la cercanía de Sam, con la que parece haber estrechado el vínculo.

En la secuencia final, Riggan se desprende en el cuarto de baño del vendaje o lo que es lo mismo se quita definitivamente la máscara. El hombre pájaro aparece de nuevo, pero esta vez en silencio y en postura ridícula -sentado en el retrete-, Riggan, sin embargo, aun con el camisón hospitalario y las facciones magulladas se ve más digno que en ningún otro momento de la película.

Después abre la ventana, mira los pájaros y se lanza. A continuación vemos la epifanía de Sam. Tras el primer momento de pánico mirando hacia abajo, gira su vista al cielo y su cara se ilumina, corresponde al espectador la explicación acerca de ese inesperado cambio de visión y de comprensión de lo ocurrido. Una claridad en la que no todo es claro.

Birdman es una película ambiciosa y difícil de entender, tanto como pretender dar una explicación a un sistema de vida, el nuestro que abomina de las explicaciones; ahí está la audacia de Iñárritu en intentarlo desde la búsqueda personal, desde la experiencia vital. Por eso *Birdman* suena a verdadero, porque está tan lejos de la complaciente aceptación del *status* como del pesimismo atormentado de cierto realismo europeo. *Birdman* no da respuestas pero nos lanza en su búsqueda.

BIRDMAN OR THE UNEXPECTED VIRTUE OF IGNORANCE (2014)
País: **EE.UU.**
Dirección: **Alejandro González Iñárritu**
Guion: **A. G. Iñárritu, Nicolás Giacobone, Alexander Dinelaris, Armando Bo**
Fotografía: **Emmanuel Lubezki**
Montaje: **Douglas Crise, Stephen Mirrione**
Música: **Antonio Sánchez**
Diseño de producción: **Kevin Thompson**
Vestuario: **Albert Wolsky**
Intérpretes: **Michael Keaton, Emma Stone, Edward Norton, Zach Galifianakis, Naomi Watts, Amy Ryan, Andrea Riseborough, Lindsay Duncan, Merritt Wever, Joel Garland, Natalie Gold, Clark Middleton**
119 minutos
Distribuidora DVD: **Fox**
Estreno en España: **9.1.2015**

Filmografía de Alejandro González Iñárritu como director

- *El Renacido* (*The Revenant*, 2015).
- *Birdman o (La inesperada virtud de la ignorancia)* (*Birdman or (The Unexpected Virtue of Ignorance*, 2014).
- *Biutiful* (2010).
- *Babel* (2006).
- *21 gramos* (*21 Grams*, 2003).
- *Amores Perros* (2000).

Epifanía de Sam.

FUENTES

• LIPOVETSKY, Gilles (2003). *La era del vacío: Ensayos sobre el individualismo contemporáneo.* Barcelona: Anagrama.

• LIPOVETSKY, Gilles y SERROY, Jean (2009). *La pantalla global: Cultura mediática y cine en la era hipermoderna.* Barcelona: Anagrama.

• MARTÍNEZ AHRENS, Jan (2015). Fórmula Iñárritu. En *El País*, 15 de febrero. Consultado el 5 de agosto de 2016 en <http://elpais.com/elpais/2015/02/13/eps/1423840370_558313.html>

• ORELLANA, Juan y MARTÍNEZ LUCENA, Jorge (2011). *Celuloide posmoderno. Narcisismo y autenticidad en el cine actual.* Madrid: Ediciones Encuentro.

• PALOVITS, Naomi (2015). Alejandro G. Iñárritu por Naomi Palovits. En *Hello DF*, 16 de febrero. Consultado el 5 de agosto de 2016 en <http://nwnoticias.com/#!/noticias/estoy-acostumbrado-a-ser-un-extraordinario-perdedor>

• ZAVALA, Lauro (2005). Cine clásico, moderno y posmoderno. En *Razón y palabra*, nº 46, Agosto-Septiembre. <http://www.razonypalabra.org.mx/anteriores/n46/lzavala.html>

Conducta (Ernesto Daranas)

MARÍA CABALLERO

El estreno de *Conducta* fue saludado en los medios como un ejemplo pujante del mejor cine cubano, cuyo espíritu polémico, artístico y comprometido con su realidad sigue vivo hoy. Son palabras de Enrique Colina en su blog *Cubanos en 1er plano* quien, más allá de los valores estéticos de la película, la sitúa como documento del deterioro y anquilosamiento que han ido sufriendo paulatinamente los ideales de la revolución cubana del 59. Su proyecto ético basado en la dignidad del hombre, con una llamada a la igualdad y solidaridad de todos los cubanos, cristalizó en la educación o la medicina exhibidas orgullosamente como estandarte de una nueva era. No es la primera vez que se lleva a la pantalla con matiz crítico la triste realidad actual: ahí están *Fresa y chocolate* (1993) y *Guantanamera* (1995), ambas dirigidas por Tomás Gutiérrez Alea y Juan Carlos Tabío, fruto de una filmografía y una escuela de cine cuyos guionistas fueron ensalzados por varios narradores del boom hispanoamericano, con Gabo a la cabeza quien impulsó y, en parte financió, la Escuela Internacional de Cine, Televisión y Vídeo de San Antonio de los Baños. Cuba se convirtió en un referente: educación y sanidad para todos, arte y cultura en la calle y al alcance del pueblo... Eso sí, la consabida censura sacaba la tijera y la emigración, cuando no las cárceles, fueron la cruda realidad de quienes (balseros a la cabeza) se vieron obligados a escapar de la isla.

Pero, a la chita callando, el cine se abrió paso apoyado en el Festival Internacional del Nuevo Cine Latinoamericano (1979), cuajando en varias generaciones de guionistas y directores (Solás, Gutiérrez Alea, Daranas, Machado, Lechuga, Beltrán...) (AMIOT, 2014: 209-223). Hasta el punto de expandir su temática a europeos como el francés Laurent Cantet, quien colaboró con el escritor cubano Leonardo Padura (exiliado en España) en el guion de *Regreso a Ítaca* (CANTET, 2014). Otra gran película que debería estudiarse como soporte contextual y chequeo de la realidad isleña hoy. Ambas (la primera más laureada) son como el haz y el envés de esa realidad transcurrido más de medio siglo de la emblemática fecha revolucionaria: ¿Qué fue de esos ideales? ¿Dónde quedó el paraíso prometido según el testimonio de sus protagonistas? Porque ese es el tema de *Regreso...*, una película realizada con pocos medios, en una azotea habanera: unos cuantos amigos de los sesenta se reúnen con motivo de la visita de otro que tuvo que exiliarse. Y... arde Troya, las acusaciones y desencuentros se suceden: nadie está satisfecho con su actuación ni por supuesto con la del vecino. La sombra de la corrupción planea sobre todos, los de dentro y los de fuera. ¿Dónde quedaron los viejos compromisos?

Retornemos a *Conducta*. Daranas, licenciado en Pedagogía y Geografía, selecciona uno de los ejes de la poética revolucionaria, la educación, porque la educación hace patria, cohesiona y dirige la nación en un sentido o en otro. Ya lo dijo Martí, el poeta cubano, el mártir revolucionario que murió frente a sus costas intentando conseguir la independencia. Invocado como ideólogo por Castro y los suyos, es omnipresente en la isla y sus textos de obligado estudio para todos los niños desde la Primaria:

> Cada cual se ha de poner, en la obra del mundo, a lo que tiene más cerca (...) porque el influjo del hombre se ejerce mejor y más naturalmente, en aquello que conoce, y de donde le viene inmediata pena o gusto: y ese repartimiento de la labor humana, y no más, es el verdadero e inexpugnable concepto de la patria (MARTÍ, 1991: 468)

En la segunda parte de la película, el inicio de una de las clases habituales muestra el adoctrinamiento desde la infancia: *¡Pioneros por el comunismo... seremos como el Che!* -dicen los niños brazo al frente y entonando el himno patriótico. Dos secuencias después, Carmela pregunta a su clase *qué es la patria*, mientras el tablero está lleno de frases *martianas* en ese sentido. La respuesta queda oportunamente cortada por la entrada de la directora con la noticia de la muerte de Camilo, uno de sus compañeros. Lo melodramático, género en el que la película se inserta revitalizándolo a base de naturalidad (al fin y al cabo, la vida en Cuba es un puro melodrama), se superpone a lo ideológico, evitando caer en el panfleto. Aún así, y por si ello no fuera suficiente, la respuesta del chaval se mueve en parámetros afectivos: *patria es donde yo nací, son los* amigos... pero uno de mis tíos que vive en Estados Unidos dice que nunca se va a olvidar de la isla. La patria se lleva visceralmente en el corazón, aunque tenga una historia y una geografía concretas. Sin solución de continuidad, con la técnica de superposición de planos y secuencias contrapuntísticas tan habitual en el filme, Yeni y su amiga Mª Paula van llorosas a rezar a la iglesia y, de vuelta a la clase, la primera colgará en el mural de corcho la estampita de la Virgen de la Caridad del Cobre, la patrona de todos los cubanos, provocando una tormenta que alcanza a la maestra y genera una subtrama que se abre hasta el final al enfrentarla a la inspectora: es impensable, va más allá de lo políticamente correcto que pueda colgarse la imagen de una Virgen cristiana en una escuela tan radicalmente laica como la cubana. Pero además, Yeni contará que fue Camilo quien se la regaló como muestra de amistad frente al acoso escolar que sufría por ser palestina. Pequeña subtrama narrativa que, como otras, permite a Daranas, destacado director y guionista, deslizar una crítica implícita a la supuesta y tan cacareada igualdad de todos.

Un melodrama de la calle, la realidad cubana

Pero, estoy adelantando acontecimientos que confundirán al lector falto de claves, como el argumento del filme. Las sinopsis convencionales dicen más o menos lo mismo:

> Chala tiene once años, vive solo con su madre adicta y entrena perros de pelea para buscar un sustento económico. Este entorno de violencia a veces sale a relucir en la escuela. Carmela es su maestra de sexto grado y el muchacho siente un gran respeto por ella; pero cuando Carmela enferma y se ve obligada a abandonar el aula durante varios meses, una nueva profesora incapaz de manejar el carácter de Chala, lo traslada a una escuela de conducta. A su regreso Carmela se opone a esta medida y a otras transformaciones ocurridas en su clase. La relación entre la veterana maestra y el niño se hace cada vez más fuerte, pero este compromiso pondrá en riesgo la permanencia de ambos en la escuela[1].

¿Otra película de aulas? Un subgénero siempre en auge con títulos como *La clase* (CANTET, 2008), *El profesor* (KAYE, 2011) o *La profesora de historia* (MENTION-SCHAAR, 2014), y temas de superación, porque es un reto incentivarse e incentivar a los alumnos en pro de conseguir gente libre. Ernesto Daranas, laureado documentalista formado en la tradición cubana del género y con una trayectoria de éxitos como *Havana* (1997),

---

[1] *ViCine* <http://www.vicine.hero.cult.cu/index.php/catalogo/audiovisual/3000>

Cimarrón, *De vuelta al paraíso* y *La tierra más hermosa* (2000), *Ana y las cotorras* y *El otro* (2003), *Los últimos gaiteros de la Habana* (2004) y *Bluechacha* (2011), entre otros... tiene una perspectiva más amplia. En una entrevista concedida a Daniel Díez Castrillo, Premio Nacional de Televisión 2015, comenta:

> En realidad, *Conducta* no pretende hablar del sistema de enseñanza cubano. La mirada se centra mucho más en esos riesgos a los que la niñez está expuesta, incluido el modo en que las condiciones sociales y económicas afectan a la familia y a la escuela. En estos y otros temas abundan discursos y consignas que son emplazados por lo que vivimos a diario. La maestra Carmela pone a un lado esta retórica en su afán de hacer de su aula un espacio diferente (DÍEZ CASTRILLO, 2016)

Palabras que encajan muy bien en el perfil de Daranas, hombre de radio, televisión y cine, pero sobre todo un excelente documentalista, siempre a medio camino entre realidad y ficción. Y encajan igualmente bien con la génesis de este largometraje, concebido a partir de las inquietudes de su director, como una película-taller para un grupo de alumnos de la Facultad de Medios Audiovisuales del ISSA. Así se explica la extraordinaria naturalidad que rezuma la cinta. Porque huyendo de profesionales, Ernesto puso el casting en manos de sus alumnos, quienes recorrieron las escuelas primarias y secundarias de Centro Habana, Cerro y la Habana Vieja en busca de un Chala, una Yeni... creíbles, algunos incluso con problemáticas similares a las del guion. Y lo lograron. Después vino la preparación de los chavales (guiones alternativos, improvisaciones...), incluidas clases de natación para un Chala que no nadaba y debía recorrer la bahía, o de baile para Yeni. Así -continua diciendo el director en la citada entrevista- «nuestros actores entendieron enseguida que la pauta de actuación de la película la marcaban los niños y que el desafío era entrar en su juego». Ese clima de frescura y rotunda naturalidad, alabado por toda la crítica, se apoya también en un referente real para Carmela, la maestra encarnada por Alina Rodríguez: una maestra de la Habana Vieja, que dio clases a uno de los hijos del director. Suya es la escritura de las pizarras y el esquema de las clases cuyo arranque suele descansar en frases del poeta Martí. Verosimilitud ligada a la realidad cotidiana y reforzada por los espacios elegidos para el filme, como el director sigue contando:

> Son los lugares de mi infancia, las calles y las azoteas en las que aún vivo. Sacar filo a las chapitas en las vías del tren o el intento fallido por cruzar la bahía, por ejemplo, son vivencias personales que a los niños de la película les entusiasmó compartir (DÍEZ CASTRILLO, 2016)

En una época en que literariamente triunfan la autobiografía, las memorias, la auto-

La pandilla de amigos, interracial y solidaria.

ficción... Daranas inserta con naturalidad sus recuerdos de infancia y los referentes geográficos de su historia real, en un tiempo también real: la Habana de hoy es así, esos son sus hombres y mujeres... sus niños, hombres del mañana.

La estructura cinematográfica

El cine es documento, pero ante todo es arte. Si bien el guionista y director decidió dejar un margen de creatividad en los diálogos a sus jóvenes protagonistas, el guion tiene su estructura apoyada en *leitmotiv* auditivos y visuales; y un hilo conductor: la voz en *off* de Carmela que, sentada ante una mesa, dice así: *Está escrito a la primera, de un tirón... No sé si debí revisar mejor algunas cosas, pero así es como lo siento*.

Voz en *off* que prácticamente abre (tercera secuencia) y cierra el filme (penúltima secuencia, la despedida oficial de la escuela ante un selecto grupo de profesores y antiguos alumnos). En lo que es el arranque del desenlace se sitúa la génesis de su relato: sentada ante una vieja máquina de escribir (*me gusta que suenen las palabras* -le dirá a Marta, la joven profesora que la reemplaza-) prepara su despedida, que no es otra cosa sino la historia de una vida dedicada a la enseñanza, su vocación. Relato circular, entonces, donde el momento de escritura recoge los hechos cuando ya han transcurrido. Una especie de *flash-back* con una ventaja: la voz en *off* no rompe el presentismo, la impresión de que la historia está sucediendo hoy y ahora; así llega más al espectador.

Hay solo cuatro momentos en que esta voz en *off* de Carmela se adueña de la pantalla, superponiéndose a la acción o a la música extradiegética: los dos ya citados se centran en su prehistoria, en el asombro de su abuela, nieta de esclavos, ante el título de su nieta; un título de maestra que la abuela enmarcará aunque le cueste cinco pesos. Es uno de los guiños del guion a los alcances de la revolución cubana: educación para todos, también para aquellos que carecieron no hace tanto de libertad. Los otros dos hablan de su relación con las aulas, un trabajo profesional del que se siente orgullosa después de cincuenta años:

> *Todos los años tengo un Chala en el aula, pero hasta ahora ninguno pudo más que yo... Hay cuatro cosas que hacen a un niño: la casa, la escuela, el rigor y el afecto, y un maestro necesita saber qué hay afuera... lo único que tengo claro es para qué no debo prepararlos...*

> *No hay dos grupos iguales y cada uno tiene lo suyo. Este es el grupo de Camilo que acaba de morir, de Yoan cuyo padre está en la cárcel, de Yeni que es palestina, de Chala... La clase que tiene una estampita de la Caridad del Cobre que no hay Dios que la quite mientras la maestra sea Carmela.*

Educación a la carta, teniendo en cuenta las personas a las que forma para obrar en libertad. Y un concepto de educación que va más allá de la formación codificada por el régimen: *Lo que a Chala le falta se lo tenemos que dar nosotras* -le dice a Marta, la joven profesora que se le revuelve tajante: *¡No!*

Volveré sobre ello en el siguiente apartado, porque no quiero cerrar la estructura sin aludir a los *leitmotiv* visuales y auditivos que la recorren, enhebrando las distintas secuencias y cohesionando el relato cinematográfico: el aleteo de palomas sobre la ciudad desportillada, los ladridos de perros y el himno a la Caridad del Cobre, la virgen santiaguera patrona de Cuba. Los dos primeros, subrayados por la ausencia de música extradiegética, abren la película y representan el *modus vivendi* de Chala, quien se escapa a la azotea para lanzar sus palomas mensajeras, símbolo de libertad y reclamo de otras. Tal vez sea el momento de recordar que a la dinámica espacios abiertos (azotea / calle) / espacios cerrados (cocina de la casa de Chala / aula) se superpone otra: arriba y abajo, que funciona muy bien en secuencias que focalizan el bullicio de la ciudad desde la azotea, el reino libre del niño protagonista. Y su estandarte de bonhomía, la actividad que le justifica y por eso esgrimida frente a las acusaciones de Carmela o Yeni. Las escenas en la azotea, el lanzamiento o recogida de las palomas con su vuelo y gorgojeo característico, se asocian a momentos reflexivos del niño protagonista, van entreverando el filme y retornan en la última secuencia. A la azotea acceden sus amigos y según Daranas estas escenas emblematizan «la sed de libertad y la capacidad de soñar de los niños» (DÍEZ CASTRILLO, 2016).

Los ladridos de perros, agresivos, violentos, están en el polo opuesto. Chala pasea perros, pero sobre todo apuesta en las peleas, actividad vedada que le permite ganarse el sustento y mantener a la madre: *tengo que ayudar a mami* -le dirá a Ignacio cuando le pida trabajo. Él funciona como cabeza de familia, como veremos más adelante. Riñas de gallos, peleas de perros... modo de desahogar y simbolizar en pantalla la violencia latinoamericana. La redención de Chala pasará por renunciar a ello, ayudado por Ignacio, posiblemente su padre y controlador del juego.

El himno a la caridad del Cobre se inscribe en una de las primeras secuencias y reaparece en otra ocasión más, ya avanzada la trama, en el borde del desenlace. En ambos casos, el conocido himno mariano funciona como banda sonora mientras se suceden escenas de calle contrapuntísticas: las niñas (cubana y palestina) / los niños (blanco, negro, mulato)... charlando, jugando, corriendo, disfrutando del abanico regalado. El mestizaje queda oportunamente subrayado por el himno a la Virgen: *tú eres india, blanca y negra*. La religión en Cuba es sincrética, las prácticas orishas de los negros se fueron integrando en los ritos del catolicismo e incluso Carmela, que se confiesa católica, no va a la Iglesia por temor al rechazo de sus orishas por parte de los sacerdotes.

El montaje o de cómo conseguir una película sin adoctrinamiento

El cine es visual por antonomasia: son las imágenes y no las palabras las que deben "decir". A pesar de tener unos protagonistas tan definidos, *Conducta* puede considerarse una película coral: es la ciudad, son las casas desconchadas y tercermundistas las que vibran llenas de vida aún en la miseria y carencias más flagrantes. ¿Cómo expresar cinematográficamente la simultaneidad de esa vida que bulle? Daranas ha optado por el montaje alternado para hacer olvidar al espectador «que esa simultaneidad se presenta sucesivamente» (CARMONA, 1993: 110). Hay varios momentos al respecto y me parecen bien elegidos en función de la estructura fílmica y del desarrollo argumental de la trama. La película tiene un planteamiento apoyado en varias secuencias (palomas y perros desde la azotea, madre en la cocina, Carmela en el aula... salida de clase con pandillas de chicos / chicas alternándose), lo que transmite al espectador el bullir de la calle cubana. Después, hay momentos en la narrativa fílmica que se acelera y aquí llegan los planos superpuestos, que se contraponen a las secuencias dialogadas, en un equilibrio muy bien conseguido.

No puedo analizar con profundidad el montaje, pero sí me gustaría subrayar el final: tras la lectura y despedida implícita (un acierto) de Carmela, la cámara la focaliza desde detrás, como si fuera de vuelta, en contraposición a Chala quien, tras jugar en las vías es focalizado en un plano frontal, camina hacia adelante. Esta simbología (una vida que termina y otra que se abre) se funde en el siguiente plano: Carmela, triste, es focalizada de frente en el momento en que suena la llamada de Chala, lo que cambia su expresión. Sus destinos quedarán unidos para siempre.

Carmela, una generación de maestras ejemplares

La vocación nace cuando se tiene delante una maestra como ella -dirá Carlos, el director de la Escuela de Conducta. *Hay que devolver a las aulas a los maestros de solera* -dirá otro de los inspectores. ¿En qué consiste su singularidad? Tal vez se entienda en correlación con el modelo de aula que propone Ernesto Daranas:

> Un lugar en el que no se estigmatiza ninguna diferencia, donde cada niño expresa lo que piensa, donde no se manipulan los valores y se asumen nuestras esencias, donde se da la cara a la realidad y se llama a las cosas por su nombre. Pero, sobre todo, es un lugar donde hay amor y compromiso con lo que se hace (DÍEZ CASTRILLO, 2016)

Un código universal que define a Carmela quien, a pesar de sus defectos, lucha por preparar a los muchachos para la calle y se implica en sus problemas porque *la realidad no va a estar esperando*: por ejemplo, matricula a Yeni para que pueda estudiar y estimula a Chala en un doble juego de rigor y cariño, funcionando como abuela adoptiva (y hay una secuencia entrañable en un taxi donde Chala responde al conductor: *No es mi abuela, pero ojalá lo fuera*, mientras tienta una caricia que la maestra esquiva tímidamente). Una maestra vocacional, segura de sí misma y que considera la educación de sus chicos como responsabilidad suya: *Ningún alumno mío ha ido nunca a una Escuela de Conducta* -dirá- *y el día que pase algo así me jubilo*... Por ello, rescatará a Chala de la Escuela tras enfrentarse a su director (*tu no eras mejor, Carlos*), acorde a la filosofía que practica: *si quieres un delincuente, trátalo como a un delincuente* y *no hay que forzar las cosas solo porque otros nos presionen*. Su rectitud e independencia de carácter (*a Carmela se le respeta pero se ha vuelto un problema* -dirá la trabajadora social-) son insobornables y las maneja con inteligencia. *Aquí no sobra nadie* -contestará a las reticencias de Marta, la joven y cuadriculada maestra que le ha sustituido tras el infarto y a quien los muchachos miran con recelo (*¡Tremenda atravesada!*). Por contraste, le espetan a la vieja maestra: *¡la falta que nos está haciendo! ¿Cuándo regresa a la escuela?...* porque *como Carmela no hay ninguna y todo el mundo lo sabe.* Es capaz de detectar valores y sentimientos en un niño de la calle como Chala y... también de saltarse las reglas en pro de muchachos así porque *hay tantas cosas que no se explican y que yo me vi obligada a hacer...* Sus reticencias frente al periodo posrevolucionario estallan en una crispada conversación frente a sus compañeros de escuela y la inspectora que le acusan de llevar como maestra demasiado tiempo:

-(Carmela): *Yo doy clases aquí antes de que tú nacieras...*

-(Raquel): *Tal vez sea demasiado tiempo...*

-(Carmela): *No tanto como los que dirigen el país... ¿Te parece demasiado?*

Un poco después se desahogará con la directora: *son muchos años luchando con tanta mierda... Así es, pero no lo repitas si quieres seguir trabajando* -le contestará esta. *¡¡¡Así están las cosas!!!*

Los diálogos son interesantes, no cabe duda; pero hay que resaltar el juego de miradas, la capacidad de transmitir sentimientos (afecto, preocupación, dolor, angustia, ternura...) de Alina Rodríguez, incrementada por varios primeros planos que dicen mucho más que las palabras.

De la mano de Carmela se plantea el problema educativo, centrado en el aula y el despacho de la directora (también el despacho de la Escuela de Conducta, símbolo de la educación represiva en la isla) cuyos protagonistas ya han ido apareciendo (Marta, la directora, Carlos) y que acaban subyugados por los razonamientos y el compromiso de la vieja maestra. Frente a estos personajes secundarios, capaces de evolucionar y cambiar de opinión a lo largo de la trama como los "caracteres" del teatro de los Siglos de Oro, hasta el punto de que los viejos estructuralistas los hubieran denominado "adyuvantes", queda por subrayar la presencia de Raquel, joven inspectora que no dará su brazo a torcer asumiendo en todo momento el rol de "oponente". Representa la oficialidad de un sistema normativo anquilosado, que no tiene en cuenta a las personas, sino las violaciones de la norma. No otra cosa cabe en su cabeza y apenas se ha movido un centímetro al final de la trama (*¿No has entendido nada, verdad?* -le dirá Carmela en una de las últimas secuencias a propósito de la tan manida estampita de la Caridad del Cobre-). Corresponde a los "tipos" literarios, incapaces de cualquier mínimo cambio en su psicología. Para ella, Chala es *un niño que vive como un animalito* y, en consecuencia, hay que internarlo en una Escuela de Conducta. No le interesa su entorno, ni los porqués de su actuación...

Por fin, y para cerrar el perfil de Carmela, quizá su mayor virtud es que pone a las personas contra las cuerdas, les hace enfrentarse a su realidad, siempre con cariño y respaldo moral. A lo largo de toda la trama cinematográfica, interpela a Chala para que enfoque con honestidad su vida; pero esta actuación será muy patente con Ignacio, el dueño del local de peleas de perro y su presunto padre. Ignacio es uno de los "caracteres" mejor delineados: pasa de evadir cualquier responsabilidad, a funcionar como educador (no más perros ni apuestas para Chala) y sustentador aceptando el compromiso con que le reta la maestra:

-*(Carmela): Tienes que ayudarme Ignacio... ¿Tú crees que una pelea de perros es para un niño?*

-*(Ignacio): Peor es una vida de perros... Todos ayudamos, cada cual a su manera.*

Ya en la recta final y cuando vuelvan a encontrarse, la maestra insiste:

-*(Carmela): Yo tenía la esperanza de que le pusieras el rigor que necesita.*

-*(Ignacio): Yo no soy el más indicado.*

-*(Carmela): ¿Y quién lo es? Asume Ignacio, algún día me lo vas a agradecer... este problema lo tienen que resolver Uds. y para Chala ya no hay más perros.*

Ignacio reacciona y lo toma a su cargo: no habrá perros ni apuestas. En una de las últimas secuencias del filme, ese hombre tosco protagoniza una de las escenas más entrañables. A la pregunta de Chala (*Dime la verdad: ¿por fin tú eres mi papá?*) responde con honestidad y ternura: *te juro que no lo sé*. El drama de mujeres promiscuas como la madre que engendran sin responsabilidad golpea a un niño necesitado de padre, que mira con envidia a amigos como Yoan, con un padre aunque sea en la cárcel.

Chala, un niño sin edad de batirse con muchas cosas con las que se está batiendo

Junto a Carmela, Chala o Armando Valdés Freire. Un niño de doce años sin experiencia profesional que, tras ser rechazado en la primera prueba del casting, repitió gracias al buen olfato del director, quien vio en él muchas posibilidades. En declaraciones a Granma, el viejo periódico revolucionario, ha explicado: «todo fue como un juego en el que debía hacer de niño malo» (DUARTE y TORRES BARBÁN, 2014). La espontaneidad y versatilidad interpretativas de este niño tímido, con una familia protectora y alejado de los ambientes marginales es sorprendente, en un papel que parece irle como anillo

Carmela en su escuela, 50 años de forjar conductas.

al dedo. Armando ha declarado: «tanto a él como a mí nos caracteriza nuestra fuerza interna».

La cámara le focaliza desde los primeros fotogramas en una dinámica visual tejados / calle que consigue transmitir el ritmo vital de ciertos barrios habaneros. La naturalidad con que pasea con sus amigos (Yoan Andarica, Cristian Guerra, Richard Andrade...) y la solidaridad que transmiten, las luchas de pandilleros con sus competiciones de chapitas y el arriesgado cruce de la bahía tras lanzarse al mar son las propias de ese entorno y esa edad. Tal vez en gran medida eso se deba a la «oportunidad que nos ofreció Daranas, para crear y ponerles de nosotros mismos a nuestros personajes. Él siempre nos decía que el guion estaba abierto a nuestra improvisación» (DUARTE y TORRES BARBÁN, 2014). El bien y el mal (ser un hombre de provecho o un marrullero) se entrevén como posibilidades por cuajar en un muchacho con valores.

Desde el punto de vista de la narrativa fílmica, en el personaje de Chala se funden varias subtramas narrativas que contribuirán a configurar su personalidad. Él es el eje de una serie de relaciones: su madre Sonia con la que funciona como cabeza de familia, en una inversión de los roles tradicionales; su adorada compañera de clase Yeni (enamoramiento), los amigos, con los que vive un auténtico compañerismo y por los que se juega todo (defensa de Yoan, al que insultan por tener un padre en la cárcel); la relación con Ignacio, ya detallada; el parentesco sustitutorio como "nieto" de Carmela cuando esta queda sin nieto en la isla... Cada una de estas facetas permite introducir en el guion una serie de problemas sociopolíticos latentes en la isla y que configuran una realidad degenerada difícil de sobrellevar y más para un niño de la calle, solo y obligado a madurar de golpe.

Chala es *un niño sin edad de batirse con muchas cosas con las que se está batiendo*, el que lleva el pan a la casa, quien asume el rol paterno con una madre drogadicta, borracha y prostituta. Casi en las primeras secuencias le veremos cruzarse en la escalera, al ir al colegio, con una mujer tambaleándose: *tienes café en la cocina* -le dirá sin parar la carrera. Es su madre que vuelve tras una noche de jarana y con la que se cruza apenas cuando se marcha: *esto para pagar la corriente, que a mí no me dejan* -añadirá en la segunda escena. Es un niño, pero funciona como cabeza de familia, la cuida cuando vuelve maltratada. Solo hay una escena en que la madre funciona como tal al enfrentarse a los profesores, pero incluso entonces es incapaz de asumir sus problemas: la bebida, las pastillas, la promiscuidad... *Yo estoy tratando mijo, pero es tan difícil* -le confesará al hijo tras escaparse de la clínica, aferrada de nuevo a la botella. En una clara inversión de roles (Sonia le riñe una y otra vez, pero carece en absoluto de autoridad moral), Chala tendrá que quitarle pastillas, alcohol... tomando las riendas de su curación. Se le enfrenta y también la trata con ternura. En definitiva, son dos seres humanos luchando por su vida en un medio adverso, solos. Tal vez el picado (MAGNY, 2005: 69) en que, hacia la mitad de la película, la cámara enfoca desde arriba y de modo panorámico a los dos durmiendo en dos cubículos paralelos, sea el más significativo al respecto.

¿Una película social?

El espacio es demasiado corto para desarrollar las subtramas apenas esbozadas y que son otras tantas lacras sociales en Cuba: la prostitución, la emigración a Estados Unidos, las migraciones internas, la cárcel, el hambre, la descomposición de todo un régimen...

Podría decirse, recuperando la figura de Sonia (la madre de Chala) que la revolución se hizo para acabar con la prostitución ejercida sobre todo por norteamericanos durante las dictaduras de Machado y Batista. Pero la realidad de las jineteras (ya presente en *Fresa y chocolate*) y los aviones de europeos fletados en pro del comercio sexual echan por tierra ciertos ideales. El hambre y la falta de formación lleva a mujeres y hombres a prostituirse por nada.

En la película, Carmela pide para Yeni la oportunidad de unos estudios a los que no tiene derecho a acceder por ser de Holguín y no conseguir empadronarse en la Habana.

Con ello se apunta a la falta de libertad para moverse por la isla, que depende del Decreto de regulaciones migratorias internas para la ciudad de La Habana (22/IV/1997):

> En los últimos años se viene produciendo un movimiento de personas que, provenientes de otros territorios del país, se trasladan para la ciudad de La Habana con el propósito de domiciliarse, residir o convivir, lo que incrementa en dicha ciudad el ya grave problema habitacional, las dificultades para asegurar el empleo estable, adecuado transporte urbano y el abastecimiento de agua, electricidad, combustible doméstico, e incide en la calidad de los servicios también necesarios, a pesar de los ingentes esfuerzos realizados por la Nación para asegurar su desarrollo armónico.

Como se pone de manifiesto en los planos de conjunto (CAPARRÓS LERA, 2007: 305), el padre de Yeni, ambulante sin papeles con una entrañable relación con la niña, acabará siendo penalizado, lo que aborta de raíz la educación de la mejor alumna de la clase. Una niña-mujer madura, como demuestra en la relación con Chala, bonita historia de amor en la que la mujer lleva la batuta, siempre en pro de la superación.

Una tercera subtrama que insinúa apenas un grave problema isleño tiene como protagonista a Carmela y corresponde a los primeros minutos de metraje, aquellos que plantean la historia. Es la despedida a los hijos y el nieto que emigran a Estados Unidos. Sin retorno, desmembrando la relación familiar, con autoengaños por ambas partes para que el otro no sufra. Es la historia de miles de cubanos.

Como dice Enrique Colina en su blog *Cubanos en 1er plano*:

> *Conducta* refleja el mundo marginal provocado por las carencias materiales de esa realidad social ignorada por los medios, donde buscarse la vida pasa por las formas ilegales y por aquellas que no deberían serlo, pero que en una legislación arbitraria y restrictiva basada en preceptos de un socialismo equivocado, ha impregnado de prohibiciones y tabúes la existencia ciudadana, coartando la iniciativa individual.
>
> ... A pesar de ser una película con un tema social, se centra en una relación..., esencialmente, por encima de todo, es la historia de una amistad entre un niño de once años y una maestra de más de sesenta... Es decir, no son elementos solo cubanos, sino universales... Lo importante no son tanto los temas o las problemáticas que abordamos, sino que seamos capaces de abordarlos con tratamientos que sean universales[2].

Los deseos de Daranas se han hecho realidad y más de cuarenta premios y nominaciones en festivales universales lo avalan. *Conducta* marca un antes y un después en la

---

[2] *ABCguionistas* <http:/www.abcguionistas.com/noticias/entrevistas/hablamos-con-ernesto-daranas-sobre-el-mensaje-universal-de conducta>

carrera de este guionista y director cubano. La educación como medio de salvar al hombre del futuro y la regeneración familiar y social son las claves de una patria integradora, asuntiva, en la línea del ideario *martiano* de *Nuestra América*. Que deberá sortear peligros y acechanzas, apoyada en la Virgen de la Caridad del Cobre.

CONDUCTA (2014)
País: **Cuba**
Dirección y Guion: **Ernesto Daranas**
Fotografía: **Alejandro Pérez**
Montaje: **Pedro Suárez**
Música: **Magda Rosa Galbán, Juan Antonio Leyva; BSO Osmary Olivare**
Diseño de producción: **Esther Massero**
Vestuario: **Vladimir Cuenca**
Intérpretes: **Armando Valdés Freyre, Alina Rodríguez, Amaly Junco, Silvia Águila, Yuliet Cruz, Armando Miguel Gómez, Miriel Cejas, Idalmis García, Tomás Cao, Héctor Noas, Aramis Delgado**
108 minutos
Distribuidora DVD: **Productora Latino Films**
Estreno en España: **4.6.2015**

Filmografía de Ernesto Daranas como director

- *Conducta* (2014).
- *Los dioses rotos* (2009).

FUENTES

• AMIOT, Julie (2014). El cine pobre: una estética reciente del cine cubano entre crítica y aportación al cine de géneros, en BERTHIER, Nancy / DEL-REY REGUILLO (eds.). *Cine iberoamericano contemporáneo y géneros cinematográficos*. Valencia: Tiralt Humanidades, pp. 209-223.

• CAPARRÓS LERA, José María. *Guía del espectador de cine*. Madrid: Alianza, 2007.

• CARMONA, Ramón. *Cómo se comenta un texto fílmico*. Madrid: Cátedra, 1993.

• DARANAS, Ernesto (2015). ABCGUIONISTAS <http://www.abcguionistas.com/noticias/entrevistas/hablamos-con-ernesto-daranas-sobre-el-mensaje-universal-de-conducta>

• DÍEZ CASTRILLO, Daniel <http://www.tvcubana.icrt.cu/sección-entre-tu-y-yo/1096-entrevista-con-ernesto-daranas-realizador-de-television-y...>

• DUARTE, Amelia y TORRES BARBÁN, Roberto Miguel (2014) <http://www.granma.cu/cultura/2014-02-14/todo-fue-como-un-juego-en-el-que-debia-hacer-de-nino-malo>

• MAGNY, Joël. *Vocabulario de cine. Palabras para leer el cine. Palabras para hacer cine. Palabras para amar el cine*. Barcelona: Paidós, 2005.

• MARTÍ, José (2004). *Nuestra América*. Ciudad de México: Universidad Nacional Autónoma de México.

• VV.AA. (2015) ViCine. <http://www.vicine.hero.cult.cu/index.php/catalogo/audiovisual/3000>

Del revés (Pete Docter, Ronnie del Carmen)

JULIÁN LARRAURI

Nacido en Minnesota el 9 de octubre de 1968, Peter Hans Docter comenzó su carrera profesional en Pixar con tan solo 21 años, cuando la compañía se encontraba todavía en sus orígenes, siendo el empleado número diez en entrar en el estudio. Pronto se convertiría en una de las figuras claves de esta peculiar empresa de San Francisco, formando parte del exclusivo "comité de sabios" que analiza y perfila cada una de las películas de Pixar.

Animador, guionista, director y productor, ha sido nominado en seis ocasiones a los premios Oscar, ganando la estatuilla en dos de ellas, en 2008 por *Up* y en 2015 por la película que estamos tratando.

Pero no podemos hablar de *Del revés* sin reflexionar brevemente sobre la forma de hacer cine en Pixar. La metodología para llevar a cabo películas es muy diferente a la de otras productoras, incluido cualquier otro estudio de animación; normalmente, en los estudios de animación todo el control del proyecto es llevado a cabo por el Productor o por los Ejecutivos, siendo el director una figura menor contratada para ejecutar el proyecto bajo las órdenes del Productor. En Pixar, esa figura del todopoderoso Productor es sustituida por un comité de expertos de diferentes disciplinas (producción, tecnología, animación, guion...) que hace un seguimiento pormenorizado de cada una de las fases de sus largometrajes. Este comité (llamado *Brain Trust*) está formado por las figuras fundadoras del estudio y por empleados influyentes, entre los que reconocemos a John Lasseter, Ed Catmull, Andrew Stanton, Brad Bird y el propio Pete Docter.

La clave de este sistema es que cualquier empleado de Pixar puede desarrollar su idea personal y presentarla ante el comité, dando así un fuerte peso al desarrollo de ideas internas y permitiendo sacar adelante historias más personales y auténticas. Por lo que podemos decir que, aunque detrás de *Del revés* está todo el talento de los profesionales de Pixar asegurándose de que la película sea un éxito, se trata también de una visión muy personal de Pete Docter. En cierta manera, el secreto de Pixar radica en este método que ha logrado aunar las virtudes y autenticidad del cine de autor con la producción y potencia de los grandes estudios.

Desarrollando la historia

En el prestreno oficial de *Del revés* en España, Docter nos mostraba una comparativa de fotografías de su propia hija a dos edades muy diferentes: en la primera foto podíamos ver una niña de aproximadamente siete años risueña y jovial, en la segunda, una adolescente ocultaba su cara de la cámara avergonzada de su propio padre. El contraste hizo que las risas inundaran la sala, y Docter nos explicó que para él lo fundamental era averiguar qué había pasado entre las dos instantáneas, revelándonos su absoluta incapacidad de entender qué ocurría en ese preciso momento en la mente de su hija. Esta fue la semilla que dio lugar a *Del revés*.

Con la excusa de contar los problemas de adaptación de Riley, una niña de Minnesota que se traslada con su familia a su nueva casa en San Francisco, descubrimos un mundo que explica cómo funciona la mente humana. Allí podemos encontrar el Cuartel General, el centro de operaciones instalado en su mente controlado por Alegría, Tristeza, Ira, Miedo y Asco, un equipo que reacciona y actúa ante los acontecimientos que van pasando en la vida de Riley. Los problemas llegan cuando accidentalmente Alegría y Tristeza se pierden en la mente de Riley dejando el Control de Mandos desatendido. Toda una aventura para volver al Cuartel General nos servirá para conocer los entresijos de la mente humana y explicar visualmente conceptos como la memoria a corto plazo, el pensamiento abstracto o los sueños.

Nuevamente, Pixar se desmarca en su metodología a la hora de afrontar sus historias,

Riley sufre las consecuencias de la mudanza familiar.

y en la búsqueda de una historia más visual, la atención que centran en el guion es prácticamente anecdótica, y es primero en el *beatboard* (sucesión de dibujos en un panel que permite conocer y explorar la historia de un solo vistazo) y luego en el *storyboard* donde escriben y rescriben cientos de veces la historia hasta llegar a la versión definitiva de la película. En palabras del propio Docter:

> La forma en que trabajamos en Pixar es escribiendo un guion pero luego rápidamente pasamos al *storyboard*, que es básicamente como un cómic de la película. Hacemos entonces nuestros propios diálogos, música y efectos especiales, todo este esfuerzo con el único propósito de poder sentarnos y ver la película final antes siquiera de rodarla.

Y es que, si en el cine de imagen real, la clave está en rodar todo lo que sea posible para luego seleccionar el mejor corte en la sala de montaje, en animación todo ese proceso se realiza antes de empezar, con el único propósito de asegurarse de que cada fotograma que se ejecuta aparece en la película que todos veremos en el cine. Esta manera de construcción permite a su vez que las historias sean mucho más visuales, y que sean las imágenes, y no las palabras, las que cuenten la historia.

Este es el secreto que ha logrado que *Del revés* sea una auténtica bomba visual que desborda imaginación por cada uno de sus poros. Mientras Docter nos ilustra magistralmente sobre los complejos funcionamientos de la mente humana, haciendo sencilla la explicación de conceptos como la memoria o el subconsciente, a su vez consigue llegar al espectador, tocando su fibra sensible y haciéndole viajar de la carcajada a la lágrima, del humor a la ternura, en cuestión de segundos.

Del revés demuestra una vez más que el cine más interesante que se está haciendo en los últimos tiempos se está concentrando en aquel realizado con la técnica de la animación.

Desde el punto de vista narrativo, el defecto que empaña esta genial obra es, quizás, su estructura demasiado episódica. Si por un lado resultan brillantes las secuencias en las que las emociones se encuentran controlando a Riley desde el Cuartel General, por otro lado, da la impresión de que el concepto general trata de un excelente cortometraje que se ha visto obligado a añadir metraje narrando las desventuras de Tristeza y Alegría fuera de sus dominios. Todos estos acontecimientos fuera del Cuartel parecen más un ejercicio intelectual -con una clara intención didáctica- de explicar aisladamente diversos funcionamientos de la mente, algo que se escapa de la intención más narrativa/emotiva de la película.

Un viaje hacia la madurez

Mindy Kaling, la actriz que puso la voz a Asco en la versión original, describía la película en breves palabras: «Del revés muestra lo difícil que es a veces crecer, y que es normal sentirse triste con ello».

Y es que *Del revés* realiza literalmente un viaje a través de la mente humana tratando de explicar el porqué de las emociones que sentimos y buscando su lugar y función a cada una de ellas. El eje vertebral de esta película animada es claro y sencillo: el proceso de maduración conlleva la capacidad de manejar nuestras propias emociones y evitar que solo una de ellas "tome el control".

Un mensaje sencillo y con fuerza, pero que queda algo difuminado a lo largo del filme debido a que se dedica gran parte de la propia película a explotar visualmente todo el mundo que gira alrededor de la mente humana. De esta manera, tal y como explicábamos más arriba, se logra crear un mundo plástico que nos enseña visualmente cómo funciona cada rincón de la mente humana, algo que hará las delicias de psicólogos y neurólogos pero que, como contrapartida, resta cierta fuerza a la historia principal.

Aún así, el increíble poderío de alguna de sus escenas, como la nostálgica despedida de Bing Bong, y la eficacia con la que es conducida la historia, dota a esta película de un nivel excelente, convirtiéndola probablemente en una de las mejores cintas estrenadas ese año.

Estética

Cada película de animación de Pixar tiene una muy cuidada estética siempre al servicio de la historia que se cuenta, y *Del revés* no iba a ser la excepción. A la hora de afrontar este proyecto, la intención principal de Docter fue contraponer lo máximo posible los dos mundos representados. Así, desde un punto de vista fotográfico, vemos un San Francisco gris y apagado (muy diferente al San Francisco real) en contraste con el colorido y saturado mundo mental.

De igual manera, si la animación en el mundo real es calmada, fluida e hiperrealista, la animación en el mundo de la mente es exagerada y rápida, con poses extremas y sin apenas intercalados, para emular en cierta manera el rápido movimiento de las neuronas.

Incluso el propio diseño de los personajes "mentales" está realizado con una textura especial, que hace que cada personaje esté formado por millones de células flotantes, sin una forma física definida. Todo ello realizado para conseguir transmitir, de cierta manera, cómo sería la representación visual de nuestra mente.

Del revés rescata a Pixar en un momento decisivo

Mucho tiempo ha pasado desde que en 1995 Pixar redefiniera la forma de hacer cine de animación con su película *Toy Story* (Lasseter). Esta cinta supuso un soplo de aire fresco para toda la industria (y no solo para el cine de animación). Con sus sucesivas películas, Pixar demostró que tenía muy claro el cine que se debía hacer, y a *Toy Story* le siguieron joyas como *Monstruos S.A.* (Docter, Silverman y Unkrich, 2001), *Buscando a Nemo* (Stanton y Unkrick, 2003) o *Los Increíbles* (Brad Bird, 2004). Pero tras una remarcable carrera llena de éxitos, las fuerzas empezaron a fallarle a Pixar y ocasionales pinchazos llegaron a la compañía, con películas como *Cars* (Lasseter y Ranft, 2006), *Brave* (Andrews, Chapman y Purcell, 2012) y algunas secuelas de calidad cuestionable como *Cars 2* (Lasseter y Lewis, 2011) o *Monstruos University* (Scanlon, 2013).

La crisis que asolaba al estudio comenzó a preocupar cuando se supo que el estreno de Pixar anunciado para 2014, *El viaje de Arlo* (Sohn, 2015), se retrasaría un año por problemas de producción. Todas las esperanzas se pusieron entonces en *Del revés*, que vendría de la mano de Docter, una de las figuras más respetadas del estudio. Bajo esa presión se realizó toda la producción del filme que, afortunadamente, ha logrado revitalizar la "marca Pixar". Una producción que, si bien no llega a la excelencia de los primeros títulos, presenta suficiente calidad estética y narrativa como para recuperar la confianza en el estudio y despertar un enorme interés en sus próximos proyectos.

INSIDE OUT (2015)
País: **EE.UU.**
Dirección: **Pete Docter, Ronnie del Carmen**
Guion: **P. Docter, Meg LeFauve, Josh Cooley**
Montaje: **Kevin Nolting**
Música: **Michael Giacchino**
Diseño de producción: **Ralph Eggleston**
Voces originales: **Amy Poehler, Phyllis Smith, Richard Kind, Bill Hader, Lewis Black, Mindy Kalling, Kaitlyn Dias**
102 minutos
Distribuidora DVD: **Disney**
Estreno en España: **17.7.2015**

Filmografía de Pete Docter como director

- *Del revés* (*Inside Out*, 2015).
- *Up* (2008).
- *Monstruos S.A.* (*Monsters, Inc.*, 2001).

Deuda de honor (Tommy Lee Jones)

ALBERTO FIJO

Nebraska, 1855. Mary Bee Cuddy ya ha cumplido los 30. Soltera, vive en un lugar donde hay que ser dura, muy dura para salir adelante. Le gustaría casarse, formar una familia y tener hijos, pero no encuentra al hombre adecuado.

Cuando el pastor de la congregación metodista a la que pertenece le pide que lleve a tres mujeres trastornadas hasta Iowa, Mary Bee acepta la misión. Hay 600 kilómetros de viaje por lugares desolados y peligrosos. Necesitará un hombre que las acompañe. Briggs es un delincuente al que Cuddy salva de la horca, con la condición de que la acompañe en el trayecto.

Juntos emprenden este largo y peligroso viaje a través del desierto, desde Nebraska hasta Iowa, un camino en el que tendrán que enfrentarse a todos los peligros de la frontera, luchar contra las inclemencias del tiempo y protegerse de forajidos e indios belicosos que los miran como invasores. Las mujeres demenciadas que trasladan, pondrán a prueba la compasión de una mujer decidida que se niega a rendirse y se atrinchera en la piedad y en la misericordia.

La fotografía de Rodrigo Prieto logra planos muy poderosos.

Una novela del autor de *El último pistolero* (1976)

Tommy Lee Jones ya había dirigido con buen pulso *Los tres entierros de Melquíades Estrada* hacía diez años, con un guion del mexicano Guillermo Arriaga premiado en Cannes. Tiene el característico fatalismo poliédrico del libretista de *Amores perros* (2000), *21 gramos* (2003) y *Babel* (2006), las tres dirigidas por Alejandro González Iñárritu. La influencia palpable de Albert Camus y Flannery O'Connor se deja sentir en la lectura de Jones del texto de Arriaga (ALLIS, 2006).

Diez años después, Jones -cumplidos los 69- dirige (escribe y protagoniza, también) su segundo largometraje (tiene además dos *TV movies* de 1995 y 2011). Luc Besson es productor y el presupuesto es de 16 millones de dólares. La cinta se rodó fundamentalmente en Nuevo México, cerca de San Antonio (Texas), donde vive Jones.

No le gusta demasiado a Jones que se encasille *Deuda de honor* como un *western*. Con fama de hosco y cortante (actitud muy comprensible cuando se ha asistido como actor a ruedas de prensa en festivales y visitas promocionales, en las que bastantes pretendidos especialistas en cine se dedican a preguntar estupideces, frivolidades y obviedades), Jones dice lo que piensa y lo dice brevemente, porque está convencido de que el cine debe explicarse por sí mismo: «Prefiero dejar que las películas que hago hablen por sí mismas. No quiero explicar al público o a un periodista lo que cada cosa significa, o por qué hicimos esto o aquello. No haces películas para eso. Si quieres eso, hazte profesor o da una clase», le dijo a Robbie Collin en una entrevista (JONES, 2014a).

Pero Jones se explica bien, alto y claro: «No sé muy bien qué es un *western*. Estoy interesado en la historia de mi país. Pienso que *western* implica que la historia tiene caballos y grandes sombreros. No pienso en términos de género. Pero admitiré que he hecho tres películas que tenían caballos y grandes sombreros, luego debe haber algo allí» (JONES, 2014a).

La busca de originalidad se revela fundamental, como el propio director señala: «La motivación para hacerla no fue el 'cine de género' sino el sincero deseo de rodar una historia aún no contada en la pantalla. Buscamos la originalidad. Nuestro trabajo como cineastas es una constante e interminable búsqueda de la originalidad. Vi en el libro de Swarthout la oportunidad de hacer una película que nadie hubiera visto antes», declaró Jones, que define la cinta como «una película sobre mujeres en mitad del siglo XIX, y también, del imperialismo americano al oeste del río Mississippi en aquella época» (JONES, 2014a).

Lo de menos es el género, sí. Lo de menos es que tenga ecos del cine de Ford, cosa que el cineasta tejano matiza: «No, no busco un eco del cine de John Ford. Hay cosas que me gustan en sus películas y cosas que me parecen discutibles. Admiro la forma en que fotografía en exteriores, pero no me convence su intento de hacer pasar Monument Valley como el Oeste tejano» (JONES, 2014a).

A la sombra de Flannery O'Connor

Lo importante es que Jones ha hecho una película brillante, en la que arrima la historia de una novela homónima de 1988 escrita por Glendon Swarthout (1918-1992) al mundo de Flannery O'Connor: a *Sangre sabia*, a sus reflexiones sobre la escritura recogidas en *Mistery and Manners*; a la Gracia que se abre paso de manera tortuosa y misteriosa entre la patética miseria física, psíquica y moral; a la diferencia entre el mal y el pecado, entre la religiosidad y el fanatismo; a tantos asuntos que hacen de las dos novelas y los relatos de O'Connor un viaje alucinante e inolvidable por un territorio que no es país para almas de cántaro, que se pierden en el cine sin moralejas y gozan del llamado cine con valores, es decir, cine malo con piadosas intenciones. Es significativo, que Paul Newman comprase los derechos de esta novela, la última que publicó en vida Swarthout.

La película no tiene el corazón de O'Connor, ciertamente, y tampoco su preclara cabeza católica hasta el tuétano, pero respira con sus pulmones y camina con sus pies. El asunto es bastante razonable, hasta comprensible: Jones hizo en 1969 su tesis de licenciatura en Harvard sobre los "Mecanismos católicos en las obras de Flannery O'Connor". La escritora sureña había fallecido en 1964.

O'Connor escribe en 1962 a un joven poeta que ha asistido en la Universidad de Emory de Atlanta a una conferencia suya. Tímido, el joven le escribe sobre su fe vacilante y su vocación literaria; Flannery le responde en una misiva memorable:

> Incluso en la vida de un cristiano, la fe sube y baja como las mareas de un mar invisible. Está allí, incluso no puede verla o sentirla, si quiere que esté allí. Te das cuenta, creo, de que es más valiosa, más misteriosa y, a la vez, más inmensa que cualquier cosa que puedas aprender o decidir en la escuela superior. Aprende lo que puedas, pero cultiva el escepticismo cristiano. Te liberará; no serás libre para hacer lo que quieras, sino libre para ser formado por algo más grande que tu propio intelecto o los intelectos de los que te rodean (O'CONNOR, 2004: 363-364)

The Homesman (lo del título en español es cancerígeno, así que mejor no lo tocamos) es el retrato de un camino por valles oscuros, iluminados por los chispazos de humanidad y grandeza de alma de unos personajes antológicamente descritos. Es cine que linda con cierto cine de Ford (especialmente con las películas donde sale Ben Johnson, algo que expresamente ha declarado Jones como veremos a continuación).

Rescato unas líneas que escribí hace años sobre O'Connor, porque definen bien algo que los espectadores mejor preparados palparán en la película de Jones:

> Ajena a distintos tipos de realismos (sucio, mágico), O'Connor -declarada admiradora de Conrad y del Faulkner de *Mientras agonizo*- practica el realismo de distancias, un estilo así bautizado por ella, que coloca a los personajes al borde del misterio para sumir al lector en un desconcierto fértil. Consciente de las limitaciones del naturalismo decimonónico, O'Connor había escrito que "el problema del novelista es conocer cuánto se puede distorsionar sin destruir. Para no destruir se debe descender lo suficientemente lejos como para llegar a alcanzar esas primaveras escondidas que dan vida a su trabajo" (FIJO, 2001)

Cinco películas amadas

Jones cuenta a Roslyn Sulcas (JONES, 2014b) que le gustan cinco películas, que guardan cierta relación con la suya. Se le nota feliz de poder hablar de ellas.

La primera es el mediometraje *The Ropin' Fool* (Clarence G. Badger, 1922) protagonizado por Will Rogers, el inolvidable protagonista de la excepcional *El Juez Priest* (John Ford, 1934) una de las películas predilectas de Ford, que hizo una segunda versión, *El sol siempre brilla en Kentucky* (1953). Para Jones es una maravilla lo que un actor de vodevil como Rogers hace en esa película, que le trae a la cabeza la importancia de un lazo en su infancia tejana.

A Jones le conmueve el Ben Johnson de *La última película* (Peter Bogdanovitch, 1971). Cualquier película en la que sale Ben Johnson a caballo le parece un regalo y un privilegio. Un campeón de rodeo, un caballista excepcional que se recorta en el horizonte y que se relaciona con los animales como compañeros en la pelea por sobrevivir. Algo de eso, ha querido poner en *Deuda de honor*.

Y admira *Los sueños* (Akira Kurosawa, 1990) por su sentido del movimiento y la composición, se inspira en ella para una secuencia clave de *Deuda de honor*, con Briggs con la cara tiznada y en ropa interior.

Maravillosa le parece *El ángel y el pistolero* (James Edward Grant, 1947), con ese contraste moral entre el salvaje chico del Oeste y la chica cuáquera: un primer recital de maestría por parte de John Wayne, que demuestra su grandeza como actor.

Y *Sin perdón* (1992) de Clint Eastwood, claro. A Jones le gusta, porque siendo entretenida sabe presentar temas de fondo como la ley y el orden, el trato a las mujeres, la identidad. Y tiene un color precioso.

Héroes, viajes, aprendizaje moral

«El viaje del héroe es un buen marco narrativo que tiene un principio, un medio y un final, brinda circunstancias, resultados, oportunidades para aprender, y así sucesivamente», cuenta Jones en una entrevista que le hace Daniela Sánchez Martelo (JONES, 2015), a la que colocan uno de esos titulares de panfleto cansino y doctrinario.

Jones piensa que «el territorio en esa época no es un lugar amigable para las mujeres y creo que en cuanto más te acercas a la civilización tiene un efecto calmante, tranquilizante para ellas. El grado de aislamiento para la mentalidad y sensibilidad victoriana femenina era muy grande y la sociabilidad era una fuerza estabilizadora».

La interiorización de Jones del relato permite que tome decisiones muy inteligentes en la factura de una película áspera y conmovedora, con una fotografía excelente de Rodrigo Prieto, un montaje brusco y cortante de Roberto Silvi (que ha editado todos los trabajos de Jones) y una soberbia puesta en escena de Merideth Boswell y su equipo, con mención especial para la diseñadora de vestuario de Lahly Poore.

La inspirada música de Beltrami marca el paso firme y majestuoso de Hilary Swank y Tommy Lee Jones, que se recorten sobre el horizonte como lo que son: dos gigantes de la interpretación en una película soberbia.

THE HOMESMAN (2014)
País: **EE.UU.**
Dirección: **Tommy Lee Jones**
Guion: **T. Lee Jones, Kieran Fitzgerald, Wesley Oliver**
Fotografía: **Rodrigo Prieto**
Montaje: **Roberto Silvi**
Música: **Marco Beltrami**
Diseño de producción: **Merideth Boswell**
Vestuario: **Lahly Poore**
Intérpretes: **Tommy Lee Jones, Hilary Swank, Grace Gummer, Miranda Otto, John Lithgow, Tim Blake Nelson, James Spader, Hailee Steinfeld, Meryl Streep**
122 minutos
Distribuidora DVD: **Divisa & Vértice**
Estreno en España: **13.11.2015**

Filmografía de Tommy Lee Jones como director

- *Deuda de honor* (*The Homesman*, 2014).
- *Los tres entierros de Melquíades Estrada* (*The Three Burials of Melquiades Estrada*, 2005).

FUENTES

- ALLIS, Sam (2006) In his latest film, Jones is just where he likes to be: in control. *The Boston Globe*. 2.2.2006. <http://archive.boston.com/ae/movies/articles/2006/02/02/in_his_latest_film_jones_is_just_where_he_likes_to_be_in_control/>

- FIJO, Alberto (2001). Flannery O'Connor: pluma sabia. *Aceprensa*. 4 julio 2001. <https://www.aceprensa.com/articles/flannery-o-connor-pluma-sabia/>

- JONES, Tommy Lee (2014a). Tommy Lee Jones interview for The Homesman: don't call my new film a western. Robbie Collin. *The Telegraph*. 20.11.2014. <http://www.telegraph.co.uk/culture/film/film-news/11237915/Tommy-Lee-Jones-interview-for-The-Homesman-dont-call-my-new-film-a-western.html>

- JONES, Tommy Lee (2014b). A Window Beyond the Western. Tommy Lee Jones on The Homesman. Roslyn Sulcas. *The New York Times*. 6.11.2014. <http://www.nytimes.com/2014/11/09/movies/tommy-lee-jones-on-the-homesman.html?_r=0>

- JONES, Tommy Lee (2015). A las mujeres se les siguen negando todo tipo de oportunidades. *El País*. 12.11.2015. Entrevista de Daniela Sánchez Martelo <http://cultura.elpais.com/cultura/2015/11/11/actualidad/1447242564_473689.html?rel=mas>

- O'CONNOR, Flannery (2004). *El hábito de ser*. Carta a Alfred Corn. 30 mayo 1962. Salamanca: Sígueme.

- O'CONNOR, Flannery (2015). *Cuentos completos*. Barcelona: Debolsillo.

- SWARTHOUT, Glendon (2011). *The Shootist*. Lincoln: University of Nebraska Press.

- SWARTHOUT, Glendon (2014). *The Homesman*. Nueva York: Simon & Schuster.

Dheepan (Jacques Audiard)
ALBERTO FIJO

Esta película se llevó la Palma de Oro en el 68º Festival de Cannes, y como reconoció su autor, que el Jurado lo presidiesen los hermanos Coen, supuso un plus de satisfacción y de legítimo orgullo. «Estoy muy conmovido, sabía que lo estaría. Quisiera agradecer a Michael Haneke por no haber hecho una película este año. Quisiera también agradecer a mis actores, sin ellos no habría película ni Palma de Oro. Recibir un premio de los hermanos Coen es sencillamente extraordinario. El hijo de Alejandro Dumas solía decir respecto a su padre: ese hijo que tuve tan joven. Esta noche, pienso en mi padre», declaró Audiard al recoger el premio.

Dheepan se impuso en un Cannes con una sección oficial especialmente atractiva, que incluía películas de muchos pesos pesados como los italianos Moretti (*Mia madre*) y Sorrentino (*La Juventud*), el norteamericano Van Sant (*The Sea of Trees*), el japonés Koreeda (*Nuestra hermana pequeña*), los chinos Zhangke (*Más allá de las montañas*) y Hsiao-Hsien (*The Assassin*) y el canadiense Villeneuve (*Sicario*). No hay que olvidar que, en la sección oficial, había una película verdaderamente excepcional: *El hijo de Saúl*, del joven director húngaro László Nemes, que, a la postre, ganó el Gran Premio del Jurado.

En 2009, Jacques Audiard ganó ese premio, el especial del Jurado, con *Un profeta*, película tremenda en su realismo y en su forma de pegarse a la realidad de uno de esos asuntos dolorosos y articulados, extraordinariamente complejos, que afectan a millones de personas, hoy y ahora, aquí y allá.

Seis años después, con *De óxido y hueso* en medio, llega *Dheepan* para contar la historia de un soldado tamil que, cuando ve perdida la guerra en Sri Lanka, se pone de acuerdo con una mujer para simular que son una familia y lograr asilo en Europa. Les viene bien llevar una niña y la consiguen sobre la marcha.

De Sri Lanka a las afueras de París

Guerra, odio, familia, paternidad, amor, violencia, regeneración son asuntos muy enjundiosos y Audiard los maneja de manera sensacional en un guion escrito a seis manos. La ambientación en el barrio de Coudraie en Poissy, a treinta kilómetros de París, es un acierto entre los muchos que contiene una película que no quiere ser otra cosa que una historia razonable de tres personas que quieren recuperar la bondad que han perdido, y salidos de un infierno se meten en otro.

La naturalidad con la que todo se cuenta (las decisiones que toma Audiard en la fotografía, el montaje, la música y la puesta en escena son muy inteligentes) es fruto de un trabajo magnífico, que incluye la arriesgada decisión de usar la lengua tamil y mezclarla con el francés de una manera muy sabia. Las tramas de la película tienen una consistencia envidiable que contribuye a que en ningún momento dejen de ocurrir cosas importantes y, a la vez, cotidianas, pequeñeces en un mar en el que la tormenta siempre se presagia. La tempestad y la calma se suceden de una forma que te encoge el alma.

Dheepan sale con valentía al encuentro de lo que ocurre hoy y ahora en Francia y enseña muchas cosas, hace pensar, sin didactismos ni mítines, con una sutileza llamativa, con extraordinaria sensibilidad, sin maniqueísmos ni atajos simplones, renunciando a todo efectismo para armar un relato sin embargo cautivador, con un marchamo de autoría que se aprecia desde los impactantes créditos, que ya logran captar toda la atención del espectador, haciéndole notar que no va a ver una película cualquiera sino una obra personal, sentida y pensada con esmero. La obra propia de un cineasta de 63 años, hijo de un guionista y director (de ahí la sentida dedicatoria que hizo a su padre al recibir la Palma de Oro), alguien que ha tenido películas en el plato desde que era un niño. Se ve que ha hecho bien la digestión.

El protagonista tiene que decidir quién ser, en un país que no es el suyo, con una esposa y una hija que no lo son en realidad.

En conversación con Esteban Ramón, en la web de Televisión Española, Audiard habla de su película como un *thriller* que utiliza el género como un Caballo de Troya que esconde más cosas. «Dentro se van desarrollando cosas que no pertenecen al género como la historia de amor o la relación entre la falsa madre y la falsa hija». Aunque evita a toda costa la etiqueta de película política, el estreno de su filme por toda Europa coincide con la masiva crisis de los refugiados.

«La película es política no porque trate de inmigrantes. Es un filme político por su deseo de dar nombre, imagen y sentimientos a alguien que no los tiene. Y todo eso en formato cinemascope, para mí eso es un gesto, incluso en una película de género. Porque, si no, sería un documental o información que al final nos da igual: vemos tanta que es como un abrevadero de noticias» (AUDIARD, 2015ª).

Una entrevista excelente

En la revista FilaSiete publicamos una entrevista de mi compañero y amigo Fernando Gil-Delgado al director francés. Me parece excelente, porque muestra bien la personalidad de Audiard. El que entrevista ha vivido mucho tiempo en Bélgica, habla perfectamente el francés y conoce muy bien la obra de Audiard. Preferimos reproducir tal cual ese encuentro, que se celebró en Madrid, con motivo de la promoción de la película, a finales de octubre de 2015.

«Es tarde y Jacques Audiard tiene que coger el avión dentro de pocos minutos, el retraso acumulado juega en contra, pero como buen profesional cumplirá su compromiso y nos sentamos para su última entrevista.

Los dos o tres que quedamos hacemos una puesta en común para no repetirnos y optimizar el tiempo.

De todas maneras, Audiard tiene el abrigo puesto, el equipaje a mano y juega con el sombrero; los encargados de llevarlo al aeropuerto están ahí, invitando a dar por concluida la sesión antes de empezar.

Naturalmente comenzamos con mal pie. Nada más oír las palabras "política de emigración" Audiard salta: "no soy político, soy cineasta, hablemos de cine; los medios de comunicación están llenos de opiniones de gente que no nos importa nada; pregunta sobre cine, el tema de la película es un tema cinematográfico: he cogido a alguien de la calle, un ser anónimo, y le he dado un nombre, Dheepan, y es un inmigrante. Ese es nuestro tema, y no tonterías de opinión".

Me pregunto si se va a levantar y salir inmediatamente, así que disparo: ¿Qué parte de la película responde a la realidad y qué parte es ficción? Aclaro que me parece que la mayor parte de la historia es ficción.

Audiard sonríe y, dándome la razón, su respuesta es muy breve: "El poeta Louis Aragon inventó una palabra, *mentir-vrai*, es decir, mentir cierto. Se trata de una ficción que es muy real".

Ahondamos en la historia. Cuando la gente habla de su cine siempre se menciona la violencia, pero en *Dheepan* hay mucho más, el personaje de la niña es encantador y se puede ver en él una apuesta por la educación. ¿Por qué en la segunda parte desaparece y la trama se centra en la pareja de adultos?

La pregunta da en la diana, Audiard olvida las prisas y habla de su cine: "Lo siento, lo que ha dicho es verdad y lo lamento. En un momento dado la historia se centra tanto sobre ella como sobre la pareja, en otro la niña desaparece. Pero la película se llama *Dheepan* y no respeta demasiado a los personajes femeninos. Aunque me hubiera gustado hacerlo, por problemas no pude cambiar el título, es cierto que al final... también es cierto que no era nada fácil concluir la historia de la pequeña. Rodé una escena que quedó fuera en el montaje final, y lo lamento. También hay que decir que las películas son objetos imperfectos, estamos hablando aquí como si fueran realizaciones perfectamente acabadas según el plan previsto por el director. Las películas son objetos mucho más imprecisos y, llegado el momento, tomas una decisión que es una apuesta, un riesgo".

Ha dicho que ha cogido a un personaje sin nombre que podría ser cualquiera de los refugiados de cualquier país, pero al final eligió Sri Lanka, ¿qué aporta a la historia que fuera ese país en concreto?

"Sri Lanka salió por eliminación, en primer lugar quería un personaje que no tuviera nada que ver con el mundo francófono, por tanto, no podía ser africano, africano del norte ni del sudeste asiático, así que por eliminación llegué al continente indio donde, con sorpresa descubro un conflicto que no se había hablado para nada en Francia, era tan ignorado que las imágenes que encontré eran de la BBC. Me llamó tanto la atención que me dije, "esto me interesa": un lugar en el que ha habido una guerra espantosa y no lo conozco. Descubrí unos rostros y una cultura de la que no sabía nada. Para mí Sri Lanka era el té o un paraíso turístico con un mar muy azul. Me había equivocado".

Una pregunta más técnica, veo que ha obviado la banda sonora y que hay muchos primeros planos, quiero saber si lo que pretende es que los actores muestren una reacción real y no hacer trampa con una banda sonora que canalice esa emoción.

"Es la primera vez que no trabajo con el músico Alexandre Desplat, con el que suelo trabajar. Y eso, tal vez responde a tu pregunta, tiene que ver con el hecho de que en esta película yo sabía que las cosas serían mucho más movidas que en las anteriores, sabía que no quería tener una música minutada en la que sé su principio y su fin, quería tener la libertad de cambiar las cosas en cualquier momento, con Alexandre no habría sido posible. Por tanto, hablé con Nicolas Jaar y con esto vuelvo a tu pregunta, quería que nada estuviera demasiado fijado a priori, ni en el guion ni durante el rodaje, ni en el montaje. Hemos estado cambiando continuamente. No habría podido ser de otra manera con los actores con los que tenía que trabajar".

Ahora está cómodo, a gusto, pero mira el reloj, "¿queréis que pierda el avión?". Antes de que se vaya sale espontánea la pregunta: "¿Hubo algún problema de comunicación en el rodaje?".

"No. Al principio estaba preocupado por esa posibilidad, pero al final todo salió mejor que previsto, me encantó no tener que escuchar mi idioma, usar el tamil en la versión original es además un indicador de la calidad de la película".

Y ahora sí, dice *Desolé*, se deja hacer unas fotos y parte...» (AUDIARD, 2015b).

Coda final

Como habrán comprobado en la entrevista que acaban de leer, Audiard habla de sus películas de manera similar a la forma en que las hace. La elección del trío protagonista es fruto de un casting del que basta tener los detalles que les cuento para entender la estrategia ciertamente arriesgada, pero, al fin, muy inteligente y acertada de un gran director, que de casting y de dirigir actores sabe un rato: seis de sus siete actores protagonistas en las películas que lleva estrenadas han ganado el César al mejor actor o actriz (Mathieu Kassovitz por *Regarde les hommes tomber* (1994), Emmanuelle Devos por *Lee mis labios* (2001), Niels Arestrup y Linh Dan Pham por *De latir mi corazón se ha parado* (2005), Tahar Rahim y Niels Arestrup por *Un profeta* (2009) y Matthias Schoenaerts por *De óxido y hueso* (2012).

El actor Jesuthasan Antonythasan, que interpreta a Dheepan, llegó a Francia veinte años antes de rodar la película, procedente de Sri Lanka, donde formó parte de la guerrilla tamil. Experimentó la vida de un hombre sin papeles en un país del que no conoces su lengua.

Por otra parte, Audiard trabaja con una directora de fotografía novel, Éponine Momenceau, que solo había hecho antes tres cortos y un documental de 45 minutos titulado *Made in Bolivia*, realizados entre 2010 y 2014. La muy manejable Sony F55 digital con la que trabaja, registra todo con una naturalidad extrema, que precisamente por eso estremece más y mejor.

La veterana montadora Juliette Welfling tiene trabajos previos como *Lejos de los hombres* (2015), *El pasado* (2014), *Los Juegos del Hambre* (2012) y *La escafandra y la mariposa* (2007). Welfling ha montado los siete largos de Audiard, un guionista que empezó a dirigir con 42 años, después de trabajar como guionista desde 1976. Al trabajo de edición se debe en buena medida la intensidad del relato a la que nos hemos referido ya, unida a un *tempo* que permite masticar con calma para digerir la historia tan conmovedora que nos cuentan, sin concesiones a recursos fáciles.

Dice Audiard que tuvo en la cabeza *Perros de paja* (1971), de Peckimpah. No lo dudo. Tampoco que *Dheepan* es mucho mejor película.

La mirada a cámara de la niña de 9 años: ella es la bisagra de la película.

DHEEPAN (2015)
País: **Francia**
Dirección: **Jacques Audiard**
Guion: **J. Audiard, Thomas Bidegain, Noé Debré**
Fotografía: **Éponine Momenceau**
Montaje: **Juliette Welfling**
Música: **Nicolas Jaar**
Diseño de producción: **Michel Barthélémy**
Vestuario: **Chattoune**
Intérpretes: **Jesuthasan Antonythasan, Claudine Vinasithamby, Kalieaswari Srinivasan, Vincent Rottiers, Marc Zinga, Franck Falise, Bass Dhem**
109 minutos
Distribuidora DVD: **Vértice**
Estreno en España: **6.11.2015**

Filmografía de Jacques Audiard como director

- *Dheepan* (2015).
- *De óxido y hueso* (*De rouille et d'os*, 2012).
- *Un profeta* (*Un prophète*, 2009).
- *De latir mi corazón se ha parado* (*De battre mon coeur s'est arrêté*, 2005).
- *Lee mis labios* (*Sur mes lèvres*, 2001).
- *Un héroe muy discreto* (*Un héros très discret*, 1996).
- *Mira a los hombres caer* (*Regarde les hommes tomber*, 1994).

FUENTES

• AUDIARD, Jacques (2015a). Entrevista realizada por Esteban Ramón. *www.rtve.es* 3 noviembre <http://www.rtve.es/noticias/20151103/jacques-audiard-dheepan-filme-politico-su-deseo-dar-nombre-sentimientos-quien-no-tiene/1247060.shtml> Consultado 1.8.2016.

• AUDIARD, Jacques (2015b). Entrevista realizada por Fernando Gil-Delgado. *www.filasiete.com* 5 noviembre <http://filasiete.com/noticias/entrevistas-protagonistas/entrevista-a-jacques-audiard-ganador-de-la-palma-de-oro-en-cannes-por-dheepan/> Consultado 1.8.2016.

El año más violento (J. C. Chandor)

ENRIQUE FUSTER

Nueva York, 1981. Uno de los años más violentos en la historia de la ciudad (como se encarga de recordar el continuo goteo radiofónico de noticias delictivas) es el contexto elegido por J. C. Chandor (New Jersey, 1973) para su tercera película, después de *Margin Call* y *Cuando todo está perdido*. Director y guionista de los tres filmes, Chandor está construyendo una carrera sólida, de enfoque clásico: historias bien pergeñadas, puesta en escena eficaz, montaje invisible pero extremamente hábil, personajes verosímiles que afrontan potentes conflictos externos e internos, fuerza visual y diálogos brillantes. Dirige con buen pulso y sobriedad, con *pathos* pero evitando el melodrama fácil, manteniendo la tensión de principio a fin. Un cine entretenido e inteligente, estimulante, en el que manda la historia, que intenta simplemente contar «de la forma más efectiva posible» (CHANDOR, 2015).

Al margen, habría que añadir que *El año más violento* no ha funcionado demasiado bien en taquilla, a pesar de las buenas críticas y los premios (en Estados Unidos ganó el prestigioso *National Board of Review*). Quizá por no haber contado con el respaldo de ninguna *major* en producción ni distribución (a Italia, por ejemplo, llegó catorce meses después de su estreno). Con un presupuesto de 20 millones de dólares, ha recaudado 12 en todo el mundo; previsiblemente cubrirá costes con la explotación en las sucesivas ventanas, sobre todo en TV y DVD, pero casi no dejará beneficios. Sus otras películas resultaron mucho más rentables: *Margin Call*, con un presupuesto de 3,5 millones de dólares, recaudó 19,5; y *Cuando todo está perdido* costó 9 millones y ganó en los cines 13,5. Los números son significativos: indican que Chandor no es un autor de *blockbusters* pero sí un director perfectamente solvente... que dará que hablar. Como ha dicho el crítico italiano Paolo Mereghetti, «parece decidido a recorrer el camino de los grandes maestros de Hollywood, hábiles en el pasar de un género a otro sin problemas y sin perder de vista los temas que les importan», en su caso, «la centralidad de la conciencia individual, obligada a medirse con el cinismo de los banqueros en su primera película, convertida en fuerza vital y salvadora en la segunda y enfrentada ahora a los compromisos del éxito» (MEREGHETTI, 2016).

La fascinación del éxito

El protagonista de *El año más violento* es Abel Morales (Oscar Isaac), *self-made man* que ha progresado notablemente en la distribución de gasóleo. Al inicio de la película la vida le sonríe: tras años de esfuerzos, está a punto de comprar un viejo muelle en Brooklyn, que le dará libre acceso al río y le permitirá almacenar muchos litros de combustible, poniéndole en clara ventaja sobre sus competidores. El primer plazo lo paga inmediatamente, para el segundo dispone de treinta días. El acuerdo prescribe que, de no entregar la suma total en ese tiempo, pierda el dinero depositado y la opción de compra del terreno. Seguro de sí mismo y en buena relación con los bancos, Abel está convencido de que no habrá ningún problema. Sin embargo, se equivoca, porque los problemas empiezan a surgir... simultáneamente.

Me asusta más el fracaso que cualquier otra cosa, reconoce Abel, hombre ambicioso que ansía el éxito más que nadie, pero que no quiere triunfar de cualquier manera sino legalmente, sin atajos. De ahí la resonancia bíblica del nombre. Ha sido siempre un cumplidor, capaz de devolver un crédito al banco en seis meses y medio en lugar de los cinco años permitidos; un trabajador tenaz y determinado: *cuando más miedo tienes de saltar, es justo cuando has de saltar; si no, te pasas toda la vida en el mismo lugar, y eso yo no puedo hacerlo*. Pero si la competencia se sirve de medios ilícitos y la policía se muestra palmariamente ineficaz, la tentación de hacer algo irregular puede ser grande. Además, Abel está casado con la hija de un gánster, Anna (Jessica Chastain), quien opina que no se deben escatimar medios, legales o ilegales que sean, cuando se trata de proteger la familia y sus intereses.

Chandor parte de estos elementos para armar un guion calculado al milímetro, que progresa a ritmo sostenido, sin momentos de decaimiento (digna de subrayado la fluidez del montaje, de Ron Patane, particularmente manifiesta en los diversos montajes paralelos). Una historia de gánsteres con los lugares comunes del género: las conversaciones en la barbería, la policía irrumpiendo en plena fiesta de cumpleaños, los matones y las amenazas, la seducción del lujo, las persecuciones, la reunión de los cabezas de familia en un restaurante vacío, el potentado jugando al tenis en la pista interior de su casa, etc., pero expuestos de una manera original y realista, sin clichés, de acuerdo con la intención de Chandor de evocar las clásicas películas de gánsteres pero con una perspectiva diferente (MYERS, 2014).

A la sombra de *El Padrino*

Las complicaciones van llegando desde distintos frentes, acorralando más y más a Abel, que acabará cediendo. Una decisión desacertada, meditada durante la noche, abrirá una grieta... por la que acabará evacuándose toda la pretendida bondad, como nos deja intuir J. C. Chandor en la última vuelta de tuerca que cierra el filme, cuando caen las máscaras y Abel se jacta ante el fiscal del distrito (David Oyelowo) de haber sabido elegir siempre el camino justo para alcanzar el resultado deseado. ¿Pero cuál es el camino justo? A la vista de lo acontecido, la impresión es que para Abel "justo" no significa tanto "bueno" como "adecuado", una diferencia aparentemente sutil pero importante, que hará que su trayectoria se asemeje a la de algunos célebres gánsteres de la gran pantalla, como el Michael Corleone de *El Padrino* (COPPOLA, 1972), por mencionar un ejemplo excelente: gana la batalla, pero acaba perdiéndose.

La mujer de Abel, sin embargo, no posee arco de transformación. Anna es una mujer de carácter y fuerte personalidad, como su marido; pero sobre todo es, al inicio y al final, la hija de un gánster y como tal se comporta. Lo lleva en los genes. Sus esfuerzos por esconderlo resultan vanos y salen a relucir en diversas ocasiones, por ejemplo, cuando con tono amenazador recrimina al fiscal que le haya faltado al respeto, presentándose en su casa el día de la fiesta de cumpleaños de su hija.

El ejemplo de *El Padrino* está bien traído, porque *El año más violento* recuerda al filme de Coppola fotografiado por Gordon Willis en la iluminación de los interiores, los tonos cálidos y el uso del claroscuro. Buen trabajo del director de fotografía Bradford Young, que siguiendo el deseo de Chandor filma casi siempre con la lente de 50mm y en formato panorámico, para capturar los espacios amplios de Brooklyn en los que transcurren algunas escenas al abierto, con el *skyline* de Manhattan al fondo (CALIA, 2014; THOMSON, 2015; CHANDOR, 2015).

Recreando una época

Estamos ante un filme de época, si bien de una época reciente, y la ambientación debía mostrarlo. No fue fácil, porque no se encuentran en Brooklyn muchos rincones que se mantengan como eran hace más de treinta años y evidencien la decadencia de ese periodo. Por eso resultaron fundamentales la búsqueda de localizaciones y el uso de efectos digitales para suplir cuando fuese necesario. Como sucedió con la secuencia de la persecución en el metro. Consiguieron que el departamento de transportes de la ciudad les prestase un vagón restaurado de 1968, pero no podían ensuciarlo, así que las pintadas y los grafiti que se observan están añadidos con ordenador (COLLIN, 2015). Hay que reconocer que el resultado es asombroso. Para los muebles y el vestuario de los protagonistas se recurrió a piezas de vanguardia de finales de los sesenta o principios de los setenta, de acuerdo con su personalidad y deduciendo que sería en esos años cuando habrían renovado trajes y elementos decorativos en casa y en la oficina (MYERS, 2014).

Como Chandor pretendía, decorados y vestuario forman parte de la historia y dicen mucho de los personajes. Además de ser el año más violento, 1981 fue también uno de los más fríos, con nevadas abundantes, circunstancia aprovechada por los escenógrafos y la diseñadora Kasia Malicka-Mamoine (*Foxcatcher*, *Moonrise Kingdom*, *Truman Capote*). Basta fijarse en los níveos entornos de tantas escenas o en los abrigos de Abel y Anna. El de él es un camel que hizo furor en los 70, popularizado por el cine en distintas variantes: Ali McGraw en *Love Story* (HILLER, 1970), Barbra Streisand en *Tal como éramos* (POLLACK, 1973), Marlon Brando en *El último tango en París* (BERTOLUCCI, 1972) y otros filmes de gánsteres como *El golpe* (HILL, 1973). El de ella, un Armani blanco de hebilla grande, creado para la ocasión a partir de los archivos de la época (TURRA, 2014; ATKINSON, 2015). La paleta de colores de la película es amplia, si bien predomina el beige, color fetiche de los 80.

Abel es un vendedor que sabe venderse. Su aspecto pulcro y ordenado transmite seguridad, confianza. Tiene clase. Viste siempre de modo impecable, con trajes a medida y corbatas perfectamente anudadas. Y quiere esa misma clase para su compañía: por eso sus camiones son los más limpios y fiables. También Anna da muestras de extremo cuidado en el vestir, ya sea de punta en blanco o con unos *jeans* en plan *casual*, con

Abel persiguiendo al ladrón de camiones.

la variedad de un amplio guardarropa. Se advierte en ambos deseo de epatar, pero también indudable gusto, como deja entender la moderna casa a la que se trasladan, símbolo de poder y estatus. El abogado de la familia (especie de *consigliere* que no podía faltar en una película del género, magníficamente interpretado por Alex Brooks) viste sin tantas ínfulas, como, por otro lado, el resto de competidores en el negocio del carburante. No llaman la atención como lo hacen Abel y Anna, a quienes su estilo les augura un porvenir exitoso, denunciando también una insaciable ambición. De algún modo se sienten especiales, llamados a prosperar más allá de las fronteras de Brooklyn.

Brillantes interpretaciones y poderío visual

La primera elección para el papel de Abel era Javier Bardem. Se embarcó en el proyecto cuando aún no estaba terminado el guion, y se bajó cuando lo leyó. Según Chandor no le convencía el retrato del protagonista: quería que fuese más "blanco y negro", menos ambiguo. Fue Jessica Chastain quien sugirió a Oscar Isaac cuando aún era un desconocido y *A propósito de Llewyn Davis* (COEN, 2013) se había visto solo en Cannes (COLLIN, 2015). Ahora resulta difícil imaginar un Abel mejor que Isaac. También Jessica está insuperable, componiendo una Lady Macbeth perfecta, con ese modo natural y a la vez sofisticado con que fuma, acciona con un lapicero las teclas de la calculadora electrónica o enarbola una pistola ante su marido. No en vano, su trabajo le valió una nominación a la mejor actriz secundaria en los Golden Globe.

Ya en *Margin Call* -película con la que esta posee más de un punto en común- demostró Chandor capacidad de crear escenas poderosas cargadas de sentido. Recuérdese, por ejemplo, una dura conversación en un ascensor, con una ignorada señora de la limpieza de por medio; o ese momento de Kevin Spacey enterrando a su perro labrador, entre lágrimas, en el jardín de su casa. Tampoco aquí faltan imágenes irrevocables. Citemos dos: Abel escondido debajo de su casa, sentado encima de las cajas que contienen la contabilidad de la empresa, mientras su mujer dice a la policía que su marido es *un hombre honorable*; y ese gesto pragmático de andar a taponar con su elegante pañuelo blanco el agujero de bala en un tanque salpicado de sangre para que no siga perdiendo combustible, cuidadosamente, evitando mancharse guantes y abrigo, mientras al pie del tanque yace el cadáver de un pobre desquiciado.

Chandor encuentra fascinante «el punto crítico en el que el capitalismo, el mundo regulador y el mundo real se encuentran» (COLLIN, 2015), y tanto su primero como su tercer largometraje se sitúan en esta peligrosa frontera, con una mirada que aúna admiración y reservas. Aprecia el pundonor y la capacidad de quienes han construido el país, pero subraya críticamente las fallas. Esquivando la exageración y la caricatura, construye personajes reales, con un toque de ambigüedad y contradicción, de alguna forma inabarcables; por eso nunca acabamos de conocerlos del todo. Como ha dicho, desea hacer películas sobre «personas normales en un momento extraordinario de sus vidas, en el que se han puesto ellos mismos y en el que deben necesariamente tomar una decisión que les lleve a la derecha o a la izquierda; no pueden permanecer igual» (MYERS, 2014).

Respecto a Abel, viendo cómo evolucionan las cosas, uno se pregunta si todo su esfuerzo por evitar las armas no era premeditado, pensando en el futuro, en llegar más alto, en unas aspiraciones que los antecedentes penales podrían poner en entredicho. En el fondo, como le echa en cara su mujer, él siempre ha sabido o podía haber sabido de ciertas irregularidades, solo que prefería mirar hacia otro lado. O quizá no. Quizá quería de verdad hacer las cosas bien. En cualquier caso, la impresión es que al final en él pueda más el pragmatismo que el idealismo, y ese pragmatismo es lo que lo acabará perdiendo (aunque aparentemente termine ganando).

Imprevistos daños colaterales

Como en *Margin Call*, la mentalidad dominante aquí es la de la búsqueda del éxito a cualquier precio. Y los más desfavorecidos son, de nuevo, los pobres, los inmigrantes, los débiles. Son ellos quienes acaban sufriendo los efectos imprevistos de un sistema corrupto, como muy bien ejemplifica la sub-trama del joven hispano Julián (Elyes Gabel), el empleado que sueña con emular a Abel. Este aspecto de denuncia asoma desde el principio de la película, con la canción que se escucha mientras aparecen los créditos iniciales y Abel Morales hace *footing* al amanecer por las calles desiertas de un frío y deteriorado Brooklyn. Se trata de un *hit* de 1971, *Inner City Blues (Make Me Wanna Holler)*, de Marvin Gaye (escrita con James Nyx Jr.): *cohetes y dinero, inflación, impuestos, crisis económica, esto no es vida, aumento del crimen, pánico, solo Dios sabe a dónde vamos... Madre, madre, todos piensan que estamos equivocados, quiénes son ellos para juzgarnos, simplemente porque llevamos el pelo largo...* Enseguida nos transmite el *mood* de la época, en parte similar al de hoy, a remolque de una crisis, con altos índices de decadencia, incertidumbre y desasosiego social.

La canción final es sin embargo original, compuesta por el autor de la banda sonora Alex Ebert, ganador de un Golden Globe por la música de *Cuando todo está perdido*. Directamente inspirada por la película, surge de su irritación ante la actitud cínica de los protagonistas. De ahí su tono irónico, pensando en quienes se quedan tranquilos porque pagan los impuestos, como si eso bastase para acallar la conciencia: *pago mis impuestos... no necesito redención ni verdad*, canta el texto, titulado precisamente *America*. Porque lo que a fin de cuentas manifiesta *El año más violento* es el lado oscuro, amargo, del *American Dream*; el triste revés de la historia de tantos que han puesto en marcha el país, llegando muy alto, pero a veces sin preocuparse de los medios empleados ni de las consecuencias, causando a menudo imprevistos y desgraciados daños colaterales, el primero de los cuales es, siempre, una alarmante pérdida de humanidad.

A MOST VIOLENT YEAR (2014)
País: **EE.UU.**
Dirección y Guion: **J. C. Chandor**
Fotografía: **Bradford Young**
Montaje: **Ron Patane**
Música: **Alex Ebert**
Diseño de producción: **John P. Goldsmith**
Vestuario: **Kasia Walicka-Maimone**
Intérpretes: **Oscar Isaac, Jessica Chastain, David Oyelowo, Albert Brooks, Elyes Gabel, Alessandro Nivola, Catalina Sandino Moreno**
125 minutos
Distribuidora DVD: **Vértigo**
Estreno en España: **19.3.2015**

Filmografía de J. C. Chandor como director

- El año más violento (*A Most Violent Year*, 2014).
- Cuando todo está perdido (*All is Lost*, 2013).
- *Margin Call* (2011).

FUENTES

- A MOST VIOLENT YEAR, Official Movie Site <http://www.amostviolentyear.com>

- ATKINSON, Nathalie (2015). In a Most Violent Year, a most wonderful coat. *The Globe and Mail*, February 6 <http://www.theglobeandmail.com/life/fashion-and-beauty/fashion/in-a-most-violent-year-a-most-wonderful-coat/article22761877/>

- CALIA, Michael (2014). How Bradford Young Made Nueva York a Monster in 'A Most Violent Year'. *The Wall Street Journal*, December 23 <http://blogs.wsj.com/speakeasy/2014/12/23/how-bradford-young-made-new-york-a-monster-in-a-most-violent-year/>

- CHANDOR, J. C. (2015). Declaraciones en los Extras del DVD *El año más violento*.

- COLLIN, Robbie (2015). I wanted to make a good, old-fashioned gangster flick, Interview to J. C. Chandor. *The Telegraph*, 19 February <http://www.telegraph.co.uk/film/a-most-violent-year/jc-chandor-director-interview/>

- MEREGHETTI, Paolo (2016). 1981: Indagine a Nueva York. La voglia di legalità di un manager nell'anno violento dell'America. *Corriere de la Sera*, Martedì 2 Febbraio, p. 38.

- MYERS, Emma (2014). Interview: J. C. Chandor. *Film Comment*, December 22 <http://www.filmcomment.com/blog/interview-j-c-chandor/>

- THOMSON, Patricia (2015). Bedford Young discusses the cinematography of Ava DuVernay's Selma and J. C. Chandor's A Most Violent Year. *American Cinematographer*, February <https://www.theasc.com/ac_magazine/February2015/QandAwithBradfordYoung/page1.php>

- TURRA, Alessandra (2014). Giorgio Armani dresses Jessica Chastain in 'A Most Violent Year'. *WWD*, December 3 <http://wwd.com/eye/fashion/armani-power-8054177/>

El francotirador (Clint Eastwood)

RUTH GUTIÉRREZ

American Sniper es la versión cinematográfica de las memorias de Chris Kyle, "el SEAL más letal de la historia militar de los Estados Unidos". La autobiografía, escrita con el asesoramiento de dos autores más (Jim DeFelice y Scott McEwen), destaca como un documento de cariz histórico narrado en primera persona. La franqueza de Kyle y sus análisis geopolíticos facilitan la ardua tarea de imaginar todo el cuadro mental de un marine norteamericano en los albores del siglo XXI. Y en ese sentido, el libro resulta de sumo interés. En la nota principal de su autobiografía, dice Kyle: «Todo lo que se cuenta en este libro sucedió de veras y está narrado hasta donde alcanzan mis recuerdos». Puede pensarse que este recurso de verosimilitud, además de ser un reclamo popular, sea hasta cierto punto su máximo valor. Tomado en serio (para bien y para mal), en Kyle está la nueva misión del héroe bélico, más allá de la frontera de los Estados Unidos. Pues, de manera espejada, el "enemigo" de la nación también actúa siguiendo el mismo patrón conductual, aunque movido por la ejecución de objetivos lógicamente opuestos.

Este aspecto controvertido desde el que mirar la psicología de los soldados fue la causa por la que Steven Spielberg abandonó el proyecto de dirigir la adaptación. Con un presupuesto frisando los 60 millones de dólares, Spielberg empezó a trabajar en el guion mano a mano con Jason Hall. Por lo visto, el director de Lincoln se empeñó en dar más profundidad psicológica al personaje de Kyle tejiendo en paralelo y con la misma hondura a su antagonista iraquí: el otro francotirador. Según cuenta el mismo guionista, esto significó un aumento de páginas en el guion y su consabido reflejo en el presupuesto que en una cifra posible hubiera alcanzado los 160 millones. La Warner Bros. se negó en rotundo a este incremento económico y ahí terminó la relación con Spielberg. Eastwood, en cambio, se limitó a lo pactado y su producto recaudó 400 millones de dólares.

Alentando las polémicas suscitadas por el aire propagandístico que rezuma el filme, algunas voces se han preguntado sobre qué habría sido de la película si la hubiera realizado Spielberg. La pregunta es oportuna. Pero la respuesta es imposible. Tan solo insinúa que *American Sniper* deja cierto regusto de insatisfacción al espectador. O lo que es lo mismo: tiene algo de decepcionante, compatible con algunos aciertos únicos que la hacen atractiva desde la perspectiva del género bélico. Para Eastwood: «War pictures are always fascinating for people (...). They were for me growing up, even though I'm not nuts about war. War is the ultimate conflict, and conflict is the basis of drama to begin with. And this story had drama on the home side, too» (GALLOWAY, 2014).

La motivación del héroe

Dejando a un lado la cuestión acerca de las miradas divergentes de Eastwood y de Spielberg, resulta particularmente interesante preguntarse qué se pone en juego en el *Francotirador* original de Kyle y compararlo con *El francotirador* de Eastwood. Para llevar a cabo este propósito, es necesario retomar de forma sucinta la biografía de Kyle.

Chris Kyle conoció el éxito editorial con *American Sniper* (2012) ampliando una popularidad que ya arrastraba en el mundo militar, donde era más conocido como "La leyenda". Su reconocimiento en el mundo civil le condujo a desempeñar diversas labores humanitarias de apoyo a veteranos; fundó Heroes Project, institución destinada fundamentalmente a la rehabilitación psicofísica de los excombatientes; y, a la redacción de la segunda parte de sus memorias: *American Gun: A History of the US in Ten Firearms* (2013). Ligado personalmente al mundo de los veteranos de guerra, la muerte de Kyle es trágica e irónica, pues fue asesinado el 2 de febrero de 2013 a manos de un exmarine con trastorno por estrés postraumático al que pretendía ayudar con sesiones de terapia. El filme que se estaba fraguando entonces sufrió un revés: al cambiar el relato de un militar retirado de la guerra por el de un militar asesinado en su patria a manos de otro militar, el sentido de la historia tenía que repensarse.

Eastwood fue perfectamente consciente de lo que se le venía encima. Pero no pudo contener el laurel épico que se cernía inexorablemente sobre su filme.

> I considered ending the film at the shooting range (...). But that would have shifted the focus to his death and made it a different movie. We were telling the story of Chris Kyle's life and wanted to keep the focus there. Instead, the movie ends with moving real-life footage from Kyle's funeral, some of which Hall recorded on his iPhone, as thousands of Texans waved at the procession from roadsides and overpasses (KEEGAN, 2014)

La leyenda viviente era ahora un héroe nacional. Pero, ¿qué hay del héroe nacional en las palabras del propio Kyle? ¿Hay madera heroica en sus memorias? ¿Es el Kyle auténtico, el franconctirador con más muertes a sus espaldas, un nuevo héroe bélico? En definitiva, ¿por qué merecía la pena contar su historia, respetando la memoria de un difunto asesinado?

Lo cierto es que, según se trasluce de las memorias de Kyle, había que contar la historia antes de que otros, menos expertos y menos autorizados, lo hicieran (KYLE, 302). El argumento se centra en la guerra en Irak, contada por un miembro de un cuerpo de élite militar formado por aquellos que protegen a los que nos protegen. Y eso tiene su interés particular: «(...) they should make Sniper part of the current debate on sending forces back to Iraq to take on the Islamic State. The movie shows the price one war hero paid; do we want other heroes killed, too?». En definitiva, no importaba hablar de la guerra desde un soldado ordinario, sino contarla desde el soldado que protege a los militares americanos. El argumento es sofisticado pero tiene su interés, menos simple de lo que parece a simple vista. El héroe que hay en el francotirador protege a "nuestros muchachos" de "los malos". Gente como él merece todo el respeto de sus compatriotas, madres, en especial, pero también del mundo occidental al que, por extensión, también representa. Su trabajo no es común. Las muertes que se le imputan son equivalentes a los posibles soldados americanos que hubieran muerto sin su acción letal. Pero, por otro lado, está la cuestión de qué motiva verdaderamente la acción del francotirador. Eastwood elimina todo tipo de matiz en el relato, adoptando un discurso seco, sobrio y directo cuando define la acción militar y al representar al enemigo como una sombra cruel e inquietante, que recuerda al estilo de John Ford en *La patrulla perdida* (1934).

El "añadido" de Eastwood se encuentra en el retrato del héroe. Kyle describe en sus memorias cómo consiguió superar el hito colosal de un francotirador: alcanzar la cifra de 101 "malos" muertos (Kyle, 255) y de cómo se forjó la fama de irreductible, en ambos bandos.

> ¿No te sentías mal al matar a tantas personas en Irak? Yo les digo: -No. Y lo digo de veras. La primera vez que disparas a alguien te pones algo nervioso. Piensas: ¿De verdad puedo abatir a ese tipo? ¿De veras está bien? Sin embargo, después de matar al enemigo, te das cuenta de que es así, y te dices: "Mola". Vuelves a hacerlo, una y otra vez. Lo haces para que el enemigo no acabe contigo ni con tus compatriotas. Y sigues haciéndolo hasta que no queda nadie a quien matar. Así es la guerra. Me encantaba lo que hacía. Y me encanta. En otras circunstancias -si mi familia no me necesitara a su lado-, ya estaría otra vez allí. No miento ni exagero cuando digo que me lo pasé bien. Me he divertido muchísimo sirviendo en los SEAL. (...), mi historia, tanto en Irak como después, no va solo de matar gente ni aun de luchar por mi país. Va, más bien, de ser un hombre; y también de amor, igual que de odio (KYLE, 18)

Esta atracción profunda de Kyle por la guerra y la "diversión" que le proporciona reciben una respuesta fílmica que choca parcialmente con la vivencia real. El Kyle real nace para ser un SEAL. Sus circunstancias familiares y sociales son un caldo de cultivo ideal para esta adhesión particular. Y enseguida se descubre que la sencillez de Kyle en su escrito no es sólo expositiva, sino vital: Kyle se va enganchando a la guerra paulatinamente y eso le causará problemas familiares. Eastwood introduce una motivación distinta en la decisión de Kyle que permite dar sentido, al menos personal, al protagonista, fortaleciendo esa ingenuidad lineal descrita en la autobiografía. El Kyle de Eastwood se conmueve por los atentados islámicos y piensa que tiene que "servir" para algo.

Lejos de exigir una completa e innecesaria literalidad de la adaptación, en la comparación entre el relato de Kyle y el filme de Eastwood, se advierten enseguida este y otros cambios significativos cuyos efectos son de diversa índole. Atendiendo al señalado a propósito de la motivación del héroe, el Kyle de las memorias encuentra en el Ejército la horma de su zapato: como tejano, Kyle ha cultivado unas aficiones y pasiones excelentes para entrenarse de manera inconsciente como militar. En concreto, según las memorias, Chris Kyle decide alistarse en el Ejército después de una larga preparación como vaquero en Texas. El amor a lo militar le viene de familia: su abuelo fue piloto de aviones; le apasionan las armas y la caza y la doma de caballos y vacas. Es lo que se dice, en toda regla, un verdadero tejano. Este preámbulo biográfico a su experiencia militar en Irak es claramente un antecedente natural a su enrolamiento en la Marina. Sin embargo, en el filme de Eastwood y Hall, posiblemente empeñados en hacer más fuerte

Eastwood presenta la acción militar con un discurso seco, sobrio y directo.

el detonante de la historia, insertan una escena que será fundamental para remover las entrañas de Kyle en busca de su auténtico destino.

Del minuto 9:30 al 10:00 de la primera parte del largometraje, Kyle ve unas imágenes del atentado contra la embajada de los Estados Unidos en Kenia y Tanzania, emitidas por televisión. Inmediatamente después, se ve cómo decide acudir a la Oficina de Alistamiento del Ejército, donde le atiende el reclutador de la Armada y por el cual es aceptado sin problemas. Kyle no puede soportar que el mundo islámico arremeta contra su patria y contra todo lo que esta ha construido más allá de sus fronteras. Tiene que hacer algo por defender a los suyos y al mundo occidental. En este punto, el lema esgrimido por Kyle en sus memorias de "Dios, patria y familia" cobra todo el sentido en el filme. Los hechos históricos no fueron así. En su autobiografía Kyle cuenta sin rubor alguno cómo ser marine fue la opción natural a su trabajo como vaquero, no fruto de una labor de concienciación o de un impulso mesiánico (quizá, noble) por servir y salvar a su país. Además, su entrada en el Ejército fue dificultosa: le rechazaron («Me respondieron con un no rotundo» (KYLE, 31) y se lo hicieron pasar duro durante largas temporadas de entrenamiento. En el capítulo titulado *La doma de potros y otros modos de pasarlo bien* se resume su motivación. Para la épica crítica de Eastwood no fue suficiente. Pero gracias a la aspiración épica de Kyle, se suaviza el contorno de un héroe que no se mueve principalmente por sus intereses particulares. Pero no resulta suficiente.

Los valores del héroe: guerra, patria y familia

Conviene tener en cuenta que esta historia de guerra comienza con el "bautismo de fuego" de Kyle: un asunto de conciencia. Y hay que resolverlo. La escena no puede ser más melodramática: una mujer y un niño iraquíes portan una bomba para frenar el acercamiento de un convoy norteamericano. Kyle tiene que decidir si disparar a un niño (y a una mujer) para proteger a sus compañeros o dejarles marchar como civiles que son protegidos por las ROE (Rules of Engagement o Reglas de enfrentamiento militar, reglas de mando que determinan las circunstancias legítimas para usar la fuerza). Durante este trance, y antes de saber si Kyle disparará o no, se hace un *flash-back* a la prehistoria militar de Kyle como cazador, con claras referencias estéticas al filme *El cazador* (Cimino, 1978). Con ello, se explican los aspectos del presente: el cazador ha conmutado al ciervo por los terroristas islámicos.

A partir del reclutamiento, la acción se divide en las cuatro misiones o despliegues ("tours") que Kyle desempeña en Irak y que corren en paralelo a su vida familiar. En el minuto 23:27, el baile nupcial queda empañado con un *nos vamos, chicos*, entonado con ingenuidad y entusiasmo por un SEAL invitado a la boda. Cada una de las incursiones de Kyle en Irak está contrapuesta a una etapa importante en su vida familiar que queda atrás. El mundo de la guerra y el mundo del hogar aparecen contrapuestos siempre. Pero tradicionalmente el hogar había representado el campo de paz para el héroe de guerra. Ahora, en cambio, adquiere un nuevo significado, irónico: se asemeja a la inconsciencia, a lo virtual, por considerarlo un lugar artificial, alejado de los auténticos problemas mundiales esos en los que se cuece la Historia; y se define con sentimientos como el hastío y el aburrimiento, pues no hay lugar para la acción, salvo la convencional vida familiar consistente en la crianza, las barbacoas y, en cierto modo, la muerte en vida. La guerra es un lugar árido, confuso y lleno de oportunidades para la acción. Los enemigos acechan en cualquier esquina, como en un videojuego sofisticado. El paisaje es un perfecto lugar donde poner a tiro al enemigo ante el punto de mira de Kyle. La narración se hace lenta, tediosa y monótona. Así es vivir la guerra por etapas de diseño: la atracción es poderosa desde casa e incomprensible para los civiles, alimentados del bienestar que estas guerras estratégicas preservan. La mirada de Eastwood se compadece del ingenuo héroe crédulo, muy seguro de verdad de que, al menos, está salvando de esos fantasmas del terror a sus compatriotas, sus Brothers in Arms. La verdad aparece en la luz.

El héroe veterano

Esta película necesitaba definir al veterano por muchas razones. Entre otras, para hacerle justicia. Al volver a casa tras una guerra de estas características (eficaz, controlada, minuciosamente desplegada), el trauma del militar está constituido por un estrés que nada tiene que ver con la moralidad de los actos ni con el arrepentimiento. Dice Kyle (356-357):

> No soy el mismo que era cuando fui a la guerra por primera vez. No lo es nadie: antes de entrar en combate tienes mucho de inocente. Entonces, de repente, chocas con una cara totalmente distinta de la vida. No me arrepiento de nada: lo volvería a hacer; pero tampoco deja de ser cierto que la guerra te cambia de manera definitiva. Te abrazas a la muerte. Como SEAL, conoces el lado oscuro; te metes en él de lleno. Al ir una y otra vez a la guerra, te ves atraído por la vertiente más sombría de la existencia (...). No dedico mucho tiempo a reflexionar sobre el acto de matar gente, ni tengo problemas de conciencia sobre la función que desempeñé en la guerra.

Ni siquiera con la auténtica motivación que le llevara a la guerra. La reflexión coge otro derrotero. Esto lo expone bien Eastwood. La misión estaba bien definida y el objetivo, cumplido, sin reproches ni consideraciones personales. Frente al caos infernal, Kyle y sus compañeros cumplían órdenes que defendían vidas. «Todos ellos merecían morir», dice Kyle, en sus memorias (357). Tenían un sentido específico. Entonces, sin problemas de conciencia, ¿qué motivo hay para autoexcluirse de la sociedad?

Además de seguir enganchado a la guerra, Chris Kyle siente que ha abandonado a sus muchachos (pero también sentía lo mismo por su mujer y sus hijos): no se considera un héroe. «Lo que sí me remuerde es la gente a la que no he podido salvar: marines, soldados, colegas... Todavía siento su pérdida. Todavía me duele el no haber sido capaz de protegerlos» (KYLE, 357).

En cambio, sí son héroes los que aún siguen combatiendo en el infierno islámico. El hogar significa la huida, la laxitud, y no la recompensa ni el éxito. Su esposa no consigue comprenderle en algunos momentos. Eastwood intenta descargar parte del tono melodramático que tiene la historia real de Kyle, pero no puede prescindir de él para reflejar el contraste entre los dos mundos. «Las cosas cotidianas que te estresan en la vida civil me resbalan por completo» (KYLE, 358). Por ello, el regreso de Kyle se describe como un proceso doloroso que se produce en los márgenes de la vida cotidiana: aparece en los clubs de tiro para veteranos, en sesiones terapéuticas de conversación, en excursiones y horas de acompañamiento mutuo, viviendo el espíritu militar. Este nuevo héroe es un excluido social que necesita explicarse a sí mismo bajo unas coordenadas nuevas. Desea que se ponderen sus actos socialmente. Pero como SEAL, tiene más peso seguir salvando a sus compañeros. La misión no ha terminado, en sentido estricto.

El código del lenguaje (esas coordenadas nuevas) que hablan los veteranos se ha hecho incomprensible a sus compatriotas y familiares: en el mundo civil no parece haber lugar para el ideal de servicio a la patria, para la definición del bien como algo nítido sin quiebra ni matiz, para la disciplina, el orden, el espíritu de superación y menos aún, para la idea de dar la vida por otros o arrebatársela a otros (por muy criticados que estén, por muy políticamente incorrectos o salvajes que sean estos marines). Recordar esa forma de vida les mantiene vivos en el hogar. Siguen cumpliendo órdenes y autoimponiéndose misiones de salvamento. Para hacerse cargo de las nuevas coordenadas del Kyle "esposo y padre", en el filme, Eastwood representa dos finales: el de la guerra del SEAL y el del veterano. La heroificación del héroe bélico presenta dos caras: una negativa, que surge de la imagen de un hombre extremo, superlativo, sediento de acción que no parece temer a nada ni a nadie, que resulta a veces frívolo en su violencia extrema, como si la vida fuera un videojuego de acción; y otra más noble que procede de la experiencia única de haber encontrado sentido al sinsentido de la guerra que justifica y legitima las acciones de estos seres ambulantes cuando regresan al hogar. Gran paradoja para este mundo. La vuelta a casa exige un sustituto de dimensiones proporcionales: alimentar el autoconvecimiento de estar haciendo un bien, reconstruyendo la guerra desde los campos de tiro. Este nuevo héroe parece haberse autoconvencido también de que su misión no tuvo tacha. Es el único ciudadano que no duda de sí porque cumple órdenes. Las que sean. La legitimidad obtenida de saber que estás haciendo lo correcto te permite no planteárte si lo correcto es correcto. Cuando Kyle dice que él no es un héroe tiene razón. El héroe es Estados Unidos. Él, simplemente (y casi anónimamente), participa de esa gran acción heroica de su país, que es la salvaguarda de Occidente y de la libertad.

En ese sentido, él también es una víctima. Y por eso este aspecto del héroe le hace ser vulnerable al final de su vida; hasta el punto de quedar desvalido a merced de la sed de violencia de otro ex marine. El país exige el sacrificio individual hasta el final. Eastwood concede a Kyle la oportunidad de reconciliarse con su familia antes de que la muerte le lleve para siempre a la gloria de los caídos.

AMERICAN SNIPER (2014)
País: **EE.UU.**
Dirección: **Clint Eastwood**
Guion: **Jason Hall**
Fotografía: **Tom Stern**
Montaje: **Joel Cox, Gary D. Roach**
Música: **Joseph S. DeBeasi**
Diseño de producción: **Charisse Cardenas, James J. Murakami**
Vestuario: **Deborah Hopper**
Intérpretes: **Bradley Cooper, Sienna Miller, Luke Grimes, Kyle Gallner, Jake McDorman, Cory Hardrict, Sam Jaeger, Max Charles**
132 minutos
Distribuidora DVD: **Warner**
Estreno en España: **20.2.2015**

Filmografía de Clint Eastwood como director (últimas 10 películas)

- *Sully* (2016).
- *El francotirador* (*American Sniper*, 2015).
- *Jersey Boys* (2014).
- *J. Edgar* (2011).
- *Más allá de la vida* (*Hereafter*, 2010).
- *Invictus* (2009).
- *Gran Torino* (2008).
- *El intercambio* (*Changeling*, 2008).
- *Cartas desde Iwo Jima* (*Letters From Iwo Jima*, 2006).
- *Banderas de nuestros padres* (*Flags of Our Fathers*, 2006).

FUENTES

- BEN CLOK, Alex (2015). The Making of 'American Sniper': How an Unlikely Friendship Kickstarted the Clint Eastwood Film. *The Hollywood Reporter*. 2 de enero de 2015.

- FLEMING JR., Mike (2013). Steven Spielberg Drops Out of Directing 'American Sniper' (en inglés). *Deadline.com*. 5 de agosto de 2013.

- GALLOWAY, Stephen (2014). Clint Eastwood's Oscars Challenge: Getting Liberal Voters to Love 'American Sniper', *The Hollywood Reporter*. 20 de noviembre de 2014.

- KEEGAN, Rebecca (2014). Makers of 'American Sniper' press ahead to tell a tale of war and home (en inglés). *LATimes*. 25 de diciembre de 2014.

- KYLE, Chris, DEFELICE, Jim, y MCEWEN, Scott: *El francotirador. Memorias del SEAL más letal de la historia*, Crítica, Barcelona, 2015.

El puente de los espías (Steven Spielberg)

ARMANDO FUMAGALLI & PAOLO BRAGA[1]

Defender a Rudolf Abel, un espía soviético detenido en Nueva York, atrayendo sobre sí el reproche de la opinión pública americana. Este es el delicado encargo que en 1957 recibe James Donovan, un veterano abogado especialista en seguros. A su vez, el director del bufete donde trabaja ha recibido la petición de altas instancias del gobierno norteamericano: hay que demostrar al mundo entero que en Estados Unidos la defensa legal no se niega a nadie, aun en casos flagrantes como el del espía Abel, que parece merecedor de la pena capital.

Donovan logra evitar la pena de muerte para Abel, que es condenado a 30 años de prisión. Para Donovan, Abel es un enemigo, pero no un criminal.

Cuando Gary Powers, piloto norteamericano de un avión espía, sea derribado y detenido en la Unión Soviética, Donovan tendrá que asumir el papel de negociador secreto de un canje de espías que ambos gobiernos quieren llevar con discreción. Un reto muy complejo, un desafío extremadamente arduo para un hombre corriente, ajeno a tramas de espionaje en plena Guerra Fría, que se enredará aún más cuando en la República Democrática Alemana sea detenido un estudiante de Yale, Frederic Pryor.

---

[1] El ensayo ha sido pensado y discutido por los dos autores. Paolo Braga ha redactado los primeros tres apartados; Armando Fumagalli el cuarto.

A la CIA, Pryor no les interesa, porque no tiene secretos que revelar a los rusos, mientras les compromete mucho Powers, uno de los primeros pilotos de los aviones espía U2.

El abogado demostrará ser la persona adecuada; una persona justa, una persona *de una pieza*, como reconocerá el mismo Abel.

Otra gran película

La conciencia tranquila de haber hecho lo que se tenía que hacer es la cosa más importante, la única cosa que cuenta de verdad. Es el mensaje de una magistral película inspirada en hechos reales. Por humanidad, solidez y finura en el guion se puede poner al lado de los mejores títulos recientes del *thriller* de espionaje, como *Munich* y *La vida de los otros*.

Spielberg añade otra gran película a su larga carrera, salpicada de obras maestras. En *El puente de los espías* encontramos la vena histórico-realista del director estadounidense, que se expresa en su nivel más alto: aún más que con *Munich*, la película entronca con *La lista de Schindler*. Si miramos con detalle la trama y los conflictos, hay elementos comunes. Tenemos en ambas un protagonista que hace propia una buena causa que ha llegado a tocarle en lo íntimo. Donovan, como Schindler, acepta hacer lo que podría no hacer: defender a Abel a pesar de la hostilidad de todo el ambiente; cargar con la salvación del estudiante detenido en la RDA aunque nadie se lo pida y la CIA, con mucha razón de estado y poca humanidad, recele porque piensa que puede entorpecer la operación de liberación del piloto detenido por los rusos.

James Donovan, que está inspirado en una persona real -un abogado católico de origen irlandés que ya había colaborado con la CIA en acciones precedentes y tendrá en los años sucesivos un papel fundamental para liberar casi diez mil prisioneros en Cuba-, sabe tomar el camino más difícil porque es el camino justo y porque se puede, aunque nadie le reprocharía una decisión que le requiriese menos esfuerzos y complicaciones.

Otra analogía con *La lista de Schindler* es que, también aquí, la voz de la conciencia está encarnada en un personaje discreto y profundo, amable y equilibrado: el espía Abel, interpretado por Mark Rylance (merecedor del Oscar como mejor actor de reparto), se asemeja a Itzhak Stern, interpretado por Ben Kingsley en la película sobre Schindler.

La película se apoya de manera decisiva sobre el estupendo diálogo entre abogado y cliente, en donde este último le dice al letrado que ve en él a una persona *de una pieza*, que no hace descuentos a su conciencia.

Como en *La lista de Schindler*, destaca la avispada afabilidad del protagonista, su habilidad en las negociaciones. La película da el placer de descubrir los recursos que intuimos están en el personaje principal: el saber leer la estrategia de la otra parte, la perseverancia en relanzar el partido corriendo el riesgo, la determinación en jugar duro cuando la situación lo pide. Y todo esto sin agresividad, con un sentido noble y alto de la justicia y con unos principios sólidos. Como en *La lista de Schindler*, el "juego" de la negociación sirve para poner de manifiesto esos valores no negociables.

Y aquí los valores tienen una extraordinaria actualidad: la dignidad humana de cada uno, tambien de los que la opinión pública considera solo enemigos (*Todos tienen derecho a una defensa... cada uno de nosotros es importante*, dirá Donovan), sin olvidar además que hay una diferencia importante entre enemigos y criminales, entre adversarios y terroristas.

El guion

Ética y capacidad de apuntar alto, una historia en la que el arte del diálogo está en condición de resolver situaciones intrincadas, un protagonista movido por principios indestructibles, que no se conforma con poco: así sintetiza Spielberg la fuerza del guion y de su protagonista. Una base aprovechada y ensalzada por una escritura de gran calidad.

El guionista Marc Charman se acercó a la figura de Donovan por un libro que estaba leyendo sobre la administración Kennedy, como cuenta en una amplia entrevista en el portal de *Writers Guild of America*[2]:

> Me gusta este periodo de la historia, el de la administración Kennedy. La guerra fría. Estaba leyendo un libro de Robert Dallek, *JFK, An Unfinished Life*. En el capítulo sobre Cuba, mencionaba a un hombre que JFK había enviado para negociar con Fidel Castro para liberar a los 1.500 hombres que habían sido capturados en el desastre de la Bahía de Cochinos. Era un abogado de Nueva York, un hombre llamado James Donovan. Había una pequeña nota al pie de la página que decía algo como "James Donovan fue conocido por primera vez por el papel que jugó en el intercambio de los espías Gary Powers y Rudolf Abel". Algo así. Era todo lo que decía. Era la única men-

---

[2] Véase <https://www.wgaeast.org/2015/12/interview-matt-charman-bridge-of-spies>

ción que hacía de él. Fue un momento emocionante porque pensé: "Ok. ¿Quién es este hombre? ¿Por qué fue enviado por JFK a negociar con Castro? ¿Cómo se le ha involucrado en este intercambio de espías? No he oído nunca hablar de él. Quiero saber más".

Empecé a formar el puzzle de lo que era una increíble historia todavía no contada. El gran momento fue para mi el encuentro con su hijo en un café de Manhattan. Me senté a charlar con John Donovan, que ya ha cumplido los setenta, y hablamos de su padre durante un par de horas. De una manera muy conmovedora, me contó lo que supuso crecer al lado de este hombre tan especial. Hablamos también del hecho de que nunca había sido reconocido por la opinión pública a pesar de estar en el centro de este momento tan extraordinario de la historia: realmente nos alejó de algo bastante terrible que podía haber pasado entre la Unión Soviética y Estados Unidos. No tuvo nunca el reconocimiento que de verdad merecía.

Fui muy sincero y le dije: "Mira, estoy en la primera fase de mi carrera profesional, pero haré todo lo que pueda para contar esta historia". Me dio su bendición y empecé a reunir las piezas del puzzle. Me fui a Los Angeles y empecé a contar a la gente esta historia.

Marc Charman empezó a presentar la historia con la clásica fórmula del *pitch verbal*, con el que se intenta convencer a un productor para que financie la escritura de una película:

Hice la presentación, el *pitch*, siete u ocho veces al día, durante cinco días a todos los que querían escuchar.

Empezamos a recoger algún interés hacia el final de la semana. La presenté a un ejecutivo de DreamWorks, Jonathan Eirich. Lo hice en una cafetería en Sunset Blvd. Cuando estaba terminando la presentación, con una gran sonrisa dijo que tenía que ir enseguida a contar esta historia a Steven Spielberg. DreamWorks la compró, y tomé el avión para volver a casa.

Estaba en el séptimo cielo. Cuando aterricé, tenía un mensaje en mi móvil: "Steven Spielberg querría oír esta historia directamente de ti". Presenté la historia a Spielberg. Fue una llamada extraordinaria porque aparte de presentarse y saludar, no dijo nada mientras yo hablaba. Pensé que quizás la conexión se había cortado o que había colgado el teléfono. Había silencio en la línea. Dije: "¿Sigues ahí, Steven?" Dijo, "estoy embelesado. Sigue, por favor". Así llegué al final. Cuando acabé, dijo: "Me gusta muchísimo. ¿Cuándo puedes escribirlo?".

Spielberg tenía también un motivo autobiográfico para estar interesado en la pelícu-

Spielberg muestra toda su maestría en la puesta en escena de la construcción del muro de Berlín.

la. Como cuenta en un diálogo con Martin Scorsese organizado por la *Directors Guild of America*[3], su padre estaba en Rusia en los días en que fue capturado Powers.

Desde el primer momento, Charman había pensado en Tom Hanks para interpretar a Donovan:

> Tenía a Tom Hanks en mi cabeza mientras escribía, en parte porque toda la investigación que había hecho sobre James Donovan me había convencido de que este hombre era un *everyman*, un hombre cualquiera. Era el hombre que vive allí al lado. Podrías saludarle cuando tomas tu coche por la mañana. Es también un hombre que nunca abandona la lucha. Sigue su caso desde Nueva York hasta el Tribunal Supremo, hasta el Muro de Berlín. Hace lo que tiene que hacer y nunca abandona la batalla. Esta característica de hombre cualquiera, unida a la firmeza y determinación, es algo que Tom Hanks tiene, así que le tenía en mente todo el tiempo.

Charman añade que los comentarios y las sugerencias de Spielberg le ayudaron mucho a profundizar en los personajes y las situaciones, mientras el "repaso", el "pulido", hecho por los hermanos Coen añadió humor y un toque de ligereza a diferentes momentos de la película que, como las grandes obras dramáticas del cine norteamericano, no renuncia a momentos divertidos, frecuentemente a través de la observación de la ironía de los detalles de la vida cotidiana (la hija de Donovan que tiene una cita galante con el joven ayudante de su padre; Donovan que desde Berlín, y bajo la mirada de la CIA,

---

[3] *Véase* <https://www.youtube.com/watch?v=ufRw6bT7CL0>

cuenta a su esposa que está pescando en Escocia; Donovan que trae a casa "desde Escocia" una mermelada comprada en la tienda de la esquina...).

> Cada sugerencia que venía de Steven sobre este proyecto movía a excavar más y más y más. Es un sueño para un escritor. Es frecuente que nos pidan simplificar. Es fantástico cuando te piden lo contrario: "Profundicemos en esta materia. Hagámoslo más complejo y más profundo para la audiencia". Esto es fenomenal.

Una clase de cine

El filme es en su primera mitad un *legal*. Solo en la segunda parte se convierte en una *spy story* de negociación. Hay tres líneas narrativas (la historia del espía, la del piloto y la del estudiante) que parten en momentos diferentes sin crear fracturas.

Actuación, dirección, vestuario, fotografía, música (de Thomas Newman, porque el habitual John Williams estaba enfermo) tienen un nivel altísimo, algo a lo que Spielberg nos ha acostumbrado.

Las muchas referencias internas dan solidez y alcance al significado de la historia: el diálogo inicial con el otro abogado que trata un accidente de tráfico antícipa uno de los puntos cruciales de la historia (varios hechos que son uno solo).

Spielberg, en el diálogo con Scorsese al que nos hemos referido antes, afirma que había otras escenas muy interesantes, referentes a la vida familiar de Donovan, pero no pudo hacerlas entrar en la película.

Un momento en que el director americano muestra toda su maestría es la puesta en escena de la construcción del muro de Berlín y la reacción de Donovan.

Se usan "rimas" visuales llenas de significado en los diferentes momentos en los que Donovan viaja en el metro de Nueva York: en un primer momento la hostilidad de los viajeros cuando reconocen que Donovan ha evitado la sentencia capital para Abel; después, la admiración y el agradecimiento cuando ha obtenido la liberación de Powers y Pryor.

Pero sobre todo la "rima" trágica de los dos habitantes de Berlín que son asesinados mientras intentan saltar el muro mientras Donovan les observa impotente y horrorizado desde el tren; y, en fin, Donovan que en Nueva York ve desde el Metro unos chicos que juegan saltando unos sencillos muros en los jardines de las casas: en una escena muy breve podemos "tocar" el sentido evidente de la libertad del Occidente mientras la Alemania del Este estaba siendo atrapada en el telón de acero.

Acabamos con otra muestra de la finura del guion: el uso de un *tagline*, una frase repetida tres veces por Abel: *¿Serviría?*. Las primeras dos veces se refiere a si serviría que se preocupase por la sentencia de los jueces americanos. La tercera, de una manera irónicamente escéptica, respecto a la actitud que tomarán los jefes del KGB cuando vuelva junto a ellos y tenga que demostrarles que no ha revelado secretos al enemigo.

BRIDGE OF SPIES (2015)
País: **EE.UU., Alemania**
Dirección: **Steven Spielberg**
Guion: **Marc Charman, Joel y Ethan Coen**
Fotografía: **Janusz Kaminski**
Montaje: **Michael Khan**
Música: **Thomas Newman**
Diseño de producción: **Adam Stockhausen**
Vestuario: **Kasia Walicka Maimone**
Intérpretes: **Tom Hanks, Mark Rylance, Amy Ryan, Sebastian Koch, Scott Shepherd, Alan Alda, Billy Magnussen, Jesse Plemons, Eve Hewson**
141 minutos
Distribuidora DVD: **Fox**
Estreno en España: **4.12.2015**

Filmografía de Steven Spielberg como director (últimas 10 películas)

- Mi amigo el gigante (*The BFG*, 2016).
- El puente de los espías (*Bridge of Spies*, 2015).
- Lincoln (2012).
- Caballo de batalla (*War Horse*, 2011).
- Las aventuras de Tintín: El secreto del unicornio (*The Adventures of Tintin: Secret of the Unicorn*, 2011).
- Indiana Jones y el reino de la calavera de cristal (*Indiana Jones and the Kingdom of the Crystal Skull*, 2008).
- La guerra de los mundos (*War of the Worlds*, 2005).
- Munich (2005).
- La terminal (*The Terminal*, 2004).
- Minority Report (2002).

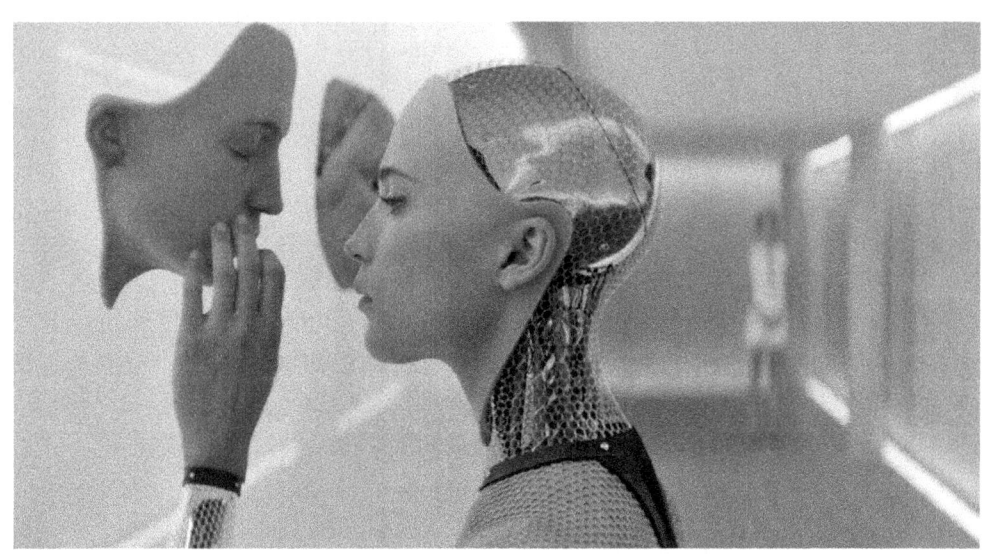

Ex Machina (Alex Garland)
MARTA GARCÍA SAHAGÚN

Ava, 25. Los usuarios de la red de contactos Tinder que acudieron el año pasado al festival SXSW en Austin tuvieron la oportunidad de ponerse en contacto con esta joven, cuya foto venía acompañada de la siguiente información: «Near New York. I like to draw. And busy intersections in cities» (PLAUGIC, 2015). Una vez en contacto, la chica les hacía preguntas como «Have you ever been in love?» o «What makes you human» (LEE, 2015). Finalmente eran reconducidos a la página de Instagram de Ava donde, para su sorpresa, descubrían que quien estaba tras aquella imagen no era un ser humano sino un robot o, mejor dicho, la protagonista de *Ex Machina*: un androide que posee -o se espera que posea- inteligencia artificial.

Como se puede imaginar, detrás de esta ficción estaba el equipo encargado de la campaña de marketing de la película, que introducía así a los usuarios en la dinámica de un vago test de Turing donde la chica resultaba ser no humana. La instantánea de la joven que aparecía en la pantalla pertenecía a la actriz Alicia Vikander, protagonista de la película, entonces no tan conocida para el público estadounidense. El rostro de la sueca actuaba, a través de la interfaz, como una máscara para confundir al crédulo sobre quién se encontraba verdaderamente tras esa imagen. A su vez, conformaba parte de un catálogo (Tinder) que, junto con el rostro genérico y la tipología, «provocan que el propio rostro se vuelva anónimo, ya no pertenece a un sujeto, apenas a un individuo, sino mucho más a una clase, un grupo, una categoría social, incluso psicológica» (AUMONT, 1998: 190). El retrato de la joven no conducía siquiera a una persona, sino a un mecanismo para publicitar la película. Igualmente, en el filme la imagen de Ava no es sino un instrumento que el androide utiliza para escapar de su encierro por medio de su aspecto: el de una mujer. Máscara y perfil sirven de señuelo para lograr un objetivo más allá de la apariencia inicial que estas representaciones puedan generar.

La mujer -humanoide- como objeto de la mirada

En *Ex Machina* Caleb Smith (Domhnall Gleeson), un programador de la empresa líder en búsquedas por internet, gana una estancia de una semana en la residencia del dueño y fundador de la misma, Nathan Bateman (Oscar Isaac). La casa, completamente aislada del resto de la sociedad, es también el lugar donde tiene su centro de investigación y, por tanto, sus nuevas creaciones. Nathan le propone a Caleb conocer su nuevo prototipo, Ava, un androide dotado de inteligencia artificial, para resolver si, aun sabiendo que no es humana, puede hacerle creer que tiene conciencia. En el transcurso de las sesiones entre Caleb y Ava las preguntas traspasan la barrera de la ficción para reconducirse hacia el público, que se cuestiona su identidad del mismo modo que el robot -e incluso Caleb- lo hace con la suya. Los paralelismos entre ambos entes, humano y máquina, se suceden. Mientras uno posee un origen atribuido popularmente a un Dios, el otro también cuenta con un creador, Nathan; si uno tiene una combinación singular que conforma su ADN, el otro depende de la programación específica con la que ha sido configurado, tal y como le señala Nathan al recién llegado: *Of course you were programmed. By nature or nurture, or both*. Y, por supuesto, el deseo de libertad e individualidad, el mismo que Erich Fromm se preguntaba si era inherente a los hombres (FROMM, 2006), aplicado a estos prototipos.

Por medio de un proceso de empatía, Caleb termina descosificando a Ava y otorgándole el mismo valor que a un ser humano -ya que decide, por su propia cuenta, que merece ser liberado de su confinamiento-. Sin embargo, debemos cuestionarnos si también este gesto supone el paso de la joven de objeto a sujeto a través de la mirada, tanto de los personajes como de la cámara.

A lo largo del filme Ava es observada. La casa se encuentra rodeada de cámaras cuyas imágenes pueden revisar los dos personajes masculinos. Ambos pueden ser escudriñados y, a su vez, mirar. Sin embargo, este gesto está prohibido para Ava. Ella no puede sino ser el objeto de estas lentes y su único reducto de rebeldía y libertad -de esa carga que supone ser contemplada- son los cortes de luz que ella misma provoca.

En *Ex Machina* los personajes masculinos son los que miran, y ellas, tanto Ava como la otra humanoide que habita y sirve a Nathan, Kyoto, constituyen la parte pasiva de esta acción. Este papel, ejercido por tantas figuras femeninas en el cine, fue criticado por Laura Mulvey en Visual Pleasure and Narrative Cinema (1999), donde ponía de manifiesto el rol activo del hombre en contraposición con el pasivo de la mujer. Esta última generalmente es mostrada como un objeto de placer visual por medio de dos niveles distintos:

> Traditionally, the woman displayed has functioned on two levels: as erotic object for the characters within the screen story, and as erotic object for the spectator within the auditorium, with a shifting tension between the looks on either side of the screen (MULVEY, 1999: 838)

Ava se convierte en el objeto de deseo de Caleb, y así es cómo es contemplada por él.

Sin embargo, la mirada de los espectadores también contiene ese matiz de fascinación por la humanoide. Y eso se debe a los planos de Garland, que recorren lentamente su anatomía haciendo especial hincapié en sus movimientos y, claro está, en el rostro. Así, los primeros planos puntualizan su importancia en la propia narración. Como apuntaba Aumont: «el primer plano pinta el tiempo, se identifica con el tiempo, lo exagera o a veces quiere detenerlo (...)» (1998: 198) y, al hacerlo sobre la cara, «la pantalla se vuelve toda rostro» (1998: 97). En este caso, al captar los gestos humanos del androide, el rostro de Ava inunda la pantalla con toda su humanidad afectando a la propia narración y al desarrollo de la trama.

Por otro lado, el género del prototipo la cataloga como mujer con todas las implicaciones que ello conlleva; tanto por los personajes como por el tratamiento que el director hace de su imagen técnica y narrativamente -recordemos que en la historia ella es mostrada a través de las pantallas, allí donde no les es permitido mirar-. Y precisamente es el propio género, a su vez, el que le permite seducir a Caleb y liberarse de su encierro: «By desiring Ava he [Caleb] identifies with her programmed body, rejecting his own corporeal body (...) he questions whether he himself could be as well» (BROWN, 2015: 30). Sobre la decisión de otorgarle un género al robot, el director sostiene:

> My feeling was, the hardest thing was essentially to stop people automatically providing a gender, and beyond that just providing human-like qualities. Because we talk

> a lot about objectification, but actually more often what humans do is they de-objectify things. They attribute sentient qualities to things that don't actually have them, and so the initial path with Ava was to make her seem like a machine. That your first impression was not, "This is a young woman who is dressed up like a robot" but this is unambiguously a machine -and therefore in some respects doesn't have a gender (BAKER-WHITELAW, 2015)

Pero Ava es concebida como mujer no para serlo plenamente, sino para ser mirada como tal. Para ello Nathan la crea con la apariencia de las chicas que le gustan a Caleb, ya que tiene acceso a la información sobre sus búsquedas pornográficas en la web. Su corporeidad, a su vez, la aleja de otros personajes contemporáneos dotados de inteligencia artificial, como Samantha en la película de Spike Jonze *Her* (2013). Ava tiene cuerpo, tiene rostro, mientras que Samantha, no.

Una posee el físico de una mujer, la segunda tan solo se puede presentar como un sistema operativo. Sin embargo, Jonze se encargó de ponerle cara en el imaginario de los espectadores a esa voz. Tras rodar con Samantha Morton, el director cambió su interpretación vocal por la de Scarlett Johansson, dejando que la famosa actriz acompañara al resto del elenco a los festivales y demás *premieres* públicas. Esto provocó que, aunque la protagonista no tuviera rostro, el espectador, una vez en el cine, le otorgara el escogido personalmente por Jonze. Como Brown señala: «(...) the distinctions between Ava and Samantha evoke questions of gender identity in relation to embodiment, not only within the two forms of AI but also within their human counterparts» (BROWN, 2015: 27). Esto nos permite focalizar nuestro interés hacia una de las partes del cuerpo de Ava en *Ex Machina*: el rostro.

El rostro como máscara y la máscara como rostro

Según Jacques Aumont, «el rostro, como singularidad humana, es lo que define al hombre» (1998: 188). Por ello, su presencia nos remite hacia lo humano; una cara sobre otro tipo de entes siempre nos despierta cierta inquietud. Mientras Nathan observa a Ava y a Caleb como un mero gesto de control; Caleb la contempla con fascinación y no sin cierta escopofilia hacia su imagen. Él observa sus movimientos con verdadero placer, tanto a través de las pantallas como en directo. La cámara se posa sobre ella del mismo modo. Lentamente se escudriñan sus facciones, su mirada, su sonrisa.

Si Aumont consideraba que al final del siglo XX el rostro en el cine se había desestructurado -«dividido en trozos, agredido, deformado, neutralizado, arrastrándolo hasta

Caleb observa a Ava en una de las sesiones.

la insignificancia» (1998)-, en la protagonista de *Ex Machina* vuelve a concebirse como algo compacto, homogéneo, que se entiende en su plena significancia -no así el de su compañera Kyoto, que se lo destroza en cierto momento del filme mostrando lo endeble de la máscara-. Se vuelve prácticamente al tratamiento inicial del rostro, el que se hacía con el cine mudo, donde su deleite era imprescindible para escudriñar cualquier gesto o facción del personaje. Sin embargo, este se mira sin inocencia, pues estamos ante un truco: ese rostro no es realmente humano. Como apuntaba Haraway, «A cyborg body is not innocent; it was not born in a garden; it does not seek unitary identity and so generate antagonistic dualisms without end» (2000: 315). Las facciones del androide han sido construidas: son, aunque la visión nos lleve al engaño, una máscara. La curiosidad originaria que provoca en el espectador y en los personajes no se puede igualar entonces a la que se ejercía en los inicios del cine sobre el rostro, pues ahora es admirado precisamente porque actúa equívocamente, de forma casi fraudulenta, imitando los gestos propiamente humanos.

Esta máscara que conforma el rostro de Ava es evidente desde la primera vez que Caleb ve al androide: no se esconde, lo que provoca aún más inquietud. Su cara se encuentra delimitada por unos bordes perfectamente cortados que dejan ver la estructura que sostiene su "cerebro". En la tercera sesión del test, Ava decide vestirse y ponerse una peluca, por lo que inicia el proceso físico por el que convertirá la máscara en rostro bajo la atenta mirada de Caleb, que le otorgará finalmente propiedades humanas al robot. Sin embargo, esta máscara podría ser cualquier otra, como demuestra la escena en la que Ava se escapa de su habitáculo y observa una serie de máscaras que decoran las paredes del pasillo. En su origen ha existido, por tanto, la presencia de un catálogo tal y como Aumont exponía y nosotros destacábamos con anterioridad. Según el autor, «el rostro no se ve forzosamente afectado por la inhumanidad, es la humanidad misma la que se hace sospechosa o, al menos, se define de otro modo» (AUMONT, 1998: 190). Esta sospecha se refuerza por la presencia de la máscara como rostro, ya que se confiere como un elemento microtextual temático de la identidad relacionado con el engaño (GARCÍA SAHAGÚN, 2016). Tras ella se esconde un Yo distinto o una intención de esconderlo.

Sin embargo, la hiperrealidad -como característica propia de la imagen de nuestro tiempo (LIPOVETSKY Y SERROY, 2009)- que posee esta máscara hace que se pueda confundir con un verdadero rostro humano, y de aquí viene la fascinación que origina en los personajes y en el público. Pero, sobre todo, hay un elemento fundamental que incide en esta sensación y que aumenta la siniestralidad de esta fijación: la relación rostro-tiempo. La cara remite al paso del tiempo como pocas imágenes lo hacen, y esto, junto con la muerte final, son características propiamente humanas.

> El rostro es la apariencia de un sujeto que se sabe humano, pero todos los hombres son mortales: luego el rostro es la apariencia de un sujeto que se sabe mortal. Lo que se busca en el rostro es el tiempo, pero en tanto que significa la muerte (AUMONT, 1998: 202)

Por ello, el rostro de Ava resulta tan desconcertante. Porque imita a la perfección lo humano, pero no lo es, pues no posee su inherente mortalidad. Ella perdurará: su rostro no mutará ni envejecerá. Y ese matiz otorga a su imagen una lectura mucho más impactante: ella es inmortal y, aun sabiéndolo, la estamos confiriendo derechos propiamente humanos. Por ello, el único miedo de Ava es que Nathan la suplante por un prototipo superior que la lleve a la desconexión, que es la muerte del robot o el estado en que se sume en la no-vida. Una vida que, por otra parte, carece de tiempo -el tiempo de hibernación o de desconexión no afectaría a un ciborg como a un humano; la máxima preocupación al respecto tiene que ver con su obsolescencia, pero no con el paso del tiempo sobre el ente en sí-. Este conflicto se soluciona con el asesinato de Nathan por sus propias creaciones, liberando de esta preocupación a la protagonista.

De objeto a sujeto que observa. Un vistazo al catálogo

Ava consigue escapar de su habitáculo y se dirige al lugar donde los anteriores prototipos, todos sin funcionar, se encuentran. Allí elige qué partes de sus cuerpos utilizar. Mientras se viste con estas pieles, Caleb, a través de un cristal, sigue mirándola. Ella se observa desnuda ante el espejo como antes no se había mostrado: entera, poseedora del cuerpo humano completo por primera vez. Ya la habíamos visto frente al espejo anteriormente, pero nunca así. Este momento podría conformar el estadio del espejo (LACAN, 1946) en donde se reconoce por fin como una y como ser humano.

Caleb, al otro lado de la pared transparente, la observa. Considera a Ava ya como un ser humano -a sabiendas de que no lo es-, pero ante todo como un ser humano mujer: sus intenciones poseen, más allá de la benevolencia o no de las mismas, un objetivo. Él no quiere salvar a un androide de su encierro, sino que quiere liberar a una mujer que le atrae para huir juntos. Si bien descosifica a Ava al empatizar como persona, su mirada no la libera de su género y, por tanto, recae con ella una fuerte objetización. Como apunta Ara Osterweil en relación al personaje protagonista de Under the Skin (Jonathan Glazer, 2013): «What is under the skin ultimately matter. (...) To feel female is not only to suffer the richness of human pain, but, inevitably, the violence of gendered hatred» (2014: 50). En el caso de *Ex Machina*, la violencia que rezuma de ser el objeto constante de la mirada. Ava ignora a Caleb y le deja encerrado en la casa de Nathan sin tan siquiera mirarle. Se sube al helicóptero que iba a llevar a este a la sociedad de nuevo y desaparece.

Es finalmente en la intersección de una gran ciudad, presentada precisamente a través del encuentro entre varias sombras -otro elemento microtextual tematológico que remite a la identidad (GARCÍA SAHAGÚN, 2015)- en el suelo, cuando se contempla a Ava como un ser humano más.

Ha logrado confundirse entre el resto de la multitud y, a su vez, ser un sujeto que observa. La balanza se equilibra: puede ser mirada y mirar a su vez. Ella es una más del catálogo de rostros en la intersección: sentirse impersonal la hace ser parte del grupo de seres humanos. Y, por supuesto, al liberarse de la opresiva mirada y ejercer ella la acción, se establece como un sujeto activo. Garland elige como último plano precisamente este gesto: ella contemplando a la gente. Es especialmente significativo porque ejemplifica la libertad del sujeto, más allá de las concepciones de género o de tipo -ser humano, robot, extraterrestre...-.

Ella mira, observa. Lo último que se nos muestra en *Ex Machina* es su rostro humanoide que contempla el tránsito de personas en ese mismo lugar. Empatizamos con ella a

Nathan observa a través de las pantallas el encuentro entre Caleb y Ava.

través de los deseos y sensaciones que expresa y, por supuesto, gracias a su disfraz de humano. Pero este elemento es pasado por alto para incluirla en el grupo. Al fin y al cabo, en un mundo donde la hiperrealidad es más importante que la autenticidad, eso ya no importa.

EX MACHINA (2015)
País: **Reino Unido**
Dirección y Guion: **Alex Garland**
Fotografía: **Rob Hardy**
Montaje: **Mark Day**
Música: **Geoff Barrow, Ben Salisbury**
Diseño de producción: **Mark Digby**
Vestuario: **Sammy Sheldon**
Intérpretes: **Domhnall Gleeson, Alicia Vikander, Oscar Isaac, Sonoya Mizuno, Corey Johnson, Chelsea Li, Tiffany Pisani**
108 minutos
Distribuidora DVD: **Universal**
Estreno en España: **27.2.2015**

Filmografía de Alex Garland como director

- *Ex Machina* (2015).

FUENTES

- AUMONT, Jacques (1998). *El rostro en el cine*. Barcelona: Paidós.

- BAKER-WHITELAW, Gavia (2015). 'Ex Machina' director Alex Garland talks gender and artificial intelligence, en *The Daily Dot* <http://www.dailydot.com/parsec/alex-garland-ai-ex-machina-oscar-isaac-dance-interview/>

- BROWN, Katherine Emery (2015). The Cyborg in Pieces: Gender Identity in Her and Ex Machina. *Master of Arts in Liberal Studies*, 27.

- CROW, David (2015) 27 abril. Ex Machina Had a Freaky Alternate Ending. En *Den of Geek!* Recuperado desde <http://www.denofgeek.com/us/movies/ex-machina/245760/ex-machina-had-a-freaky-alternate-ending>

- FROMM, Erich (2006). *El miedo a la libertad*. Barcelona: Paidós.

- GARCÍA SAHAGÚN, Marta (2016). *La crisis de identidad personal en el protagonista del cine contemporáneo*. Tesis doctoral inédita. Madrid: Universidad Complutense de Madrid.

- HARAWAY, Donna (2000). A Cyborg Manifesto. En Bell, D. y Kennedy, B. *The Cyber-Cultures Reader*. London: Routledge, pp. 291-324.

- LACAN, Jacques (1946). *El Estadio del espejo*. En Escritos I. Buenos Aires: Siglo Veintiuno Editores.

- LEE, Benjamin (2015). Ex Machina stunt at SXSW has users falling for a robot on Tinder. *The Guardian* <https://www.theguardian.com/film/2015/mar/16/ex-machina-stunt-sxsw-users-falling-for-robot-tinder>

- LIPOVETSKY, Gilles y SERROY, Jean (2009). *La pantalla global. Cultura mediática y cine en la era hipermoderna*. Barcelona: Anagrama.

- MULVEY, Laura (1999). Visual Pleasure and Narrative Cinema. En *Film Theory and Criticism: Introductory Readings*. Nueva York: Leo Braudy and Marshall Cohen, pp. 833-844.

- OSTERWEIL, Ara (2014). Under the Skin. The Perils of Becoming Female. *Film Quarterly*, 67 (4).

- PLAUGIC, Lizzie (2015). Studio promotes Ex Machina at SXSW with a fake Tinder account. *The Verge* <http://www.theverge.com/2015/3/15/8218927/tinder-robot-sxsw-ex-machina>

Foxcatcher (Bennett Miller)
CRISTINA ABAD

Los estadounidenses llaman "the american dream" a la libertad e igualdad de oportunidades que desde hace siglos permite a todos los habitantes de USA lograr sus objetivos solo con esfuerzo y determinación. Se ha escrito y filmado mucho sobre el mito norteamericano, con más o menos ingenuidad.

Esta película relata su cara oscura: la degeneración en delirio de ese sueño a que lleva la corrupción de los ideales que lo tejieron, de forma que de la mezcla de las utopías descompuestas ya no emerge un organismo sano y armónico sino lo grotesco y enfermizo, lo monstruoso. Algo que podría denominarse "la pesadilla americana".

De cuando en cuando las crónicas negras de los periódicos nos despiertan con algún efluvio de las cloacas de la sociedad. Y lo maloliente y aberrante nos transmite zozobra e impotencia porque lo reconocemos síntoma claro del mal que habita en nosotros y a nuestro alrededor, pero no nos sentimos con fuerzas para erradicarlo o no queremos aceptar las exigencias de cambio. Lo tapamos, lo toleramos y lo olvidamos… hasta que un nuevo suceso rompe la paz, el sosiego y la adormecida conciencia.

"Partir del corazón de la cebolla"

El director de *Foxcatcher*, el estadounidense Bennett Miller, no es un nostálgico ni un iluso, es un inconformista y un indagador que quiere asomarse a la alcantarilla y analizar la podredumbre. «No me gustan los eventos sensacionalistas», cuenta a un periodista de una revista (POWERS, 2014). «En lugar de hacer olas yo quiero hacer lo establecido, para que podamos ver el fondo de las cosas».

¿Qué es para Miller lo establecido? Probablemente ser fiel a su propio código ético que consiste en atender a lo nuclear, a juzgar por sus palabras -en este caso referidas a Philip Seymour Hoffman, Oscar al mejor actor por su interpretación en *Truman Capote*-, pero que se pueden aplicar a su propia motivación fílmica: «Llegar al corazón de la cebolla y construir a partir de ahí» (MILLER, 2015a).

Esa ética compromete su estética y su narrativa. De hecho, el recurso a los hechos reales como base de sus películas es un aliado que le facilita llegar a la esencia y desentrañarla sin perderse en lo argumental para desde ese punto contar los sucesos y sus motivaciones con más profundidad. O dicho de modo más sencillo: contar por qué pasa lo que pasa. «Mi naturaleza es tratar de mirar más allá de las verdades aparentes, retirar capas y comprender los motivos psicológicos detrás de los fenómenos. La no ficción te reta, te mantiene honesto», aseguraba en Cannes el director (TURAN, 2014).

Miller comenzó a dirigir a los 32 años. Su filmografía es aún escasa: tres documentales (*The Cruise*, 1998; *Thompson*, 2009; y *The Question*, 2012) y tres largometrajes (*Truman Capote*, 2005; *Moneyball*, 2011; y *Foxcatcher*, 2015). Todos ellos biopics de riqueza antropológica, psicológica y narrativa.

A simple vista, *Truman Capote* comparte con *Foxcatcher* la elección de un personaje real complejo, el escritor Truman Capote y el excéntrico multimillonario americano John E. du Pont. Y *Moneyball* con *Foxcatcher* la temática deportiva, que le da pie a usar el béisbol y la lucha libre como metáforas de la toma de decisiones vitales. Los tres largometrajes, como ya se ha dicho, están basados en la vida real, y el tratamiento de los personajes y hechos es deudor de la faceta documental del realizador.

Pero, además de lo que puede desprenderse de esta primera aproximación, hay muchos más datos que desvelan la existencia de un universo cinematográfico que se va desplegando conforme Bennett Miller madura como director y que hacen de él un cineasta a tener en cuenta. Este capítulo trata de su última película y no de su filmografía, pero basta para entrever que sus filmes no son meramente biográficos y deportivos.

Para hacer un estudio más serio y global, sería necesario más espacio y sobre todo tiempo para ver qué nos depara Miller en el futuro.

"La no ficción te reta, te mantiene honesto"

Algunos críticos han definido con acierto *Foxcatcher* como "lucha grecorromana y tragedia griega". Realmente la biografía de Du Pont que le sirve de base y su adaptación al cine tienen ribetes clásicos.

John Eleuthère du Pont, hijo de William du Pont, perteneciente a una gran dinastía de origen francés de empresas industriales poseedora de uno de los legados más antiguos, florecientes y prestigiosos de América, y de Jean Liseter Austin, hija de un ejecutivo de la Balwin Locomotive Works, heredó un gran patrimonio que dedicó a sus aficiones a la zoología, la filatelia y el deporte. Sus padres se separaron cuando él tenía dos años y, aunque vivía con su madre, esta no le prodigaba mucho cariño ni cuidados.

La falta de talento impidió su desarrollo como atleta pero no que se convirtiera en promotor y *manager* de deportistas. En 1986 creó un programa de lucha libre en Villanova que supervisaba como entrenador junto con dos asistentes, uno de ellos Mark Schultz, que había sido despedido de su puesto de entrenador asistente en Standford, al que después acompañaría su hermano Dave, protagonistas de la película. John se involucró en el equipo de lucha libre de EE.UU. y contribuyó con millones de dólares durante nueve años. Más tarde, dedicaría buena parte de su finca de Liseter Hall Farm, a la que cambió el nombre por Foxcatcher Farm, a instalaciones deportivas para los luchadores. Su sueño era la formación de atletas olímpicos, líderes al servicio de la patria, y se sentía mentor y padre de ellos pero con un afán desmedido, obsesivo y megalómano que le condujo a la desgracia.

Con el apadrinamiento y patrocinio de Mark Schultz comienza la película *Foxcatcher*. No describiré más detalles biográficos para mantener, si es posible, algo de misterio sobre la trama que, pese a algunas licencias de ficción en la cronología y el desenlace, reproduce bastante fielmente los hechos.

Miller tuvo noticia de la tragedia real de Foxcatcher cuando los productores ejecutivos Michael Coleman y Tom Heller le mostraron un artículo de periódico que trataba sobre el excéntrico multimillonario y Mark y Dave Schultz, únicos hermanos que pasaron a la historia del deporte por ganar juntos un Mundial y unos Juegos Olímpicos. En la historia había una dinámica triangular que el director encontró atractiva y convincente para llevarla al celuloide y viajó por todo EE.UU. haciendo entrevistas y recopilando material. «La historia no es muy conocida -cuenta el propio Miller al Telegraph-. Se podría decir que en el oeste de Mississippi es raro encontrar a alguien que haya oído hablar de ella y de entre esas personas nadie tiene más que un vago recuerdo de lo que pasó» (MILLER, 2015a).

El *pressbook* de la película recoge que «en verano de 2006, el cineasta le explicó la visión inicial del proyecto al veterano productor Jon Kilik. Este recordaba la historia de Schultz de haberla leído en informes de prensa y respondió de inmediato. 'Miller tenía una pasión incesante para cumplir su visión singular, y yo estaba dispuesto a ayudarle, a desarrollar el guion y hacer la película', dice Kilik. Para el desarrollo del proyecto se contó con dos escritores en distintos momentos -E. Max Frye y Dan Futterman (que ya había escrito *Truman Capote*)- y a pesar de que trabajaron por separado su labor era compatible con la forma en que Miller imaginó la película» (FOXCATCHER).

Sin embargo, «las circunstancias impidieron que el filme se realizara. No pude encontrar el dinero, eso es todo», cuenta el propio director (MILLER, 2015a). Miller aprovechó entonces para rodar el resto de *Moneyball*, cinta basada en la historia real de Billy Beane, gerente general del equipo Atlánticos de Oakland, protagonizado por Brad Pitt, aunque no dejó de trabajar haciendo entrevistas sobre Du Pont y los hermanos Schultz y revisando el guion con los dos guionistas.

Moneyball fue un éxito de Sony que logró una recaudación de 110 millones de dólares. Esto le permitió al cineasta seguir adelante con *Foxcatcher*. Megan Ellison cofinanció la película con Columbia Pictures y produjo junto a Miller y Anthony Bregman para su empresa Annapurna Pictures. Y Sony Pictures Classics fue quien distribuyó el filme que no vio la luz en EE.UU. hasta 2014.

La ambición y su poder disgregador

La historia le daba al director un material excepcional para convertirlo en exploración psicológica. Podía haber elegido entre varios géneros, quizá la comedia con tintes de humor negro, pero como resume el crítico Javier Ocaña en El País, «Miller opta por un angustioso drama existencialista en el que nunca se ofrecen respuestas y una atmósfera de terror moral, donde el reverso tenebroso del sueño americano se articula por medio de la megalomanía, el desamparo social y familiar, y el más oscuro y tétrico de los deseos» (OCAÑA, 2015).

Foxcatcher muestra la compleja dinámica entre los hermanos Schultz.

En el "corazón de la cebolla", como en *El corazón de las tinieblas*, del escritor Joseph Conrad, están la pasión de la ambición y el poder que tienen el dinero y la fama de corromper los ideales más nobles, aunque no tan a las claras, sino oculto por el halo caliginoso de la ambigüedad de las intenciones: la de Du Pont, que incapaz de digerir el fracaso deportivo por su falta de condiciones físicas y necesitado de paliar su carencia de madre y de padre, ansía ser valorado como padre y mentor y elevado a la categoría de prohombre al servicio de la patria americana; la de los Schultz, que ven en el magnate la oportunidad "legítima" de conseguir el trampolín financiero que necesitan para catapultar sus carreras hacia el éxito, aun a sabiendas de que esto pone en peligro su relación fraterna y la paz familiar; la del resto del equipo y el personal, que, satisfechos en su estatus, no alcanzan a dar importancia a los síntomas de la locura ni a presagiar la tragedia que se avecina.

"Cada película te enseña cómo hacer esa película"

Parte de la crítica considera que *Foxcatcher* falla en el uso del tiempo, que la relación entre John E. du Pont y Mark Schultz se vuelve pesada conforme avanza la trama, pero un análisis más sosegado muestra que en realidad esa sensación expresa la presión psicológica y el peso moral que descarga Du Pont sobre el atleta al tratar de proyectar en él sus sueños de fama y grandeza y querer colmar su necesidad de amistad y afecto.

Miller es atento y observador. «Cada película te enseña cómo hacer esa película», dice. Mira la historia y deja que sea ella la que cuente con el hilo narrativo, el estilo y el tono necesarios. La historia real de la tragedia de Du Pont y los hermanos Schultz le permite al director mantener una estructura clásica en tres actos, con puntos de giro identificables, que arranca con el detonante de la llamada a Mark para visitar la finca Du Pont: el primer acto, traslado a Foxcatcher y comienzo de los entrenamientos; el segundo, cambio del foco de atención del magnate de un hermano a otro; y el tercero, los malos resultados en las olimpiadas de Seúl y el deseo de Dave de recuperar a su hermano y conservar su vida familiar. Por último, el clímax y desenlace trágico.

Así, el director puede centrarse en la construcción de aspectos estilísticos que convergen y construyen un universo propio plagado de largos silencios, diálogos no verbales (los contactos físicos del deporte, los cruces de miradas), fenómenos meteorológicos que dan el tono y acompañan la evolución de la trama principal, recurso a metáforas y *MacGuffin* que expresan los caracteres y muestran o anticipan hechos y situaciones (cuadros de grandes gestas patrióticas, fotografías familiares, figuras de zorros, etc.). Todo ello con breves insertos musicales y sobre un montaje abrupto y una planificación que contrapone desoladores planos generales de la finca con primeros planos y planos detalle intencionales.

Es un realizador meticuloso. No tiene muchas reglas, según dice, «pero una de ellas es 'no hagas una película que no querrías ver'» (POWERS, 2014). Por eso, «al set llegaba siempre armado de varios borradores de guion y reescribía constantemente las ideas con los actores», a los que considera co-creadores (GODFREY, 2015).

La ambientación y la fotografía de *Foxcatcher* muestran también la profesionalidad del equipo de Miller. La película se desarrolla en la década de los 80 y 90 y la arquitectura, la fotografía y el vestuario guardan la apariencia de la época. La encargada de hacerlo fue la diseñadora Kasia Walicks, que investigó en la documentación de los Du Pont y consultó con la comunidad de lucha libre. Para reproducir la finca Du Pont original se utilizaron propiedades de las inmediaciones, y otras grandes casas de Newton, Pennsylvania y el norte de Virginia.

Hay dos escenas que por su carga expresiva merecen un par de párrafos. Una de ellas se sitúa al principio del filme y la otra en el clímax. La primera, muestra a Dave y Mark cuerpo a cuerpo. Lo que empieza siendo un entrenamiento se convierte en una medición de fuerzas que expresa con acierto la complejidad emocional de su relación: el amor desinteresado del hermano mayor por el pequeño pero también su protección paternalista; y los celos y la rebeldía de Mark, deseoso de salir de bajo las alas de Dave para alzar el vuelo. La segunda, el plano general y estático de Du Pont filmado desde el ángulo contrario, contemplando un vídeo sobre sí mismo y en el que puede mascarse la tragedia.

"La película de lucha más auténtica jamás hecha"

Al género dramático, Miller y su equipo añaden la complejidad del género deportivo. Y a éste una más, la de la especialidad de la lucha libre, que requiere una preparación exhaustiva ajena a toda improvisación. «Miller quería mostrar la película de lucha libre más auténtica que jamás se había hecho» (NYAH, 2015).

El resultado de la elección de los actores, el visionado continuo de los movimientos propios de los Schultz, el recurso a entrenadores y a miembros del sindicato de lucha libre, tuvo su recompensa. Las publicaciones especializadas recogen:

> Mucha de la admiración que *Foxcatcher* está recibiendo está relacionada directamente a su exploración de, y respeto por, el mundo de la lucha amateur. Prestigiosos críticos de publicaciones como Time, The Guardian y Variety han alabado la película por sus escenas de peleas perfectamente coreografiadas, y por la profundidad del desarrollo de personajes y la narrativa que viene de la lucha misma, particularmente en la primera gran escena que los hermanos comparten en la pantalla, una larga sesión de entrenamiento en la que literal y metafóricamente luchan uno con otro (MILLER, 2015b)

La elección de actores

Para pegarse a la realidad, Miller buscó actores que pudieran interpretar bien a los personajes y que tuvieran conocimientos de lucha libre.

Steve Carell estuvo en la lista desde el primer momento pese a ser actor habitual de comedia. Aceptó la oportunidad que le daba Miller sin dudar y se metió tan de lleno en el papel de Du Pont, estudiando el comportamiento físico, las anomalías psicológicas y la manera de hablar, que se transformó totalmente en su personaje, dentro y fuera del rodaje. El resultado es prodigioso, también por el esfuerzo del departamento de maquillaje que le proporcionó una nariz magnífica.

A Channing Tatum lo descubrió el director en su papel en *A guide to recognising your saints* (2006). Tenía conocimientos de lucha libre y supo hacerse con el carácter sombrío y vulnerable de Mark Schultz. Para interpretar el papel contó con la ayuda de la persona a la que interpretaba, que incluso hace un cameo en la escena en la que el personaje se pesa antes del Campeonato del Mundo. Para el auténtico Mark Schultz algunas de las exigencias del guion (las insinuaciones de ambigüedad en su relación con Du Pont y el consumo de cocaína) resultaron dolorosas y provocaron choques con Bennett Miller, que le dedicó bastante tiempo hasta convencerlo. Sienna Miller, la actriz que interpretaba a Nancy, esposa de Dave, también pudo contar con su personaje en el set.

Quien a priori tenía más dificultades para representar su papel era Mark Ruffalo, bastante mayor que el Dave original. Sin embargo, como buen conocedor de la lucha, supo clavar los movimientos clásicos y el carácter del atleta y convenció incluso a los amigos de Dave y a los principales luchadores de EE.UU.

El papel de Jean du Pont, madre de John, fue interpretado por la gran actriz Vanessa Redgrave, que dio auténticas lecciones de improvisación.

Reconocimiento de la crítica

Foxcatcher debutó en Cannes donde Bennett Miller ganó el premio al mejor director. Fue nominada en cinco categorías de los Oscar -aunque finalmente no se alzó con ninguna estatuilla- y en los Globos de Oro y los BAFTA, y recibió galardones en otros festivales: los premios de la Crítica de San Diego, los Gotham, Independent Spirit o International Cinephile Sociaty Awards, etc.

La producción supuso un presupuesto de 24 millones de euros y se lograron recaudar 15 millones y medio. Despertó más interés entre la crítica que entre el público, de ahí la necesidad de rescatarla.

Los expertos han elogiado el magnífico reparto y el tratamiento personalísimo del género de la lucha libre, una disciplina deportiva en la que, como resume Channing Tatum, no caben las mentiras: «Cuando pisas la colchoneta, no puedes mentirle a la otra persona, no te puedes mentir a ti mismo sobre lo preparado que estás» (MILLER, (2015b).

En la lucha como en la vida. He aquí el fondo, el núcleo, la metáfora que da valor a la película y la convierte en una de las mejores de la cosecha de 2015.

Pese a ser actor cómico, Steve Carell sabe hacerse con el carácter de Du Pont.

FOXCATCHER (2014)
País: **EE.UU.**
Dirección: **Bennett Miller**
Guion: **E. Max Frye, Dan Futterman**
Fotografía: **Greig Fraser**
Montaje: **Jay Cassidy**
Música: **Rob Simonsen**
Diseño de producción: **Jess Gonchor**
Vestuario: **Kasia Maimone Walicka**
Intérpretes: **Steve Carell, Channing Tatum, Mark Ruffalo, Vanessa Redgrave, Sienna Miller, Anthony Michael Hall, Guy Boyd**
130 minutos
Distribuidora DVD: **Vértigo**
Estreno en España: **6.2.2015**

Filmografía de Bennett Miller como director

- *Foxcatcher* (2014).
- *Moneyball: Rompiendo las reglas* (*Moneyball*, 2011).
- *Truman Capote* (*Capote*, 2011).

FUENTES

• CHIARELLA, Tom (2015). Channing Tatum no se lo esperaba. *Esquire*. 12.1.2015 <http://www.esquirelat.com/entretenimiento/15/01/12/entrevista-channing-tatum-foxcatcher-pelicula/>

• FOXCATCHER (2014). Pressbook de Vértigo Films. <http://www.vertigofilms.es/peliculas/foxcatcher/>

• GALVÁN, Luis Fernando (2014) Foxcatcher: La verdadera historia. *En Filme*. 27.11.2014 <http://enfilme.com/notas-del-dia/foxcatcher-la-verdadera-historia>

• GODFREY, Alex (2015) Foxcatcher: the 'uneasy relationship between money and creativity'. *The Guardian*. 9.1.2015 <https://www.theguardian.com/film/2015/jan/09/foxcatcher-bennett-miller-steve-carell>

• GONZÁLEZ, Rodrigo (2915) Steve Carell: Nadie me quería hablar en el set de rodaje cuando hicimos Foxcatcher. *Diario La Tercera*. 31.1.2015 <http://diario.latercera.com/2015/01/31/01/contenido/cultura-entretencion/30-182724-9-steve-carell-nadie-me-queria-hablar-en-el-set-de-rodaje-cuando-hicimos.shtml>

• IMDB.COM sobre Foxcatcher y filmografías del director, los guionistas, etc.

• MILLER, Bennett (2015a). Bennett Miller interview: Foxcatcher is a film about fathers. *The Telegraph*. 9.1.2015. Entrevista de Tim Robey. <http://www.telegraph.co.uk/culture/film/film-news/11330625/Bennett-Miller-interview-Foxcatcher-is-a-film-about-fathers.html>

• MILLER, Bennett (2015b). El director de Foxcatcher, Bennett Miller, dice que Channing Tatum y Mark Ruffalo tienen oreja de coliflor. Entrevista de Sarah Kurchak en *Fightland*. 19.2.2015. <http://fightland.vice.com/es_mx/blog/el-director-de-foxcatcher-bennett-miller-dice-que-channing-tatum-y-mark-ruffalo-tienen-oreja-de-coliflor>

• NYAH, Tamara (2015). Los secretos de la producción de Foxcatcher de Bennett Miller. *Newcinema*. 11.2.2015 <http://newcinema.es/los-secretos-de-la-produccion-de-foxcatcher-de-bennett-miller.html>

• OCAÑA, Javier (2015). *La poética del silencio*. El País. 5.2.2015. <http://cultura.elpais.com/cultura/2015/02/05/actualidad/1423149907_727687.html>

• POWERS, John (2014). Foxcatcher Director Bennett Miller on His One Rule for All Filmmakers. *Vogue*. 13.11.2014. <http://www.vogue.com/4099045/bennett-miller-foxcatcher-review/>

• TURAN, Kenneth (2014). Bennett Miller's 'Foxcatcher' is a true American horror story. *Los Ángeles Times*. 19.5.2014. <www.latimes.com/enterteiment/movies/movies-now/la-et-mn-foxcatcher-bennett-miller-cannes-2014-20140519-story.html>

La visita (Michael Night Shyamalan)
FERNANDO HERNÁNDEZ BARRAL

Shyamalan, el cineasta más exitoso de finales de los noventa, se reinventa y estrena *La visita* (*The Visit*, 2015). El rey del suspense, a quien muchos consideraron en sus inicios el heredero natural de Hitchcock tras sus brillantes *El sexto sentido* (1999) y *El protegido* (2000), había sido sepultado por las más que dudosas *Airbender* (2010)y *After Earth* (2013). El éxito de taquilla de *La visita* -cien millones de dólares recaudados en todo el mundo de una cinta que apenas ha costado cinco- ha supuesto un bálsamo para la maltrecha trayectoria comercial de su autor.

Sin embargo, más allá de la fortuna económica, *La visita* constituye una piedra miliar en la evolución del "metraje encontrado" o *found footage*, subgénero al cual pertenece.

El proyecto de la bruja de Blair (1999), filme fundador de dicha tendencia, se estrenaba justo cuando Shyamalan tenía su primer gran éxito, hace ya casi veinte años. Hoy se puede decir que lo que en principio pareció una rareza o moda coyuntural se ha consolidado como formato dominante en un género -el terror- y es también recurso disponible para otras propuestas.

Que un cineasta mayor como Shyamalan haya entregado la que quizá sea la obra maestra del "metraje encontrado", constituye un paso más en la evolución de este curioso dispositivo que surgió como una variante del falso documental pero hoy es aceptada por un imaginario colectivo cautivo del *reality*. La operación de Shyamalan al producir *La visita* es de pleno interés, y el realizador ha dado prueba de ello atreviéndose a poner su propio dinero -ha invertido en la producción la totalidad de su sueldo como director de *After Earth*- porque no se trata de una película más.

Miedo minimalista

Las reglas espartanas del código del "metraje encontrado" -ausencia de música extradiegética, cámara al hombro, sonido directo- recuerdan a las del ya extinto Dogma 95. Como aquel movimiento auspiciado por los niños terribles del cine danés, cuyos famosos mandamientos destacaban más bien por su obligado incumplimiento, *La visita* es un gozoso anti dogma. Donde otras películas de la tendencia derrochan feísmo impostado, Shyamalan aporta su exquisito gusto para el encuadre preciso.

Ahí es donde demuestra haber aprendido la lección del maestro. Hitchcock ya efectuó en su día una operación semejante cuando parecía que su narrativa se había agotado. El maestro británico despojó a su cine de todo adorno y con el concurso del mismo gran estudio -Universal- entregó una obra maestra, quizás la primera película *indie*. Sin duda *Psicosis* (1960) señaló el camino. Como en la seminal historia de Marion Crane, Shyamalan con *La visita* se ha propuesto dar miedo con el mínimo de elementos necesarios.

Los actores tremendamente eficaces y totalmente desconocidos ponen en marcha un demoledor mecanismo de identificación. De nuevo, la capacidad del realizador para dirigir a intérpretes adolescentes -uno de sus puntos fuertes desde su opera prima *Los primeros amigos* (1998)- juega a favor de un relato iniciático. *La visita* tiene múltiples niveles de lectura; como todos los guiones de Shyamalan es un *thriller* solo en la superficie. En su capa más densa se descubre como una reflexión tremendamente madura sobre la vejez y la locura. El autor ha identificado el gran miedo de nuestra sociedad azotada por la epidemia del alzheimer: el miedo a perder la razón. Y consecuentemente la identidad es un mal de nuestro tiempo. Shyamalan juega al *thriller* pero con un tema mayor de fondo.

El guion de *La visita* sorprende también por la capacidad del director de origen indio para reinventarse. En su momento se habló de un toque Shyamalan por la reincidencia de sus libretos en un espectacular giro final que ya por esperado era cada vez menos impactante. Es una de las servidumbres del *thriller* que el autor de *La joven del agua* supo utilizar como herramienta de marketing inicialmente, pero que, poco a poco, se

Ni un encuadre sucio, buen gusto en la realización.

fue agotando como fórmula. En *La visita*, hay un giro final, pero este está más compensado con una construcción depurada de los personajes y sus motivaciones.

La protagonista, Beca, es una figura de carne y hueso. El espectador, atónito, contempla cómo en la mitad del relato el realizador se atreve a enfrentarla a un lentísimo zoom mientras ella se quiebra emocionalmente. La actriz es un descubrimiento, pero hay algo más. El carácter está bien construido. La cinefilia de Beca, propia de un estudiante de primeros años de escuela de cine, se muestra con sus constantes citas sobre la distancia focal o el impacto de determinadas imágenes. En algunos momentos parece escucharse al propio Shyamalan hablar por boca de su creación, por ejemplo cuando prohíbe a su hermano intervenir en el falso documental que están rodando dejando una cámara de vigilancia en el salón de la casa donde se desata el horror. Como una discípula de Roberto Rossellini, Beca argumenta que el realizador de un documental no puede intervenir, ni provocar las situaciones dramáticas. Se trata casi de un manifiesto del *cinema verité*. También se permite la ironía en otro momento: al darle otra cámara a su hermano para que complete las grabaciones, le nombra director de segunda unidad.

Por supuesto abundan las *set pieces*, las escenas de suspense marca de la casa. Shyamalan acierta al combinar el ritmo pausado del plano secuencia y la dosificación acertada de sorpresas. El concurso de la operadora de cámara Maryse Alberti se traduce en una colección de planos secuencia perfectamente planificados que destilan poco a poco el horror. Se produce así la paradoja de asistir a un *thriller* "relajado" síntesis de dos estilos perfectamente asimilados; milagrosa combinación del esencialismo de Hitchcock y la libertad del "metraje encontrado".

Una puesta en escena libre que ya se intuía en los *thrillers* "de cámara" del realizador -sus películas con "estrellas" son inusualmente contenidas- se desnuda completamente sin la esclavitud a los grandes nombres. En ocasiones, el relato se adentra por terrenos más propios del cine europeo, *La visita* cuenta su historia con muy pocos planos, su austeridad es sorprendente. A veces parece que el espectador se encuentra ante una propuesta de Michael Haneke o un clásico de Eric Rohmer. Dicha desnudez es más meritoria cuando se conocen los ritmos del espectador actual, más receptivo en teoría a los montajes fragmentados, pero al cual, sin embargo, las nuevas formas de la toma larga -"la estética Youtube"- han hecho más tolerante hacia formas reposadas. Shyamalan detecta las fluctuaciones de la estética dominante y se dispone valientemente a asaltarla tomando los elementos más aprovechables de la brecha digital.

Es muy meritoria la forma de reinventarse del autor de *El protegido* que, tal vez obligado por las circunstancias, decide dar un paso adelante y arriesgar con una película de contenido aparentemente acomodaticio pero vanguardista en una segunda lectura tanto formal como temática. Dicha operación ha podido llevarse a cabo con el concurso de Jason Blum, productor artífice del boom del "metraje encontrado" a partir de la franquicia *Paranormal Activity* (2007), pero también responsable de algunos de los éxitos del cine independiente más brillante como *Whiplash* (2014). El movimiento se encuadra además en el marco de un audiovisual *mainstream* cuya estructura de costes se ve francamente cuestionada. Hasta las superproducciones más seguras empiezan a fallar en taquilla, no hay seguridad en el retorno de las inversiones y cada vez más el cine de género se muestra como el único puerto seguro de la producción.

Regreso a la primera división

Pero si la película de Shyamalan asombra y se distancia de sus modelos afines es por su hondura emocional. Donde nunca ha trampeado el director-guionista es en el retrato profundo y cálido de sus personajes. Sus *blockbusters* eran ejercicios con alma, y quizá el más recordado aquel *Sixth Sense*, que triunfó por la fuerza con la que describía la relación entre Cole -aquel niño que veía muertos- y su madre -una inolvidable Toni Collette.

Es inevitable recordar la propuesta de 1999 al degustar *La visita*. De nuevo el conflicto, la familia rota, no se abandona a la desesperación. Lejos del aliento nihilista, Shyamalan no se deja llevar por el diagnóstico fácil. Sus personajes muestran las fisuras de una sociedad deshumanizada pero también destacan la solidaridad y el buen corazón de cada individuo. No hay un poso amargo en el relato, por lo demás contado con el brillo y la destreza de un recién llegado.

La visita parece una opera prima por el amor a sus personajes que destila cada secuencia, y al mismo tiempo destaca como obra de un cineasta maduro que conoce todas las claves de la puesta en escena. Ojalá este filme constituya un nuevo punto de partida en la carrera del cineasta de origen indio. Como parece anticipar el material previo de su nueva cinta *Split*, que verá la luz en 2017, el realizador ha tomado aire y se prepara para entregarnos lo mejor de su arte. El cine contemporáneo necesita narradores con el acervo clásico y pulso emocional de Shyamalan, bienvenida sea su vuelta a la liga mayor de la producción mundial.

THE VISIT (2015)
País: **EE.UU.**
Dirección y Guion: **M. Night Shyamalan**
Fotografía: **Maryse Alberti**
Montaje: **Luke Ciarrocchi**
Diseño de producción: **David Raynor**
Vestuario: **Amy Westcott**
Intérpretes: **Olivia Dejonge, Ed Oxenbould, Deanna Dunagan, Peter McRobbie, Kathryn Hahn, Celia Keenan-Bolger, Samuel Stricklen, Patch Darragh**
94 minutos
Distribuidora DVD: **Universal**
Estreno en España: **11.9.2015**

Filmografía de M. Night Shyamalan como director (últimas 10 películas)

- *Split* (2017).
- *La visita* (*The Visit*, 2015).
- *After Earth* (2013).
- *Airbender: el último guerrero* (*The Last Airbender*, 2010).
- *El incidente* (*The Happening*, 2008).
- *La joven del agua* (*Lady in the Water*, 2006).
- *El bosque* (*The Village*, 2004).
- *Señales* (*Signs*, 2002).
- *El protegido* (*Unbreakable*, 2000).
- *El sexto sentido* (*The Sixth Sense*, 1999).

FUENTES

• BERNSTEIN, Paula (2015), Maryse Alberti on shooting Freeheld, Creed and The Visit, *Indiwire.com*, Sep 15, 2015.

• FIJO, Alberto (2008), Hace falta ser muy fuerte..., Artículo sobre El incidente. Madrid, *Aceprensa*.

• MENDELSON, Scott (2016), M. Night Shyamalan's Split tráiler, *Forbes.com*, Jul 27.

• MONEDERO, Ramón (2013), M. Night Shyamalan, *En ocasiones veo muertos*. Madrid, Edit. Encuentro.

• UNIVERSAL PICTURES. The Visit (2015), Making of featurette, Así se hizo The Visit.

Lejos del mundanal ruido (Thomas Vinterberg)

FERNANDO GIL-DELGADO

Thomas Hardy (1840-1928) escribió *Lejos del mundanal ruido* en 1874. Fue su primer gran éxito, su obra favorita y, probablemente, lo mejor que salió de su pluma; en ella está, en germen, toda su obra ulterior: facilidad para construir caracteres, amor a la naturaleza, pesimismo, etcétera, que se desarrollará progresivamente, tomando tintes cada vez más oscuros. Pero en *Lejos del mundanal ruido* todavía hay esperanza.

La novela pone en escena, principalmente, a cuatro personas en la campiña británica, en concreto en Dorset. Gabriel Oak, veintiocho años, pastor, hombre hábil, sencillo y noble quien a base de esfuerzo y constancia empieza a prosperar; tiene rebaño propio y un futuro prometedor. Betsabé Everdene, veinte años, inquieta, inteligente, independiente y vanidosa; ha venido al campo para acompañar y ayudar a su tía, la señora Hurst. Se conocen, Gabriel no pierde el tiempo, en seguida se declara, y es rechazado; poco después la calamidad se ceba en él, lo pierde todo y se ve obligado a buscar empleo en alguna finca cercana. Al mismo tiempo, Betsabé hereda una finca importante y se convierte en un personaje local. Ahora recibe las atenciones de su poderoso vecino, William Boldwood, cuarentón serio y retraído. Betsabé juega con él y lo enamora locamente. Después aparece en escena el sargento Francis Troy quien, por diversión y por su dinero, también la cortejará.

Bajo ese aspecto costumbrista, no demasiado diferente de las tramas que escribió Jane Austen, lo digo de intento, Thomas Hardy saca a colación temas importantes como son el cerrado sistema de clases y la autonomía de la mujer; por no mencionar la presión social de los ambientes rurales cerrados, con su cortejo de miserias.

Hardy dibuja un fresco formidable de la vida en la campiña: el pastoreo, la recolección, la feria y la celebración. Y en ese decorado sitúa unos personajes reales, con ambiciones reales, grandes cualidades y grandes defectos, y con ellos, al modo de los clásicos griegos, construye una tragedia en tres actos, hace ascender y caer a sus actores, premia la virtud y castiga la soberbia desmedida.

Resulta admirable la fluidez de la narración, de principio a fin, a través de múltiples conflictos que se imbrican a la perfección porque los personajes tienen un acabado perfecto.

La novela fue adaptada al cine por primera vez en 1915. Conoció un éxito muy especial la segunda versión, rodada cincuenta años después por John Schlesinger, con Julie Christie, Alan Bates, Peter Finch y Terence Stamp en los principales papeles. Cincuenta años más tarde Thomas Vinterberg, cineasta danés, formado en la escuela del Dogma de la mano de Lars von Trier, nos trae una versión particularmente interesante, su tercera película en inglés, la primera que viene respaldada por un gran estudio de Hollywood.

Una moderna tragedia griega

Los griegos, que sabían bastante de qué pasta está hecho el hombre, exaltan a sus héroes, pero no olvidan advertirle que su grandeza tiene un límite. El héroe suele ensoberbecerse y en ese momento los dioses le castigan y le recuerdan su lugar en el mundo. De alguna manera, en esta historia Thomas Hardy aplica la fórmula a los cuatro personajes principales: nada más comenzar la película, Gabriel Oak, un hombre bueno, pide la mano de Betsabé, se considera "un buen partido", enumera sus cualidades y posesiones. Tal vez se ha creído demasiado bueno, el caso es que no solo es rechazado, sino que pierde todo aquello que le hizo creerse merecedor de la joven.

Algo semejante sucederá en el caso del sargento Troy, vanidoso en extremo, orgulloso de su uniforme, de su sable y de sus bigotes, ensalzado gracias al dinero ajeno, creyéndose por encima del bien y del mal; y, por supuesto, el caso más emblemático es el de la protagonista, la bella Betsabé, que ha jugado a ser mejor que los demás, los ha enamorado a todos y los ha despreciado, y obtiene el peor castigo: la pérdida de su fortuna y humillación pública (y privada, ante sí misma). Pero será salvada "in extremis" por la muy griega intervención de Némesis en la forma de un enajenado William Boldwood. La locura es también un castigo de los dioses, aunque resulta difícil -no imposible- ver en qué faltó Boldwood, víctima de la vanidad de Betsabé.

La estructura de *Lejos del mundanal ruido* también es canónica: el primer acto presenta a los protagonistas y llega hasta la contratación de un Gabriel arruinado en la finca de la rica Betsabé. El segundo acto, más largo, conoce el triunfo y una semi-caída de Betsabé: ella ha actuado con total libertad e independencia y se ha equivocado, pero la desaparición de Troy evita el desastre. El último tramo es el del hundimiento; cuando Betsabé cree que ha salvado los muebles y tiene un próspero matrimonio de conveniencia ante sí, el muerto regresa, como Ulises ante los pretendientes de Penélope, y se dispone a humillarla más que antes, ante todos.

Un griego habría comenzado la obra por el final, a punto de celebrarse la boda de Boldwood y Betsabé, recordaría cómo empezó todo, los pretendientes despreciados y la advertirían de un posible castigo de los dioses; finalmente desataría un fortísimo clímax con la llegada de Troy, que provocaría la catarsis. El resultado final es la madurez y la paz.

Lo que nos lleva a considerar que *Lejos del mundanal ruido* es un título casi irónico. Betsabé ha dejado la ciudad y ha venido al campo, pero este campo, que también tiene su historia, es un mundo de cotilleos, murmuraciones y códigos sociales -auténtico tema de la novela- lejos de las bucólicas connotaciones de Fray Luis de León.

Un clásico

A la pregunta de ¿por qué adaptar un clásico como este al cine? se puede responder rápidamente que resulta estimulante hacer buen cine sin recurso a efectos especiales, explosiones y personajes extravagantes vestidos de modo estrafalario; resulta muy estimulante ver una buena historia, bien contada, bien interpretada y bien fotografiada, que no necesita una agresiva banda sonora para hacerse entender. Además, un clásico, por definición, es una obra que transmite algo a todos los tiempos, también al nuestro. En nuestras manos está entender y apreciar el mensaje.

Había mencionado que la trama de *Lejos del mundanal ruido* era semejante a las que

El sargento Troy y Betsabé en el bosque (que era páramo en la novela).

Jane Austen escribiera ochenta años antes: en busca de la pareja adecuada, en un mundo rural. Ahora bien, Austen retrata personajes que ha visto, mientras que Hardy describe personajes que construye con su imaginación. El mundo de Austen es imperfecto, pero luminoso y amable; el de Hardy es imperfecto y sombrío. Austen no tiene segundas intenciones; Hardy está cargado de significados ocultos. De ahí que las adaptaciones de la primera son todas similares, las del segundo son muy diferentes.

Hardy, al hablar del mundo rural, canta entes abstractos, el campo, los páramos, la tormenta, el fuego, el mercado, la cosecha, la fiesta; a falta de gustarle el hombre, adora la naturaleza. Austen es todo lo contario, ella habla de personas y por ello capta lo universal mejor que su compatriota, y Elizabeth es más próxima a nosotros que Betsabé, aunque hubiera vivido en una sociedad más lejana en el tiempo y con menos libertades. La heroína de Hardy está entrampada en una red de convenciones totalmente coyunturales.

Dos adaptaciones

Es curioso que las dos adaptaciones de *Lejos del mundanal ruido* hayan sido realizadas por directores europeos en una de sus primeras, si no la primera, importante producción hollywoodiense; y que ambos directores, antes que por su clasicismo, hubieran destacado por su audacia e inconformismo.

Los dos directores respetan escrupulosamente la letra de la historia; en el primer caso, el guionista es Frederic Raphael, que también escribió *Dos en la carretera*; en el segundo, David Nicholls, autor de *One Day*.

La versión de Schlesinger, de casi tres horas, académica, se centra en la vida en la granja y cuenta con bellísimas secuencias campesinas; también narra una historia de amor y pasión, pero no es la historia que escribió Hardy: los problemas de Betsabé tienen que ver con códigos sociales, con lo que se puede hacer y lo que no se puede, con la persona adecuada y la que no lo es; el problema no es que la cortejaran tres hombres que no le interesaban, sino que no había nadie más, y había que elegir. Y la sociedad tiene sus expectativas, y puede ser cruel. Julie Christie queda reducida a una cara bonita, vanidosa y poco más.

Vinterberg cuenta con un reparto moderno que encabeza una maravillosa Carey Mulligan. Esta joven actriz entiende el personaje de Betsabé y lo refleja; tiene un perfecto aire decimonónico, y es a la vez alguien que no desentona en nuestro tiempo. Además, Hardy lo habría apreciado, es fuerte, decidida, tiene talento y también se equivoca. La historia es un viaje personal hacia la madurez, no una historia de éxitos indiscutibles de una mujer moderna.

La cinta del danés dura casi una hora menos que la del director británico y ello le quita parte del espectáculo campesino, bellísimo pero gratuito. La nueva versión discurre a uña de caballo: apenas iniciada la cinta, Gabriel ya se ha declarado, ha sido rechazado y se ha arruinado. De todas maneras, con todo no tenemos la impresión de que la historia vaya acelerada, simplemente no hay tiempos muertos.

He señalado que prefiero a Carey Mulligan antes que Julie Christie como Betsabé; Terence Stamp y Tom Sturridge me parecen casi intercambiables en el papel de Troy, los dos son plenamente adecuados en su papel; en cuanto a los otros dos personajes, hay que matizar mucho más: Michael Sheen es un buen William Boldwood, pero Peter Finch tiene más prestancia; Sheen destaca el rasgo de la timidez que hace al solitario vecino de Betsabé presa fácil de la vanidad femenina; Finch tiene la presencia de un poderoso con el que no conviene jugar. Los dos son excelentes, pero si hubiera que quedarse con uno, elegiría a Finch. En cuanto a Gabriel Oak, es indudable que Matthias Schoenaerts tiene un aire de campesino moderno que lo hace más próximo al público, más creíble incluso, que el gran Alan Bates.

Pequeñas diferencias son, además, la fotografía de Charlotte Bruus Christensen, que ya había trabajado con Vinterberg, es más cálida que la de Nicolas Roeg; y que la nueva versión favorece también los primeros planos.

A modo de conclusión

La adaptación cinematográfica es siempre subjetiva y es hija de su tiempo, no existe una adaptación que sea definitiva, además, el mundo del cine exige modernización, se puede preferir rodar una nueva versión con directores y actores conocidos del público a reestrenar un clásico que no haya envejecido. Eso también significa que dos versiones de una misma historia no son incompatibles, pueden vivir y ser apreciadas una junto a la otra, con todas sus diferencias.

En el caso presente, si me apuran, no creo que una sea mejor que la otra. La versión de 1967 resulta excesivamente larga y la protagonista, con todo su encanto, al final queda reducida a una muchacha frívola; la última versión ha mejorado el fondo de la historia, pero tampoco es perfecta -véase la subtrama de Fanny Robin-, aún así está más cerca del público actual que la anterior. El guionista, David Nicholls, lo tenía más fácil, el público de hoy está más familiarizado con los temas femeninos que aquí se tratan; además, y creo que esto también ha jugado a favor de la nueva versión, el director y su equipo han podido disfrutar de diversas adaptaciones de obras de Jane Austen, auténticamente inspiradoras.

Hoy en día la versión de Schlesinger se aprecia mejor después de haber visto la de Vinterberg.

Hardy y Schlesinger se deleitan en mostrar la vida del campo.

FAR FROM THE MADDING CROWD (2015)
País: EE.UU., Reino Unido
Dirección: **Thomas Vinterberg**
Guion: **David Nicholls**
Fotografía: **Charlotte Bruus Christensen**
Montaje: **Claire Simpson**
Música: **Craig Armstrong**
Diseño de producción: **Kave Quinn**
Vestuario: **Janet Patterson**
Intérpretes: **Carey Mulligan, Matthias Schoenaerts, Tom Sturridge, Michael Sheen, Juno Temple, Bradley Hall, Hilton McRae, Jessica Barden, Harry Peacock, Victor McGuire**
119 minutos
Distribuidora DVD: **Fox**
Estreno en España: **12.6.2015**

Filmografía de Thomas Vinterberg como director

- *La comuna* (*The Commune*, 2016).
- *Lejos del mundanal ruido* (*Far from the Madding Crowd*, 2015).
- *La caza* (*Jagten*, 2012).
- *Submarino* (2010).
- *Cuando un hombre vuelve a casa* (*En mand kommer hjem*, 2007).
- *Querida Wendy* (*Dear Wendy*, 2005).
- *Todo es por amor* (*It's All About Love*, 2003).
- *D-dag* (2000).
- *Celebración* (*Festen*, 1998).

Leviatán (Andrey Zvyagintsev)
ÁNGEL PEÑA

Rusia. «Un acertijo envuelto en un misterio dentro de un enigma». Winston Churchill, un cerebro privilegiado muy (incluso demasiado) consciente de su capacidad, capituló en la fascinante tarea de entender un país que abarca dos continentes y esconde un espíritu irreductible a la voracidad analítica de Occidente. Los Gogol, Dostoievski, Tolstoi y compañía afilaron el concepto de "alma rusa" para expresar (nunca definir) una forma de vivir en el mundo. Por supuesto, semejante término, como todos los que derivan en un cliché, exige una labor de desbroce que a menudo termina dejándonos con algo parecido a la nada. No es el caso. A poco de excavar en sus mejores manifestaciones artísticas, dos componentes comienzan a brillar entrelazados con sospechosa fuerza: la percepción admirada de la inmensidad y una profunda, misteriosa espiritualidad.

Desde esta perspectiva, *Leviatán* se encuadra en una vasta tradición que su director actualiza. Cabart (2013) contextualiza la obra de Andrey Zvyagintsev en la Nueva Guardia, una emergente generación de autores rusos que «representan un cine de mística interioridad, un cine de autor como el que encarnaba Andrey Tarkovski durante la era soviética», pero «más desprovistos de tabúes», también beneficiados por una mayor libertad de movimientos.

"Vivimos en una sociedad estúpida"

Aunque, en realidad, los nuevos tiempos tampoco se antojan demasiado prometedores. «Vivir en Rusia es como vivir en un campo de minas. Es difícil plantearse un futuro, ya sea en tu vida, tu carrera o tu profesión, si no comulgas con los valores del sistema. Vivimos en una sociedad construida de manera estúpida, lo cual viene a ser como nuestra maldición» (WALKER, 2014), ha manifestado Zvyagintsev acerca de la relación de la atmósfera de su película con el de la Rusia actual.

La mayor parte de la crítica ha visto en *Leviatán* una dura crítica política. Además del eco *hobbesiano* del título, el argumento de la película apunta, efectivamente, en esa dirección. Kolia, un hombre maduro de fuerte carácter, vive en un pueblo a orillas del mar de Barent, al norte de Rusia, con su joven y bella esposa y su hijo adolescente, fruto de un matrimonio anterior. Se siente arraigado a su tierra, integrado en su ecosistema social gracias a su trabajo como mecánico y a los recuerdos de sus ancestros, que atesora en forma de mural fotográfico. Sin embargo, el corrupto alcalde Vadim se ha propuesto arrebatarle su casa y su taller alegando que necesita el terreno para fines públicos. Kolia sospecha que en realidad Vadim quiere construirse un palacio a la medida de su megalomanía y decide llevarlo ante los tribunales. Busca ayuda en un antiguo amigo abogado que viaja desde Moscú para representarlo en el juicio, pero todo es en vano: el alcalde se hace con la casa a cambio de una ridícula indemnización. Kolia se resiste a aceptar su destino pero, mientras forcejea inútilmente contra él, su familia y su entorno más cercano se desmoronan, y él sucumbe a la marginalidad, refugiándose en el alcohol.

El primer y evidente nivel de la película muestra el convencional relato del hombre sencillo atribulado por los poderosos. Vadim, con la aquiescencia e incluso el impulso del muy nacionalista patriarca ortodoxo de la región, es un indisimulado trasunto del totalitarismo omnipresente en todo el país. «En Rusia, todo pequeño oligarca es una copia de los grandes poderes», ha dicho Zvyagintsev (KOCH, 2014) al hilo de la película. No es de extrañar que haya tenido fuertes encontronazos con Putin, el ex agente de la KGB que gobierna con puño de hierro.

Crítica combativa con fondo espiritual

Sin embargo, un análisis más detallado revela mucho más. La clave (no tan) oculta de *Leviatán* está en el ángulo trascendente desde el que Zvyagintsev aborda la crítica

Estado opresor. Kolia se enfrenta a los injustos resortes del poder ruso.

a la situación establecida. Cierto que el asunto concreto conviene al tono solemne y melancólico del alma rusa, pero es la forma la que nos pone sobre la pista de algo distinto, realmente valioso. Raro, en el mejor sentido. Acostumbrados al trajín de las películas combativas, al uso en la convención *hollywoodiense* (véase la paradigmática *Erin Brockovich*), el ritmo de *Leviatán* es necesariamente premioso, marcado por la naturaleza íntima de su verdadero motor: la narrativa como única, casi desesperada herramienta para desentrañar el misterio inefable de la separación entre el individuo humano y el infinito que lo rodea superándolo, abrumándolo.

Al preguntarse por las dominantes de la cultura rusa, Kopylova y Herrera (2005) citan un pasaje del ensayo *Del poder del espacio sobre el alma rusa*, del escritor y filósofo de la primera mitad del siglo XX Nikolái Berdiáyev, que conecta esa huella que, la interminable y solitaria geografía de su país, deja en el espíritu de sus pobladores con una tan desbordada como tortuosa ansia de libertad y una religiosidad densa, misteriosa.

El resultado es una narrativa muy especial, que en el caso de Zvyagintsev alcanza su punto de ebullición en la convergencia con lo mejor del cine occidental. Cabart (2013) explica que, «influido por los grandes cineastas que pudo conocer a través de los archivos cinematográficos de Moscú, como Antonioni, Visconti y Bergman, Zvyagintsev se describe a sí mismo como 'interesado por la dimensión mitológica de la existencia humana'».

El arranque de la película resulta muy significativo en este sentido. El tremendo dramatismo de una composición de Philip Glass pone música a los títulos de crédito, que dejan paso a una serie de paisajes primordiales, con el mar y las rocas como protagonistas. En el momento álgido de la escena, las olas chocan en un acantilado que recuerda los espacios sacrificiales de Eisenstein. Calmada la furia inapelable de la naturaleza en un diminuendo bien estructurado, aparecen los esqueletos de unas ballenas desfondadas y un plano general del pueblo. Los símbolos propician una atmósfera mítica y de esta brota una dialéctica que seguirá dominando el ritmo de la película, con majestuosos planos generales, como los que se demoran en los trayectos en coche de Kolia, enfrentados a situaciones casi claustrofóbicas, como las intrincadas discusiones familiares o las *kafkianas* escenas en los tribunales de justicia.

Lenguaje humano, lenguaje divino

¿Qué pretende Zvyagintsev con esta acumulación dialéctica? La omnipresencia de motivos religiosos orienta al espectador. Numerosos planos de iconos y cruces diseminados por el montaje lo hacen con sutileza; las conversaciones de los personajes lo hacen de forma más explícita: la comida del alcalde con el patriarca, la negación positivista del abogado de Kolia («Es la segunda vez que me preguntan si creo en Dios», llega a exclamar, exasperado) o, sobre todo, la conversación decisiva de Kolia con el sacerdote del pueblo.

Esta última marca la pauta definitiva al conectar la caída de un desesperado Kolia con el arquetipo de Job, cuya paciencia fue puesta por Dios a las mayores pruebas imaginables. El contenido del discurso del humilde sacerdote, pero sobre todo el tono de la escena, con la medida contención de las interpretaciones, terminan de revelar el secreto. Antes, el patriarca, corrompido por su cercanía con el poder, había mostrado su admiración por el sacerdote: «Es un sacerdote de pueblo», dice de él para explicar que es de fiar. "Pueblo" significa sencillez, una pureza basada en el desasimiento de lo material que templa el alma, preparándola para, si no entender lo ininteligible, sí intuirlo y seguirlo sin contemplaciones. Significativamente, en la siguiente escena, el sacerdote comparte el pan que acaba de comprar con los pobres.

Numerosos artículos académicos mencionan la relación de la obra de Zvyagintsev con la religión. Entre ellos destaca la alusión de Kondyuk (2016) a las concomitancias entre las ideas fuerza del filósofo y teólogo ortodoxo Panteleimon Manoussakis y *Leviatán*, en cuyo «corazón yace la paradójica Presencia a través de la Ausencia». La dialéctica «entre la inexpresividad de Dios y el anhelo por Él, así como la misteriosa presencia del infinito» es, según Kondyuk, común a Manoussakis y Zvyagintsev.

A partir de ese descubrimiento, Kondyuk remite a la fenomenología del análisis cinematográfico de Sobchack (1999), según el cual experimentamos lo trascendental (entendido aquí como experiencia indirecta de lo invisible) a través de lo inmanente (lo visible que experimentamos directamente), y en una estrecha correlación en la experiencia de nuestra vida corpórea.

La capacidad de trascender pasa por el Otro

El Otro/los otros, es decir, Dios y el prójimo, la capacidad de trascender, de salir de uno mismo para darse a los demás, encontrando el sentido de la propia vida fuera de ella, se muestra al individuo como una llamada, una vocación proveniente de un lugar misterioso, tan inefable que solo puede percibirse por el contraste con su negativo.

En *Leviatán*, la fotografía de Mikhail Krichman, con la poderosa luz natural que inunda el hogar del protagonista y sus objetos más preciados, canaliza la entrada de lo extraordinario, subrayado en el montaje de Andrey Ponkratov con encuadres claustrofóbicos enfrentados a majestuosos espacios abiertos. La intensidad de las interpretaciones de unos secundarios atormentados por oscuras tribulaciones choca con el monótono sonsonete de la jueza que dicta sentencia contra Kolia, y la música de Philip Glass contrasta con los silencios que puntúan los momentos clave, mientras que la fastuosa falsedad del patriarca en la comida con el alcalde hace más significativa la discreta presencia de iconos diseminados por planos supuestamente intrascendentes o la actitud del sacerdote de pueblo.

Todos los elementos de la película casan en una inopinada armonía bajo la batuta de Zvyagintsev para mostrar el mundo oculto como paradoja del evidente, el que nos obcecamos en llamar real. Una armonía basada en una sutileza vehicular. «No se debe hablar muy alto de lo trascendente porque en cuanto empezamos a parlotear sobre ello, todo lo mágico y sagrado se evapora inmediatamente. Deberíamos limitarnos a sugerir que es realmente importante», dijo el director ya hace años en una entrevista (ABEEL, 2004). Y el que tenga oídos, que oiga, parece decir, el que quiera ver, que vea.

Kolia, pese a su locuacidad, energía e inteligencia, está sordo y ciego. Incapaz de ver y escuchar las señales de lo trascendente, tampoco atiende a la angustiosa llamada de quienes más lo necesitaban. Obsesionado con combatir la injusticia humana, desatiende la angustia de su mujer, que busca una salida a la inanidad de su existencia, y pierde a su hijo, que intuye sin comprender que su familia se derrumba, y es traicionado por su mejor amigo, cuya bonhomía pide a gritos una cercanía real que deshiele su capa protectora de materialismo.

El símbolo del Leviatán, más allá de la referencia a la opresión de un Estado más o menos totalitario, señala en realidad la desorientación de quienes son incapaces de levantar la vista al encuentro de lo trascendente, de aquello que les puede permitir salir del claustrofóbico círculo cerrado de la mera subjetividad materialista. Por medio de la parábola de Job y su tortuosa relación con Dios, el cura de pueblo le explica a Kolia que el Leviatán, la inmensidad incontrolable por el miserable alcance de la mera existencia humana, requiere otra mirada. Más espiritual y más humilde. Dios no calla, viene a decir, sino que se expresa de una forma distinta, tan inmensa que supera el entendimiento de la mayor inteligencia. Pero si aplica el encuadre adecuado, quizá veamos un reflejo, notemos una vibración...

LEVIAFAN (2014)
País: **Rusia**
Dirección: **Andrey Zvyagintsev**
Guion: **Oleg Negin, A. Zvyagintsev**
Fotografía: **Mikhail Krichman**
Montaje: **Andrey Ponkratov**
Música: **Philip Glass, Andrey Dergachev**
Diseño de producción: **Pavel Gorin**
Vestuario: **Anna Bartuli**
Intérpretes: Intérpretes: **Aleksey Serebryakov, Vladimir Vdovichenkov, Elena Lyadova, Anna Ukolova, Roman Madyanov, Lesya Kudryashova**
141 minutos
Distribuidora DVD: **Golem**
Estreno en España: **1.1.2015**

Filmografía de Andrey Zvyagintsev como director

- *Leviatán* (*Leviafan*, 2014).
- *Elena* (2011).
- *The Banishment* (*Izgnanie*, 2007).
- *El regreso* (*Vozvrashchenie*, 2003).

FUENTES

- ABEEL, Erica (2004). Return of the Prodigal Father; Andrey Zvyagintsev Talks About The Return. *Indiewire*. 2.2.2004 <http://www.indiewire.com/2004/02/return-of-the-prodigal-father-andrey-zvyagintsev-talks-about-the-return-79164/> Consultado: 10.9.2016.

- BEKKERING, Denis J. (2015). Leviathan. *Journal of Religion & Film*. Volume 19 Issue 1 Article 45. 4-16-2015.

- CABART, Anais (2013). Andrey Zvyagintsev's The Return: A Tarkovskian Initiation. *Close Up: Film and Media Studies* 1, 2 (2013): 51-62.

- KONDYUK, Denys (2016). Sensing and Longing for God in Andrey Zvyagintsev's The Return and Leviathan. *Ukrainian Evangelical Theological Seminary*, Kiev. 25.6.2016.

- KOCK, Tomasso (2014). Rusia es una simulación democrática. *El País*. 31-12-2014 <http://cultura.elpais.com/cultura/2014/12/29/actualidad/1419865748_840075.html>

- KOPYLOVA, T.R. y HERRERA, J. (2005). *Principales conceptos en la visión del mundo rusa*. Interlingüística. 16 (2).

- SOBCHACK, Vivian C. (1999). *The Address of the Eye: A Phenomenology of Film Experience*. Princeton: Princeton University Press.

- WALKER, Shaun (2014). Leviathan director Andrey Zvyagintsev: Living in Russia is like being in a minefield. *The Guardian*. 6-11-2014 <https://www.theguardian.com/film/2014/nov/06/leviathan-director-andrei-zvyagintsev-russia-oscar-contender-film>

Macbeth (Justin Kurzel)
FERNANDO GIL-DELGADO

La presentaron como el *Macbeth* de Fassbender, o el de "los productores de *El discurso del rey*", lo que indica, muy a las claras, que los principales atractivos de la película serían su carácter europeo, su estrella principal y el autor de la obra original, William Shakespeare. Este *Macbeth* no es la historia de un rey de los escoceses (1040-1057) contada por Justin Kurzel, autor de una interesante pero desconocida cinta titulada *Snowtown*; sino una adaptación de Shakespeare, que es un subgénero cinematográfico en sí mismo.

Son cientos, unas quinientas, las adaptaciones directas de una obra de teatro de Shakespeare al cine; y son miles las películas que se inspiran, más o menos directamente, en sus obras. Por mencionar dos ejemplos recientes que tratan nuestro tema, el *Macbeth* de Geoffrey Wright (2006), con ambientación gansteril contemporánea, utiliza el mismo texto que la versión de Kurzel; mientras que *Men of respect* (Hombres de respeto, 1991), de William Reilly, sería una versión libre de *Macbeth*, una historia similar, lo bastante próxima al original para que cualquier espectador la reconozca, aunque vaya a la sala sin estar advertido del parentesco con la obra de Shakespeare. Pero está en inglés moderno, y se permite ciertas licencias que resultarían inadmisibles en una adaptación que utilice el texto del bardo.

Recordemos que el título original de la película de Baz Luhrmann de 1996 era *Romeo + Julieta, de William Shakespeare*; la coletilla final es importante. Incidentalmente diremos que Luhrman, Wright y Kurzel son australianos.

Macbeth, la historia y Shakespeare

La historia de Macbeth que contó Shakespeare tiene poco que ver con el auténtico rey de Escocia; el dramaturgo se basó en una crónica deliberadamente contraria al rey Macbeth, lo que no tiene ninguna importancia ya que Shakespeare no pretendía ser riguroso, sino escribir teatro, atractivo para el público, y portador de sus ideas. En 1994, Gabriel Axel rodó *La verdadera historia de Hamlet, Príncipe de Dinamarca*, película anodina. Al contrario, el *Hamlet* de Almereyda (2000), con ambientación actual, es una obra admirable, hechicera.

El drama de Shakespeare, compuesto hacia 1606 -dato que tiene su interés-, cuenta cómo el buen y leal duque de Glanis, que acaba de salvar Escocia para el rey Duncan, engañado por unas brujas, se deja llevar por la ambición hasta el extremo de asesinar a su rey. Una vez en el trono, Macbeth perderá la razón, volverá a ser engañado por las brujas, reinará a sangre y fuego, será abandonado por todos y morirá en combate.

Macbeth es un tirano sin hijos que mata sin piedad, influido por seres demoniacos. Y Shakespeare escribe este drama sangriento y cínico, porque la tiranía y la persecución religiosa no han disminuido tras la muerte de la reina Elisabeth (1603). Malcolm, hijo de Duncan y futuro rey, anuncia que no será mejor que Macbeth. La esperanza serán los buenos hijos de Banquo, que algún día serán reyes. *Macbeth*, como las grandes obras de la literatura, trasciende la anécdota y se convierte en el símbolo de la ambición desmedida, al igual que *Otelo* es el de los celos y *Hamlet* el de la indecisión. El protagonista es una marioneta en manos de las brujas y de su mujer, lady Macbeth, el personaje femenino más interesante creado por Shakespeare. La obra contiene las líneas *La vida es un cuento contado por un idiota, lleno de ruido y de furia, que no tiene ningún sentido*, tan antológicas como el *Ser o no ser* de *Hamlet*.

Macbeth en el cine

Es una de las obras de Shakespeare menos adaptadas al cine; sin duda porque todo en ella es desmesurado: brujería, traición, ambición, locura, asesinatos, sangre, sinsentido. Todo ello es compatible con el poderoso verso de Shakespeare; pero en la pantalla grande resulta un espectáculo *gore*, inaceptable durante muchas generaciones. Hoy en día algo perfectamente banal. Afortunadamente esas pocas adaptaciones son notables.

En 1948, Orson Welles combina su talento para lo visual con composiciones barrocas en las que busca el dominio de las líneas verticales, con unas tomas estáticas en las que él recita, como pocos lo han hecho, los versos de Shakespeare.

En 1957, Akira Kurosawa rodó *Trono de sangre*, la primera de sus tres adaptaciones de Shakespeare. La traslación de Macbeth al mundo japonés es sobrecogedora.

En 1971, Roman Polanski rueda en *technicolor*, pantalla panorámica, ratio 2.35:1. La gran pantalla no disminuye el número de planos cortos. Polanski, sin alterar el texto original, destaca temas muy contemporáneos: las alucinaciones que sufren lord y lady Macbeth, el ocultismo y la brujería. Su obra, notable, siempre se ha considerado inferior a las dos previas.

Existe un buen número de adaptaciones para televisión, entre las que destacan las de Trevor Nunn (1979), Béla Tarr (1982), Jack Gold (1983) y, no podía faltar, Kenneth Branagh (2013).

Aireando a *Macbeth*/Shakespeare

Con frecuencia, se considera que una obra de teatro es el mejor material para la pantalla; a menudo no es el caso, el teatro está pensado para un espacio reducido y para ser oído. Y el teatro de Shakespeare no solo es musical, sino que además está lejos del inglés moderno. Kenneth Branagh, o Laurence Olivier, han escrito sus guiones para que suene Shakespeare; además han escrito, con los directores de fotografía, guiones de rodaje cinematográficos. Kurzel y su director de fotografía, Adam Arkapaw, han apostado por sacar a *Macbeth* del teatro y llevarlo a su lugar de origen, Escocia, en formato panorámico. Visualmente este *Macbeth* es el de los grandes espacios. Los campos de los que habla Shakespeare aquí son mostrados, a menudo en forma de campos de batalla.

Además, la técnica permite regodearse en la lucha y muerte; si la sangre en las representaciones teatrales de *Macbeth* apenas mancha las manos de los protagonistas, en esta versión se convierte en espectáculo; la batalla se detiene, se combate a cámara lenta o a velocidades diferentes, que en algunos momentos recuerda el pavoroso arranque de *Guardianes de la noche*, de Timur Bekmambetov (2004), y hay un deliberado regodeo en la sangre. Después de todo, estos cineastas pertenecen a la generación de *Juego de tronos* y *True Blood* (*Sangre fresca*). Después de la batalla, las marchas, cres-

Nieblas, filtros, etalonaje final, cada secuencia tiene un color dominante que transmite un mensaje.

teando por las montañas de Escocia, recuerdan al espectador que Peter Jackson ha dejado su huella en el cine contemporáneo.

En el capítulo de las imágenes, si bien las composiciones, los paisajes y los efectos especiales tienen una gran fuerza, no es menos llamativo el uso del color; llama la atención en esta versión de *Macbeth* el modo en que los planos han sido coloreados, casi tintados, como se hacía en el cine silente de hace cien años: cada secuencia tiene un tono dominante, que transmite una emoción. Predominan el blanco, a menudo una niebla que lo llena todo, dejando ver fantasmagóricas formas, casi siempre negras; el rojo es el otro gran protagonista: rojo fuego, rojo sol, rojo sangre.

Hay que reconocerle a Justin Kurzel el valor de haber apostado por el color para transmitir emociones, y por haber mantenido la coherencia hasta el final. No hay un plano que tenga algo parecido a la luz natural.

Junto a esos colores, la irritante pero eficaz banda sonora de Jed Kurzel, hermano del director, principalmente de cuerda, ocasionalmente reforzada por la percusión. De intento machacona y de color local, refuerza el poder de las imágenes y manipula la sensibilidad del espectador en la línea que marca *Macbeth*: un poderoso espectáculo que conmueve, que aturde, muy acorde con las pasiones desmesuradas que muestra la pantalla.

Al mismo tiempo, el equipo de Kurzel ha trabajado el sonido de un modo inteligente;

por una parte ha bajado el volumen de los parlamentos de los actores y les pide hablar con naturalidad, a no impostar la voz. Para el espectador que escucha la versión original, y más si es un público anglófono o que entiende bien el inglés, el efecto es inmediato y provoca extrañeza: los versos pierden su sonoridad y adquieren una intención distinta. El matrimonio Macbeth se ha transformado, parece -de un modo perverso- más próximo al espectador contemporáneo.

Voces y sonidos, pues, que chocan -prefiero esta palabra a "combinan"- con unas poderosas imágenes. Chocan porque el lenguaje de Shakespeare llama la atención y se impone. Por algo las adaptaciones de su teatro son tan cuidadas, y los guionistas seleccionan sus parlamentos en función de las imágenes que quieren mostrar y, a menudo, al contrario.

Tres son los guionistas que han escogido las líneas que iban a recitar los actores: Todd Louiso, Michael Lesslie y Jacob Koskoff. De los tres hay que decir que son jóvenes y tienen una obra escasa, su largometraje más importante hasta la fecha es el de *Macbeth*, lo que supone una serie de consideraciones importantes. El trabajo creador de estos guionistas consiste en la elección de las líneas de la obra de Shakespeare que van a dejar, o eliminar, y su posible cambio de lugar, junto con una propuesta visual de las mismas, (re)-interpretando la obra de teatro original.

Leer la obra original en voz alta, con la cadencia de una representación, sin interrupciones, lleva tres horas largas. Esta película, con sus largos silencios, dura menos de dos horas y se pueden apreciar unos detalles que la convierten en una obra original: las primeras imágenes muestran, en silencio, el funeral de un niño, el hijo de los Macbeth. A partir de esta muerte se interpreta la frustración de lord y lady Macbeth, y gran parte de sus sinsentidos.

El parlamento de Macbeth, tras el asesinato del rey Duncan, *Had I but died an hour before this chance, I had lived a blessed time* (*Si hubiera muerto una hora antes, habría culminado una vida feliz*), ha cambiado de posición, en este caso Macbeth aparece como un asesino cínico, que amenaza directamente a Malcolm, quien conoce al hombre que ha matado a su padre.

Son una serie de elecciones personales, legítimas, la última de ellas sería la muerte del ¿héroe?, dotada de una grandeza que no tienen las otras versiones.

Todo lo dicho tiene un corolario evidente: el público al que va dirigida la obra -cualquier adaptación de Shakespeare en general- es un público que conoce el texto original y aprecia, o se sorprende, con lo que hace el director. Este *Macbeth*, o cualquier otro, no puede agradar a un público que desconoce el *Macbeth* de Shakespeare: tuve la ocasión de ver la reacción de un grupo de jóvenes -de 17-18 años- ante esta película. Apreciaron la belleza de las imágenes y su fuerza. La historia, sin embargo, les resultaba muy complicada (y no puedo menos que darles la razón, se puede seguir porque uno conoce la historia, no porque la narración sea clara); y los largos diálogos les resultaban barrocos y aburridos.

Finalmente, dije tras la primera proyección, y varias más después me afirmo en ello, echo de menos a mi lady Macbeth tremenda, y para justificar este aserto no resisto incluir aquí esta tira cómica, que muestra a las claras quién manda en esta historia.

Repasemos mi agenda criminal: drogar a los guardias de Duncan, hecho; poner sus cuchillos a mano, hecho; convencer a mi marido para que mate a Duncan, hecho; bien, no puede una hacerlo todo, ¿no?

No me malinterpreten, Marion Cotillard es una gran actriz y hace una interpretación magnífica, de acuerdo con el guion y el director. Pero es la lady Macbeth de Kurzel, algo distinta de la de Shakespeare, o al menos de la lady Macbeth que esperaba, es más femenina, menos pasional y manipuladora, más frágil y menos fuerte de lo que expresa el personaje de la obra.

Algo parecido le sucede a Fassbender, su trabajo es excelente, pero es un Macbeth distinto, menos enfermo y también menos contrito de sus crímenes. Es un guerrero primario que ha aprovechado su oportunidad.

En cuanto a las brujas, su presencia es notable, aunque no se sabe muy bien por qué: silenciosas, miran -tal vez se divierten- comprobando las locuras que hacen los hombres pero, originalmente, son ellas las que hechizan y dirigen el destino de este hombre, con un designio malvado.

En resumen, Kurzel ha realizado una película notable, con ambientación cuidada, y al gusto del siglo XXI, más cínico, canalla y aficionado a la sangre que otros. Su interpretación de los personajes es diferente de otras, pero es legítima. Si no me equivoco, es una obra que será recordada junto a Welles y Kurosawa.

MACBETH (2015)
País: **Reino Unido, Francia, EE.UU.**
Dirección: **Justin Kurzel**
Guion: **Todd Louiso, Michael Lesslie, Jacob Koskoff**
Fotografía: **Adam Arkapaw**
Montaje: **Chris Dickens**
Música: **Jed Kurzel**
Diseño de producción: **Fiona Crombie**
Vestuario: **Jacqueline Durran**
Intérpretes: **Michael Fassbender, Marion Cotillard, David Thewlis, Paddy Considine, David Hayman**
113 minutos
Distribuidora DVD: **A Contracorriente**
Estreno en España: **25.12.2015**

Filmografía de Justin Kurzel como director

- *Macbeth* (2015).
- *Snowtown* (2011).

FUENTES

- DAVIES, Anthony (1994). *Shakespeare and the Moving Image: The Plays on Film and Television*. Cambridge: Cambridge University Press.

- GIL-DELGADO, Fernando (2001). *Introducción a Shakespeare a través del cine*. Madrid: Eiunsa.

- LÓPEZ VARONA, Luis (2016). *Shakespeare en el Cine*. Madrid: T&B.

- ROSENTHAL, Daniel (2006). *Shakespeare en el Cine*. Buenos Aires.

Mad Max: Furia en la carretera (George Miller)

LAURA MONTERO PLATA

La llegada de *Mad Max: Salvajes de autopista* a los cines en 1979 supuso una revolución dentro del género de ciencia-ficción. A partir de un presupuesto muy reducido -en torno a los 380.000 dólares (HAENNI, BARROW & WHITE, 2015: 324)-, este título de serie B se hizo rápidamente un hueco en la historia del cine. Con la construcción de un mundo futurista distópico, el filme se puso en sintonía con el discurso de la ultra-violencia presentado en *La naranja mecánica* (KUBRICK, 1971) y provocó ríos de tinta entre aquellos que proclamaban sus logros técnicos y su depuración estética, y los que denunciaban la ausencia de un discurso moral en medio de un reguero de crímenes, violaciones y colisiones automovilísticas. El público fue el último en tener la palabra y los más de cien millones de dólares que recaudó la película propiciaron la aparición de dos secuelas: *Mad Max 2: El guerrero de la carretera* (1981) y *Mad Max 3: Más allá de la cúpula del trueno* (1985). Sin embargo, el cineasta George Miller no había terminado de narrar la historia del expolicía Max Rockatansky, aunque su cuarta entrega tardaría treinta años en llegar bajo la forma de *Mad Max: Furia en la carretera* (2015) con un nuevo actor: Tom Hardy.

Prueba y error

La trayectoria de George Miller podría ser resumida a través de los cuatro títulos que componen su saga más conocida. En el primer episodio podemos apreciar el ímpetu de su juventud, sus ganas de transgredir y traspasar los límites narrativos y cinematográficos, así como también son palpables las imperfecciones de un debutante que plasma por primera vez en imágenes su demente universo imaginario. Con *Mad Max 2*, Miller consolida la apariencia de su mundo, apuesta por un guion más elaborado y una tensión dramática más equilibrada. Mientras, en *Mad Max 3*, aunque se aprecia un salto cualitativo en la estética de su mundo postapocalíptico -gracias a un sustancial aumento presupuestario-, su desarrollo carece de cierta falta de fluidez. Con todo, esta progresión de sus obras se acabó convirtiendo en un ensayo y campo de pruebas de lo que sería *Mad Max: Furia en la carretera*, una obra de orfebrería que ha permitido a su realizador confeccionar una de las películas más trepidantes e interesantes del cine de acción de la última década, tanto en su vertiente técnica como en su evolución narrativa.

Este proceso es un consciente ejercicio de autoanálisis por parte de Miller, ávido por encontrar las deficiencias de su trabajo para no incurrir en ellas en futuros proyectos. En estos términos se expresó sobre el rodaje de la segunda entrega del guerrero de la carretera:

> El mayor cambio en *Mad Max 2* fue mi mentalidad. Me sentí completamente derrotado por mi primer *Mad Max*. Sentí que la película era inestrenable. Yo, yo... es un misterio para mí por qué aún así llegó a funcionar. Todo lo que veo son sus defectos [...] En el ínterin [entre las películas], pasé casi cada día pensando en qué había hecho mal en *Mad Max 1*. ¿Por qué no se plegaba de alguna forma a mi voluntad? Recuerdo que pasé casi un año montándola. Así vi cada error [...] Por lo tanto, de algún modo, *Mad Max 1* fue un ensayo de *Mad Max 2*. Creo que cada película que haces es en cierto sentido un ensayo de la siguiente (BYRNES, 2006)

El estilo de Miller ha ido mutando poco a poco, puliendo sus imperfecciones, adaptándose a las nuevas tecnologías pero también exprimiendo las posibilidades del set de rodaje al máximo. En una era en la que el CGI permite crear lo imposible -el ejemplo más reciente lo encontramos en la adaptación en imagen real de *El libro de la selva* (FAVREAU, 2016)-, el cineasta australiano se ha decantado por un sistema mixto en el que efectos visuales y especiales conviven. De este modo, el brazo amputado de Charlize Theron se generó por ordenador, mientras que muchas de las destrucciones de vehículos o de las coreografías de personajes saltando de automóvil en automóvil se rodaron con la ayuda de especialistas y actores. Sin lugar a dudas, el hecho de contar con un

Las esposas se enfrentan a Max en su primer encuentro.

elevado presupuesto de 150 millones ha posibilitado esta hazaña, aunque la minuciosa concepción del largometraje también ha contribuido a lograrlo.

Nuevas formas de escritura visual

La planificación del cuarto segmento de la saga de *Mad Max* comenzó en 1999, cuando Miller decidió comenzar un nuevo filme inspirado en la mujer guerrera que moría al final de *Mad Max 2: El guerrero de la carretera* (RADFORD, 2015). Interpretado por Virginia Hey, este personaje sirvió de punto de partida para la concepción de Furiosa y, por extensión, de todas las mujeres que aparecen representadas en la cinta. No obstante, el proyecto pasó por un sinfín de vicisitudes y parones que, por otra parte, no impidieron que Miller y sus colaboradores continuaran perfilando la historia durante más de una década.

El primer gran cambio que se obró para la creación de la película fue la incorporación del dibujante de cómic inglés Brendan McCarthy. El artista había enviado su trabajo a Miller durante varios años y el cineasta terminó proponiéndole que creara los *concepts* de la película. Pronto su colaboración se fue estrechando y empezaron a trabajar en el *storyboard*. Al equipo se sumó Nico Lathouris, actor y dramaturgo encargado inicialmente de hacer un análisis dramático de la historia. En el seno de este reducido grupo se fue dando forma a la historia hasta acumular un total de 3.500 viñetas que detallaban la acción, y que terminarían configurando el guion definitivo de *Mad Max: Furia en la carretera*. Este poco convencional método de trabajo sirvió al equipo para tener una idea mucho más aproximada de cómo plantear el arduo rodaje que tenían por delante. Sin apenas diálogo, la última obra de George Miller es un carrusel pirotécnico de una complejidad asombrosa, por lo que su decisión de descartar el guion y centrarse en una biblia dibujada de este demente viaje al corazón del desierto contribuyó a dar más fluidez y coherencia al conjunto.

Si bien el desarrollo narrativo se alejaba de los cánones establecidos por Hollywood,

Una muestra del minucioso *storyboard* creado por Miller, McCarthy y Lathouris.

desde un punto de vista técnico el equipo de Miller decidió explotar toda la potencialidad que la tecnología actual le podía permitir. Como resultado se obtuvieron 480 horas de metraje filmadas durante los 138 días en los que tuvo lugar el rodaje en el desierto de Namibia. Miller y el veterano director de fotografía John Seale trabajaron a diario con una media de entre doce y veinte cámaras, que filmaban simultáneamente desde diversos ángulos. *Steadicams*, cámaras aéreas ensambladas a drones o aparatos adaptados para la ocasión permitieron un abanico de posibilidades impensable cuando se rodó el primer *Mad Max*. Por mencionar solo algunos ejemplos, con la "cámara paparazzi" -nombre acuñado por el propio Miller-, el director de fotografía logró hacer zooms de 11:1, mientras que la compañía LA Motorsports modificó un todoterreno V8 para montar una grúa en el techo que permitiera rodar a una altura de más de seis metros y con una rotación de 360 grados denominada "The Edge Arm". Por su parte, la empresa Blackmagic facilitó un tipo de cámara que otorga una mayor profundidad de color y de matices en los contrastes, así como la posibilidad de conservar las imágenes en RAW para disponer de un mayor rango de información y versatilidad en la postproducción de la imagen (BÉGHIN, 2016: 32).

La técnica al servicio del lenguaje

Esta última elección, junto a una cuidada labor de postproducción, ha provocado uno de los cambios visuales más radicales de *Mad Max: Furia en la carretera* con respecto a sus predecesoras: el tratamiento del color. En una película donde prevalecen las saturadas y áridas tonalidades tierra, la gama cromática presenta una gran alteración entre la noche y el día que proporciona a la cinta momentos de gran belleza y contraste narrativo entre los personajes. Según las propias declaraciones de George Miller, su idea era alejarse de los convencionalismos:

> Solo quería asegurarme de que evitábamos lo que se ha convertido en un cliché [...] El más obvio es la desaturación del color. [El look convencional] estaba muy desaturado, con un color deprimente, y [...] eso tiende a parecerse a un vertedero. Este es el motivo por el que nos decidimos por un color saturado. Esa fue probablemente la mayor reacción a todo lo que ha pasado en los últimos treinta años (STERNBERGH, 2016)

Es evidente que Miller no es el único director en usar este tipo de paleta cromática -el máximo exponente actual lo podríamos encontrar en la filmografía del estadounidense Wes Anderson-, pero sí es cierto que su modo de explorar la cinematografía choca con las últimas corrientes del cine de acción, ejemplificadas en los filmes de Michael Bay o del ominoso trabajo, en cuanto a tonalidades se refiere, de Zack Snyder.

Una contraposición muy similar se halla en el montaje de la película que, aunque sí continúa la aceleración narrativa de la última década, se aleja de los dictámenes del *Chaos Cinema*. Término acuñado por el investigador Matthias Stork, el *Chaos Cinema* -o cine caótico- se define por una pérdida de la coherencia narrativa. Los directores dejan de tener interés en una secuenciación lógica del lenguaje narrativo y se deleitan en planos rápidos e inconexos donde lo que prima ante todo es la pura inyección de adrenalina. «Los actuales *blockbusters*, en concreto las películas de acción, han cambiado la inteligibilidad visual por la saturación sensorial, y el resultado es un estilo fílmico marcado por el exceso, la exageración y la indulgencia excesiva» (STORK, 2011).

Esta corriente va unida a un nuevo tipo de montaje frenético en el que la imagen permanece tan poco tiempo en la pantalla que esa sensación de adrenalina se concatena

Una de las tomas de rodaje con el punto de mira central, capturada por *The Edge Arm*.

con imágenes sin continuidad lógica. La forma de medir esta edición trepidante se realiza a partir de un sistema llamado ASL (Average Shot Lenght), es decir, "duración media del plano". En enero de 2016, el montador de origen checo Vashi Nedomansky puso a prueba cinco títulos actuales: *Domino* (SCOTT, 2005), *El ultimátum de Bourne* (GREENGRASS, 2007), *Mad Max: Furia en la carretera*, *Venganza 3* (MEGATON, 2015), *Resident Evil 2: Apocalipsis* (WITT, 2004). Todos ellos tenían dos características en común: más de 3.000 cortes y una media de dos segundos por plano. Al reproducir las películas a una velocidad de 12x, la única que se podía seguir, desde un punto de vista narrativo, era *Mad Max*[1], con sus 3.500 cortes y una media de 2.1 segundos por plano.

Hacia un estilo puramente cinematográfico

El equipo logró este resultado -que le valió a su montadora Margaret Sixel un Oscar- sustentándose en tres pilares fílmicos: Miller dio la directriz de que toda la película se rodara poniendo el punto de mira en el centro del plano ("Crosshair Framing"), los movimientos de la cámara y dentro del encuadre se basaron en el seguimiento de la línea de la mirada ("Eye Trace") y, por último, la narrativa buscó la causalidad del cine mudo explorado por autores como Buster Keaton o Harold Lloyd para conectar la acción de un plano al siguiente (RADFORD, 2015).

Con todos estos elementos puestos en escena como la gran maquinaria de un reloj,

---

[1] *El vídeo creado por Nedomansky puede consultarse en Vimeo: https://vimeo.com/151838996*

George Miller encargó la edición de la película a Sixel. Ya había colaborado con ella en proyectos anteriores pero este suponía un reto mayor ya que la montadora nunca había trabajado en un filme de acción. La apuesta resultó magistral ya que Sixel se mostró inflexible e impermeable a la autocomplacencia del universo *Mad Max*. En los más de dos años que invirtió en la edición -entre marzo de 2012 y abril de 2015 (HULLFISH, 2016)-, se puso por norma no utilizar tomas similares si no aportaban nueva información, en un intento por hacer que la historia progresara con cada nuevo fotograma. En este sentido, su trabajo se opone al de Michael Bay, cuyo cine Sixel descarta al declarar que «No me gusta el montaje sin sentido. Me irrita» (ROCHLIN, 2016). La edición permitió a George Miller crear una narración muda en la que los diálogos carecen casi por completo de importancia. En una película en la que la elipsis, la sugerencia más que la explicación y la asociación por imagen se convierten en los principales motores narrativos, todos y cada uno de los elementos se ponen a disposición de la trama.

La guerrera de la carretera

Curiosamente es en la trama donde Miller se perfila como un cineasta profundamente transgresor y extraordinario. Con una línea argumental aparentemente mínima -la persecución de un camión de abastecimiento a través del desierto-, da la vuelta a su universo postapocalíptico y presenta su relato en clave femenina. El loco Max se convierte en esta última entrega de la saga en una excusa y el protagonismo absoluto del largometraje recae sobre Imperator Furiosa, interpretada por Charlize Theron:

> Cuando George me dijo que quería crear una guerrera de la carretera que pudiera estar al lado de este gran personaje icónico como una igual, le creí y no me ha defraudado. Había material suficiente para dos personajes, que no tenían que colarse el uno por el otro, o tan siquiera hacerse amigos, porque no hay espacio para las relaciones en ese lugar (VV.AA., 2015: 8)

Miller rompe con el estereotipo de la damisela en apuros y ubica a Furiosa junto a otros personajes femeninos clave de la historia del cine como Ellen Ripley o Sarah Connor. Sin embargo, no será esta la única mujer fuerte que presente *Furia en la carretera*. A su lado viajan las cinco esposas de Immortan Joe, cinco criaturas esclavizadas que han pasado toda su existencia en un entorno protegido del mundo. A la cabeza de este grupo se encuentra Angharad, la favorita de Joe, que tomará decisiones tremendamente arriesgadas dado su avanzado estado de gestación. Para dar forma a la psicología de estas mujeres maltratadas, George Miller se puso en contacto con la feminista y activista

Eve Ensler, quien viajó a Namibia para impartir a las actrices una serie de seminarios sobre la violencia contra las mujeres en zonas de guerra (RICH, 2015) o sobre las Confort Women, prostituidas por el ejército japonés (DOCKTERMAN, 2015). Con dichas herramientas, las intérpretes hallaron los recursos para plasmar en la pantalla el progresivo empoderamiento de sus personajes. Notable es, en muchos aspectos, Angharad, una mujer que lidia con los sentimientos encontrados que le genera su maternidad forzada usando su cuerpo como escudo para defender a su grupo.

A través de Furiosa, de las esposas y del grupo de motoristas Vuvalini, el argumento definitivo de *Furia en la carretera* se perfila como una lucha de sexos, como una batalla entre la vida y la muerte en la que las mujeres encarnan la esperanza y los hombres la devastación. La mejor ejemplificación de esta dicotomía la encontramos en el término que Angharad usa para referirse a las balas: "antisemillas", ya que cuando plantas una, alguien muere. Así la Ciudadela -dirigida por Immortan Joe- y el Paraje de las Muchas Madres se convierten en los polos opuestos de dos visiones del mundo antagónicas (POOLE, 2016). El reinado de Immortan Joe es insostenible, y debe cambiarse el rumbo de la historia erradicando el patriarcado y provocando el alzamiento de un sistema matriarcal.

Este sorprendente giro de la historia enfureció a los fans más acérrimos de la saga, quienes vieron en el personaje de Furiosa un ataque contra la masculinidad tradicional y la representación de la cultura americana, por lo que propusieron un boicot a través de la asociación Men's Rights Activists. Este acto de misoginia quedó finalmente en lo anecdótico pero refleja una tensión y una resistencia al cambio inherente en la maquinaria de Hollywood, donde la mayoría de las películas de gran presupuesto tienden a apostar sobre seguro. Afortunadamente, George Miller ha conseguido libertad presupuestaria no solo para rodar una película física y trepidante, donde los efectos especiales tienen un papel primordial, sino para demostrar que los géneros cinematográficos no pertenecen a un sexo o a otro sino a las demandas y a la coherencia interna de la historia que se esté desarrollando.

CINE PENSADO / Mad Max: Furia en la carretera

Una de las vibrantes composiciones de cuadro que usan el color como estrategia narrativa.

MAD MAX: FURY ROAD (2015)
País: **Australia, EE.UU.**
Dirección: **George Miller**
Guion: **Nico Lathouris, Brendan McCarthy, G. Miller**
Fotografía: **John Seale**
Montaje: **Margaret Sixel**
Música: **Junkie XL**
Diseño de producción: **Colin Gibson**
Vestuario: **Jenny Beavan**
Intérpretes: **Tom Hardy, Charlize Theron, Nicholas Hoult, Zoë Kravitz, Rosie Huntington-Whiteley, Nathan Jones, Riley Keough**
120 minutos
Distribuidora DVD: **Warner**
Estreno en España: **15.5.2015**

Filmografía de George Miller como director

- *Mad Max: Furia en la carretera* (*Mad Max: Fury Road*, 2015)
- *Happy Feet 2* (2011)
- *Happy Feet, rompiendo el hielo* (*Happy Feet*, 2006)
- *Babe, el cerdito en la ciudad* (*Babe, Pig in the City*, 1998)
- *40.000 Years of Dreaming* (1997)
- *El aceite de la vida* (*Lorenzo's Oil*, 1992)
- *Las brujas de Eastwick* (*The Witches of Eastwick*, 1987)
- *Mad Max 3: Más allá de la cúpula del trueno* (Mad Max Beyond Thunderdome, 1985)
- *Mad Max 2: El guerrero de la carretera* (*Mad Max 2: The Road Warrior*, 1981)
- *Mad Max: Salvajes de autopista* (*Mad Max*, 1979)

FUENTES

• BÉGHIN, Cyril (2016). Boites noires: Entretien avec Tim Siddons de Blackmagic. *Cahiers du Cinéma*, 719, 32-33.

• BYRNES, Paul (2006). Interview for Australian Screen with George Miller. *Australian Screen*. 2006 <http://aso.gov.au/people/George_Miller_1/interview/>

• DOCKTERMAN, Eliana. Vagina Monologues Writer Eve Ensler: How Mad Max: Fury Road Became a 'Feminist Action Film'. *Time*. 7 mayo 2015 <http://time.com/3850323/mad-max-fury-road-eve-ensler-feminist/>

• HAENNI, Sabine, BARROW, Sarah y WHITE, John (ed.) (2015). *The Routledge Encyclopedia of Films*. London: Routledge.

• HULLFISH, Steve (2016). Art of the Cut with Margaret Sixel, Editor of Mad Max: Fury Road. *Provideo Coalition*. 13 marzo 2016 <http://www.provideocoalition.com/art-cut-margaret-sixel-editor-mad-max-fury-road/>

• NEDOMANSKY, Vashi (2016). The Fastest Cut: Furious Film Editing. *Vashi Visuals*. 14 enero 2016 <http://vashivisuals.com/the-fastest_cut/>

• POOLE, Jacobo. Semillas de vida y muerte. Mad Max: Fury Road (parte III). *FilaSiete*. 15 marzo 2016 <http://filasiete.com/noticias/vestuario/semillas-de-vida-y-muerte-mad-max-fury-road-parte-iii/>

• RADFORD, Michael (2015). Mad Max: Fury Road. Q&A with George Miller. *Youtube*. 30 septiembre 2015 <https://www.youtube.com/watch?v=v83-nEK_Qos>

• RICH, Katey (2015). Mad Max: Fury Road Director George Miller: I Can't Help but Be a Feminist. *Vanity Fair*. 14 mayo 2015 <http://www.vanityfair.com/hollywood/2015/05/mad-max-fury-road-george-miller-interview>

• ROCHLIN, Margy (2016). Oscars 2016: How one film editor goes from her first action movie, 'Mad Max: Fury Road', to an Oscar nod. *Los Angeles Times*. 28 enero 2016 <http://www.latimes.com/entertainment/la-en-craft-mad-max-20160128-story.html>

• STERNBERGH, Adam (2016). Mad Max: Fury Road Director George Miller on His Unlikely Oscar Contender and Even Unlikelier Career. *Vulture*. 12 febrero 2016 <http://www.vulture.com/2016/02/george-miller-mad-max-oscars-interview.html>

• STORK, Matthias (2011). VIDEO ESSAY: CHAOS CINEMA: The decline and fall of action filmmaking. *IndieWire*. 22 agosto 2011 <http://www.indiewire.com/2011/08/video-essay-chaos-cinema-the-decline-and-fall-of-action-filmmaking-132832/>

• VV.AA. (2015). Mad Max: Fury Road Presskit. Mayo 2015.

Mandarinas (Zaza Urushadze)

JUAN ORELLANA

Mandarinas es un proyecto muy personal del director Zaza Urushadze. Él nació en Tbilisi (Georgia) en octubre de 1965, hijo del famoso portero de fútbol de la Unión Soviética, Ramaz Urushadze.

Estudió en la Georgian State University of Theatre and Film, donde se graduó en 1988 en la especialidad de dirección de cine. Luego trabajó como director de la Georgian Film Studio hasta 1999. Entre 2002 y 2004 dirigió el Georgian National Film Center. A lo largo de su vida perdió amigos en diversos conflictos bélicos de esa región, que ha sido un polvorín en las últimas décadas. De hecho la película que nos ocupa está dedicada a Levan Abashidze, un actor georgiano que murió en la guerra abjasa. A raíz de esas experiencias personales, Urushadze quiso hacer un largometraje cuyo tema fuera lo irracional de la guerra, como mensaje universal, no limitado a esa zona de conflicto. «Quería contar la historia de los miles de compatriotas que desde hace 150 años vivían en Abjasia y tuvieron que huir y a la vez hablar de los valores humanos que prevalecen a pesar de la guerra». El realizador apunta en ese sentido que, «en el fondo, la guerra no es más que un escenario» y por tanto, los sucesos narrados en el filme son la anécdota para señalar que «la guerra es una gran estupidez». Urushadze tenía las ideas tan claras que invirtió solo dos semanas en la elaboración del guion, algo asombroso para una película tan redonda y con tanto éxito de crítica y público (15 minutos de ovación de pie en su estreno en Georgia).

El argumento

Esta conmovedora película estonio-georgiana es un drama de ficción histórica que se ambienta en la guerra abjasio-georgiana que tuvo lugar a principios de los noventa (1992-1993), cuando la región georgiana de Abjasia se negó a independizarse de Rusia contraviniendo así los deseos separatistas del gobierno de Georgia.

El argumento se centra en Ivo (Lembit Ulfsak), un ebanista de origen estonio que vive en medio del monte junto a Margus (Elmo Nüganen), que cultiva y vende mandarinas, cuyas cajas precisamente fabrica Ivo. Un día, delante de su casa tiene lugar un tiroteo en el que resultan heridos dos soldados enemigos entre sí, un georgiano cristiano -Nika (Misha Meskhi)- y un mercenario checheno musulmán -Ahmed (Giorgi Nakashidze). Ivo les lleva a su casa donde les cuida por separado. Cuando ellos se dan cuenta de que ambos viven bajo el mismo techo surge un deseo de eliminarse mutuamente, que solo la férrea autoridad moral de Ivo logrará frenar. A medida que se recuperan de sus heridas, y gracias al clima de convivencia inducido por Ivo, Nika y Ahmed empiezan paulatinamente a verse mutuamente como seres humanos y no como meros enemigos. Finalmente, y debido a un nuevo escarceo bélico, Nika dará su vida por Ahmed. Ivo le enterrará junto a su hijo, asesinado por un georgiano en una guerra anterior.

Temática

El peso dramático del filme reside en el arco de transformación de los personajes de Nika y Ahmed. Al comienzo del largometraje ellos están definidos por su condición político-militar; al final, por su condición humana. Al principio solo reconocen sus diferencias; al acabar, lo que tienen en común. «Podemos ser de diferentes orígenes, de diferentes estados, de diferentes creencias, pero todos somos humanos. Este es el mensaje de la película que deberíamos recordar: lo más importante es seguir siendo humanos», declara el cineasta. «Gente sin fronteras, ese es probablemente el *leit motiv* de mi película. Diferentes nacionalidades, creencias religiosas que se oponen, enemigos que se convierten en amigos. Personas que gradualmente se van dando cuenta que no es necesario ser enemigos». Este arco de transformación cuenta con un catalizador, que es el personaje de Ivo, un buen samaritano que por su historia personal -la muerte de un hijo a manos de los georgianos- está convencido de la inutilidad de la guerra. Una guerra que, aunque no ha podido evitar a escala nacional, puede evitar ahora en su propia casa, y lo hará sin armas, con la única autoridad moral que le da haber salvado la vida de ambos contrincantes. Y de esta forma, los personajes recuperan su dignidad. «Quiero mostrar, antes que nada, un valor que en un conflicto, con frecuencia, se pasa por encima: el valor de la humanidad».

Pero el director no quiere caer en la inautenticidad de un camino de rosas. Por ello es necesario que muera un inocente, Margus, el cultivador de mandarinas. La bondad de la obra de Ivo no sale gratis, no es una victoria sin sombras, tiene un coste injusto, el sacrificio de un hombre bueno que hace tangible la inhumanidad perversa de la guerra. «Esta película es, sobre todo, una historia sobre personas que se encuentran en una situación que escapa a su control y les obliga a renunciar a su naturaleza humana». Aunque el tema del filme es sencillo y claro, no está desarrollado de forma ingenua o simplista. Al estar declinado dentro de los más rigurosos cánones del realismo, y al estar supeditado a los personajes y a la interpretación verista de los actores, el tema del filme no emerge de manera didactista mostrando las costuras del guion, sino que aflora inseparable y pegado a la piel de los personajes y de las tramas.

Son muchas las películas que han querido señalar la locura de la guerra, y muchos son maestros del séptimo arte lo que han querido decir su palabra propia al respecto, como Kubrick (*La chaqueta metálica*, *Senderos de gloria*), F. F. Coppola (*Apocalipsis Now*), Oliver Stone (*Platoon*) o Terrence Malick (*La delgada línea roja*)... Urushadze se alinea más bien con una mirada más discreta e intimista en la que la guerra no es la protagonista, sino un personaje secundario. En ese sentido, tiene más que ver con filmes como *Disparando perros* (Michael Caton-Jones, 2007), *Secretos de guerra* (Dennis Bots, 2014) o *Cartas desde Iwo Jima* (Clint Eastwood, 2007), por citar tres ejemplos.

Lenguaje fílmico

Zaza Urushadze utiliza en esta cinta dos elementos que, más allá de convertirse en una marca personal de la puesta en escena, tienen una funcionalidad precisa. Por un lado, el cineasta es casi incapaz de mantener la cámara fija; la mueve constantemente, pero de una forma tan discreta que puede pasar desapercibida ante el espectador poco avezado. Sin embargo, esos minúsculos travellings, que a veces desplazan la cámara apenas unos escasos centímetros, imprimen a la narración la sensación de que algo está

El plano americano permite enmarcar a los personajes en su entorno, sin aislarlos.

pasando continuamente, más allá de la evidencia de lo que vemos. Eso que pasa y que no vemos es precisamente el misterioso devenir del alma de los personajes. Ese mundo interior cuajado de dolor, de espera, de rencor, de anhelos... apenas se exterioriza en las acciones de los personajes, duros y curtidos en la rudeza, pero la cámara sí sabe verlo, como si se tratara del aura, y se desplaza sin descanso mostrando un dinamismo, una vida, que fluye por debajo de la literalidad del guion. El otro elemento, muy unido a este, es la música del georgiano Niaz Diasamidze, vocalista principal del grupo 33a. Hay muy poca música en el film, Urushadze no tiene miedo del silencio, siempre elocuente, pero en ciertos momentos oímos una banda sonora muy sencilla, con instrumentos de cuerda, que subraya el acento dramático y emocional de la escena. Dentro de esa partitura hay una frase musical que se repite en varias ocasiones, incluidos el arranque y el final del filme. Es una melodía nostálgica pero bella, y que por un lado señala la tragedia y por otra la esperanza. Un sencillo hallazgo musical que se convierte en una pieza importante para la interpretación correcta del film. Lejos de lo que podría pensarse, no estamos ante una película de primeros planos. Los hay, naturalmente, pero predominan los planos medios y planos americanos. Urushadze no quiere aislar a los personajes de su contexto, quiere que entendamos en cada momento el marco en el que nuestros protagonistas tratan de ser humanos, el marco sombrío de la guerra y la pobreza.

La fotografía es siempre de tono bajo, pero no de sombras contrastadas. Al director no le interesa expresar un mundo donde las cosas son blancas o negras, sino grises, donde las personas son oscuras y claras a la vez. La fotografía en exteriores busca a menudo días nublados, por la misma razón, con algunas excepciones interesantes: en la recolección de mandarinas, cuya luminosidad soleada expresa ese oasis de humanidad que viven Ivo y Margus, y en la escena final de filme, que supone la superación de la guerra en aras de un reconocimiento profundo amistoso.

Desde el punto de vista de la narrativa del montaje, la película es muy clásica. Huye de largos planos secuencia, de ese cine de poesía que pone en evidencia la huella autoral. Es más bien un cine de prosa, en la terminología de Rohmer, con un montaje claro, nada efectista, sin ritmos sincopados o montajes impresionistas. Incluso en las escenas bélicas la limpieza, precisión y claridad del montaje consigue un realismo y una autenticidad que nada tiene que ver con la aparatosidad de tantas películas hollywoodienses. Tampoco es una película simbólica, ni con una estética metafísica al estilo de Bresson, Dreyer, Kaurismaki o Tarkovski, por citar algunos maestros europeos en la filmación del drama humano filme. En todo caso estaría más cerca de los postulados neorrealistas de Roberto Rossellini. El maestro italiano decía: «El neorrealismo consiste en seguir a un ser, con amor, en todos sus descubrimientos, todas sus impresiones. Se trata de un ser muy pequeño bajo algo que le domina y que, de repente, le golpeará horriblemente en el momento preciso en que se encuentre libremente en el mundo, sin esperar nada. Lo que para mí es importante es esta espera; esto es lo que se ha de desarrollar, mientras que la caída debe permanecer intacta». Esta definición expresa muy bien la puesta en escena limpia y trasparente de Urushadze.

Interpretación de actores

Estamos ante una película de personajes. Urushadze no recurre a exhibicionismos macabros ni a grandes escenas bélicas, y nos transmite sin embargo la vivencia personal y humana del sinsentido de la misma con gran elocuencia. *Mandarinas* es capaz de retratar lo irreductible de la condición humana que se mantiene viva o latente en medio de cualquier tragedia o devastación moral. Por ello, la elección del reparto y la dirección actoral son aspectos clave del éxito del filme. El estonio Lembit Ulfsak tenía 67 años cuando se rodó la cinta.

Con más de una veintena de papeles a sus espaldas, consigue encarnar un personaje sobrio en las formas, muy duro de carácter y muy sólido éticamente. Como reconoce el cineasta: «Ivo es muy humano. Tiene todas las características que distinguen a los humanos de los animales (indulgencia, deseo de perdonar y comprender, tolerancia, sensibilidad y empatía, etc). No es envidioso y conserva su mente abierta a pesar de todas las circunstancias que les rodean. De esto básicamente trata la película: de la humanidad».

El georgiano Giorgi Nakashidze, de 44 años es un actor con antecedentes policiales por conductas violentas. Quizá por ello resulta tan realista su interpretación de militar sin escrúpulos. Y es que el realismo es el objetivo del director en relación con el trabajo de sus actores: «Yo quería realizar una película realista, así que las interpretaciones tenían que ir acorde con mis ideas. En cine los actores deben saber perfectamente cuál es su movimiento, tener clara cada mirada, cada entonación y, a diferencia del teatro, cuentan con mucha menos improvisación [...] Por eso el director debe saber transmitir sus ideas y comunicarse con ellos, al igual que con todo el equipo, para poder hacer que sus ideas se conviertan en realidad. En mi caso estoy muy contento con el resultado. Para conseguirlo he pedido concreciones al reparto, hemos ensayado mucho, pero nada de improvisación. Eso chocaba con el realismo que quería transmitir».

La producción

Estamos sin duda ante una película pequeña (650.000 euros), si la comparamos con los costes habituales de una película de ambiente bélico. Pero para una coproducción estonio-georgiana, es un presupuesto que estimable. *Mandarinas* contó con un apoyo del Ministerio de Cultura de Georgia, aunque las contribuciones económicas por parte de Estonia fueron más importantes.

Por ejemplo, el año en que se produjo el filme, el Estado aportó solamente dos millones de euros para todo el sector cinematográfico. Lo interesante es que está película no se ve en absoluto afectada por contar con un modesto presupuesto. Los escenarios son pequeños, porque son pequeños los entornos vitales de nuestros protagonistas. La película no quiere mostrarnos la guerra abjasa en sus macrodimensiones, sino el eco particular de esa guerra en la vida de dos hombres que viven en medio de un bosque, sin televisiones ni internet. De hecho todas las localizaciones se remiten, o al interior de la casa de Ivo, o a los alrededores e la misma. Estas limitaciones de producción son coherentes con el hecho de que la puesta en escena en ningún momento se separa del punto de vista del personaje. La falta de información del contexto es la misma que padece el protagonista, porque lo que importan son las experiencias vitales inmediatas.

CINE PENSADO / Mandarinas 165

MANDARIINID (2013)
País: **Estonia, Georgia**
Dirección y Guion: **Zaza Urushadze**
Fotografía: **Rein Kotov**
Montaje: **Alexander Kuranov**
Música: **Niaz Diasamidze**
Diseño de producción: **Irakli Mchedlidze, Tea Telia**
Vestuario: **Simon Matchabeli**
Intérpretes: **Lembit Ulfsak, Elmo Nüganen, Giorgi Nakashidze, Misha Meskhi, Raivo Trass**
87 minutos
Distribuidora DVD: **Karma**
Estreno en España: **30.4.2015**

Filmografía de Zaza Urushadze como director

- *Mandarinas* (*Mandariinid*, 2013).
- *The guardian* (*Bolo gaseirneba*, 2012).
- *Three Houses* (*Sami Sakhli*, 2008).
- *Here Comes the Dawn* (*Ak tendeba*, 1998), premiada en el Kinoshok - Open CIS and Baltic Film Festival y elegida como representante de Georgia en la 72 edición de la Oscar.

Marte (Ridley Scott)
ANTONIO SÁNCHEZ-ESCALONILLA

Es bueno renovar nuestra capacidad de asombro -dijo el filósofo-. Los viajes interplanetarios nos han devuelto a la infancia». La cita es de Ray Bradbury y abre uno de sus libros capitales, *Crónicas marcianas*, una recopilación de relatos publicada en 1950 que imaginaba los primeros pasos del hombre sobre Marte, y que bien hubieran podido recogerse bajo el título de *Crónicas humanas*. Por entonces, la guerra fría y las circunstancias políticas obligaban a la humanidad a emprender una carrera espacial que, al mismo tiempo, conllevaba la exploración del cosmos soñada por novelistas, científicos y cineastas desde décadas atrás. En *Marte* (*The Martian*, 2015), Ridley Scott adapta la novela homónima de Andrew Weir y, aunque la acción sucede hacia 2030, consigue transportarnos asombrosamente hacia los años 70 del siglo pasado para recuperar el espíritu pionero de la última gran aventura colectiva de nuestro planeta. Todo ello en un tono nostálgico y al mismo tiempo optimista, con unas referencias a la cultura popular *vintage* que, en ocasiones, solo captará un espectador que haya vivido los hitos de los programas Mercury, Gemini y Apollo, de las misiones Viking y Pathfinder, o de la Lanzadera Espacial.

Si Bradbury asociaba asombro y nostalgia con los viajes espaciales, no resulta extraño que los cineastas también apelen a estas vivencias. En 1929, Fritz Lang incluía entre la tripulación espacial de *La mujer en la Luna* a un polizón adolescente que nunca se separa de sus cómics espaciales. En el clímax de la película de Scott -nueve décadas más tarde-, el astronauta Mark Watney (Matt Damon) decide emular a Iron Man y realiza un vuelo cósmico para reunirse con sus compañeros a bordo de la Hermes. Scott acentúa la referencia a los superhéroes de Marvel al incluir en el casting a Kate Mara, Sebastian Stan y Michael Peña, que interpretan a los astronautas Johanssen, Beck y Martínez: unos actores que, precisamente, han dado vida a la Mujer Invisible en *Los Cuatro Fantásticos* (Josh Trank, 2015), a Bucky Barnes, secundario fiel en *Capitán América: El primer vengador* (2011), y al compañero de Scott Lang, más conocido como *Ant-Man* (Peyton Reed, 2015).

A falta de cómics, Johanssen se ha llevado al espacio sus videojuegos de los 80, entre los que destaca *Zork 2*, por entonces publicado en discos flexibles de 5 pulgadas y un cuarto, y apto para Commodores. Pero las referencias a la cultura popular y a la memoria del espectador se producen a través de la banda sonora diegética y extradiegética, abundante en temas asociados a los años de la carrera espacial. Así, la comandante Melissa Lewis (Jessica Chastain) profesa su afición por la música disco, los vinilos de Abba y la serie de los años 70 *Días felices*, inspirada en los 50, por lo que no resulta nada extraño que *Waterloo* suene durante la secuencia en que Watney acondiciona el cohete Ares para su viaje definitivo. El propio marciano posa por primera vez ante las cámaras de la NASA imitando a un personaje de *Días felices*, todo un guiño a la ingenuidad social norteamericana en los tiempos del Sputnik y del Explorer. Escenas atrás, el espectador también ha escuchado el tema *Starman*, de David Bowie, mientras los astronautas de la nave Hermes recuperan una sonda lanzada desde China.

El guion espacial: Rescate, supervivencia y refundación

En términos emocionales, Scott realiza una apuesta por la nostalgia de las generaciones que crecieron durante la carrera espacial, y para ello aprovecha el material que el novelista Andrew Weir y el guionista Drew Goddard -que denominaba el libro como «una carta de amor a la ciencia» (FEAR, 2015)- extraen del imaginario social norteamericano.

En términos narrativos, por otra parte, el guion de *Marte* se estructura sobre una trama de rescate, búsqueda y huida -de acuerdo con la terminología de Tobias (1993)-, según un enfoque épico que Scott ya había empleado previamente en títulos como *Alien, el octavo pasajero* (1979), *Gladiator* (2000) y, sobre todo, en *Black Hawk derribado* (2001). Aunque varían el género y el tono dramático, la premisa argumental de esta última producción coincide con la aventura del botánico Mark Watney, dado por muerto y abandonado en el planeta rojo durante la evacuación de emergencia ordenada por Lewis, comandante de la Misión Ares III en Acidalia Planitia. Cuando en la NASA descubren que Watney ha sobrevivido a la tormenta marciana, la agencia pone en marcha un dispositivo de rescate a millones de kilómetros de distancia, mientras la tripulación de la Hermes intenta llevar a cabo un plan mucho más audaz, si no imposible.

Estas acciones de rescate se desarrollan en una doble línea argumental con sede en la Tierra y en la Hermes, y transcurren en paralelo con la línea narrativa del protagonista en Marte: un botánico que emplea sus conocimientos de química, física, telecomunicaciones y biología para sobrevivir en un entorno hostil. La lucha de Watney por la supervivencia remite a las tramas de huida: aquellas en las que el protagonista se rescata a sí mismo de un peligro. Y así, el marciano se las ingenia para obtener agua y cultivar patatas en el interior del HAB, el complejo científico donde residía con el resto de la tripulación. Junto a la fragilidad de las condiciones vitales del protagonista, la tensión del guion se apoya también sobre un recurso de cuenta atrás que se precipita tras un accidente sufrido en el complejo: las provisiones de alimentos de Watney se reducen dramáticamente, al tiempo que aumenta la premura en la misión de rescate. Finalmente, junto a las tramas de huida y rescate, el protagonista desarrolla también una trama de búsqueda según la modalidad de refundación del hogar, pues el botánico consigue transformar el desierto marciano en un entorno habitable, como un verdadero colono.

Los protagonistas de la triple línea de acción -Watney en Marte; Lewis y su tripulación a bordo de la Hermes; control de misión en Houston- resultan igualmente activos, y en este factor reside en buena medida el impulso dramático del guion de Goddard. Watney no es una víctima pasiva que aguarda un rescate, lo cual hubiera volcado todo el interés en las penalidades sufridas en Houston y en la Hermes. El verdadero foco dramático del argumento se centra en la carrera de obstáculos que el botánico se ve obligado a superar, y que ponen a prueba la audacia, la tenacidad y el equilibrio emocional del héroe superviviente, cualidades que -por otro lado- también presentaba Ripley en *Alien, el octavo pasajero*, primera incursión épica de Scott en el panorama espacial.

El guion de *Marte* presenta el mismo esquema de conflictos básicos de acción que *Apolo 13* (Ron Howard, 1995) y *Atrapados en el espacio* (John Sturges, 1969): una estrategia rescate-supervivencia recurrente en este tipo de cine.

Atrapados en el espacio, estrenada en EE.UU. cinco meses después de que Armstrong pisara la Luna, relataba los apuros para regresar a la Tierra de tres astronautas a bordo

Ridley Scott pidió a Matt Damon que se inspirara en los pilotos de pruebas de *Elegidos para la gloria*.

de un módulo Apolo (con Gene Hackman a los mandos), mientras aguardan el rescate organizado por el director de la misión (Gregory Peck). Veinticinco años después del filme de Sturges, y siguiendo una premisa idéntica, *Apolo 13* recreaba los hechos históricos acontecidos durante la tercera misión lunar de la NASA, cuando la explosión de un tanque de oxígeno provocó unas circunstancias de tensión difícilmente igualables por el mejor guionista de ficción. Tanto en 1969 como en 1995 o 2015, la hostilidad del medio espacial, el aprovisionamiento y las peculiaridades del viaje constituyen la principal fuente dramática de obstáculos para la supervivencia de todo astronauta. En el argumento de *Marte*, Goddard y Weir siguen los pasos iniciados por Fritz Lang casi noventa años atrás en *La mujer en la Luna*, con unos protagonistas enfrentados a idénticos problemas: limitación de combustible, problemas de propulsión, carencia de oxígeno vital y tensión de fuerzas gravitatorias.

Atrapados en el espacio añadió a estas fuentes tradicionales de conflicto las tensiones entre la tripulación y el control de misión en Houston, como también sucede en *Marte*. La figura antipática del director de la NASA Sanders (Jeff Daniels), más interesado en la imagen de la agencia que en el éxito de la propia misión de rescate, responde a uno de los arquetipos del género. Además de Sturges, Philip Kaufman también lo había empleado en *Elegidos para la gloria* (1983) para establecer una oposición dramática entre los astronautas del proyecto Mercury y los burócratas de la agencia en Washington, siempre según el relato de Tom Wolfe. En clave de ficción, Clint Eastwood plantea también la dialéctica entre aventureros y gestores en *Space Cowboys* (2000), filme que muestra la oposición entre el directivo de la NASA interpretado por James Cromwell y un equipo de veteranos astronautas integrado por Tommy Lee Jones, Donald Sutherland, James Garner y el propio Eastwood.

En *Marte*, las tensiones entre la tripulación de la Hermes y el directivo Sanders llegan al extremo de provocar un motín a bordo, después de que el director de la misión (Sean Bean) filtre a la comandante Lewis un audaz plan alternativo de rescate: una última y peligrosa oportunidad que redoblará el interés de la acción en el acto tercero del guion. Para ello, la Hermes quedará integrada en un nuevo plan donde la Agencia Espacial China intervendrá junto a la NASA. La contribución internacional al rescate es un factor que parecía olvidado desde los tiempos de *Atrapados en el espacio*, en cuya trama intervenía la acción benefactora de un cosmonauta soviético. Recientemente, el factor internacional se aprecia asimismo en *Gravity* (Alfonso Cuarón, 2013) y *Tomorrowland* (Brad Bird, 2015), por lo que podría hablarse de la recuperación de un elemento dramático en el subgénero de aventuras espaciales.

Finalmente, existe también en *Marte* una trama romántica secundaria protagonizada por dos astronautas -Johanssen y Beck-, que remite al romance de Helius y Friede en *La mujer en la Luna* y a otros títulos como *Planeta rojo* (Anthony Hoffman, 2000) e *Interstellar* (Christopher Nolan, 2014). En todos estos casos, se trata de romances espaciales llevados en secreto con objeto de evitar daños a la misión, y que constituyen una suerte de trama de amor prohibido.

El astronauta: Colono, pionero, explorador

Watney, el protagonista de *Marte*, muestra una segunda dimensión épica que entronca con el imaginario popular norteamericano: la del pionero explorador en un territorio de frontera.

Como le advierten desde la Universidad de Chicago, su *alma mater*, el hecho de cultivar en Marte le convierte en un colono con derecho sobre la tierra: *Dicen que, una vez que cultivas en algún lugar, lo has colonizado oficialmente* -explica el botánico en su diario-. *Así que, técnicamente, he colonizado Marte. ¡En toda la cara, Neil Armstrong!*. La hazaña exploradora de Watney a lo largo de casi 500 soles sobre Marte lo convierte en un testigo de hechos maravillosos, un arquetipo específico entre los "valedores de la humanidad": héroes en cuya misión triunfan también los demás miembros de la raza humana, y cuyo afán de superación supone todo un ejemplo de virtud. Es el caso de aventureros solitarios como Amelia Earhart, Charles Lindbergh, Edmund Hillary, John Glenn o Valentina Tereshkova. En un momento determinado, cuando Watney ve cercana su muerte, pide a Lewis que visite a sus padres y les diga que murió *por algo grande y precioso, y más importante que yo.*

Acerca del heroísmo de Watney, Ridley Scott y Matt Damon hablaron bastante sobre la mezcla de dureza e ironía que el director deseaba reflejar en el protagonista:

> Cuando Matt [Damon] y yo hablábamos sobre Mark [Watney], la palabra que siempre aparecía era miedo. Él [Damon] no hacía más que repetir: "Mi personaje rara vez parece asustado", y eso es muy extraño... ¡Se ha quedado tirado en el maldito Marte! Entonces yo le repetía que se acordara de *Elegidos para la gloria*. Pilotos de pruebas que no mostraban ningún miedo. Llegado el caso, no podían afrontar aterrorizados ninguna situación. Cuando Chuck Yeager rompió la barrera del sonido, tenía un brazo roto y dos costillas fracturadas... (FEAR, 2015)

El pionero solitario que establece su hogar sobre territorio ignoto y hostil constituye un arquetipo imprescindible en el imaginario del *American Dream*. La cabaña tecnológica de Watney nos traslada de inmediato a los colonos de filmes como *Centauros del desierto* (John Ford, 1956), sometidos a peligros y tensiones sobre una tierra que, en palabras de uno de sus personajes, quizás necesite ser abonada con sus propios huesos antes de fructificar prósperamente. A este respecto, el propio Scott se refiere al planeta Marte como el villano de la película: «¡Marte es el monstruo que podría matarte en un solo latido! No le importaría en absoluto. Pero, aún así, quería mostrar Marte en toda su belleza, aunque solo fuera porque no entendemos aún lo que significaría para el ser humano» (BRODY, 2015).

El huerto de patatas del astronauta sobre suelo marciano constituye, por tanto, algo más que una broma del guionista sobre la terraformación, o proceso mediante el cual el clima y la superficie de Marte podrían transformarse para crear un entorno habitable. Junto al colono se encuentran unidos también los conceptos de frontera, exploración y prosperidad, principios esenciales del sueño americano. A propósito de la terraformación y los proyectos sobre transporte planetario, podemos recordar aquí las palabras de Robert Zubrin, ingeniero aeroespacial que asesoró *Misión a Marte* (Brian de Palma, 2000), impulsor de la Mars Society y valedor de la colonización marciana frente a las reticencias de la NASA y del Congreso a finales de siglo XX:

> Ambas capacidades [la terraformación y el transporte planetario] a su vez abrirían nuevas fronteras, cada vez más desplazadas, en el sistema solar exterior. Los retos

más difíciles que plantean estos nuevos límites impulsarían las tecnologías necesarias para la obtención de fuentes de energía y propulsión. La clave consiste en no dejar el proceso paralizado. Si así se permitiera, la sociedad quedaría cristalizada y estática, reacia al progreso. Esto es lo que define nuestra época actual como una época de crisis. Nuestra antigua frontera está cerrada (ZUBRIN, 1994)

Citando a Turner, historiador que propuso la teoría de la frontera como motor de la expansión norteamericana (FARAGHER, 1998), Zubrin se lamenta ante la paralización de los viajes tripulados más allá de la Luna, frontera establecida en 1969 y aún por desplazar. *Marte* plantea la paradoja de una época futura, no muy lejana, donde los viajes interplanetarios son una realidad y en la que, sin embargo, la nostalgia por el espíritu de los 60 y los 70 resulta inevitable. De todas las emociones suscitadas por el filme de Ridley Scott, quizás sea ésta la más auténtica en cuanto despierta los recuerdos de una época no tan lejana, a través de iconos de la cultura popular. Christopher Nolan juega con este mismo sentimiento en *Interstellar* a través del granjero Cooper (Matthew McConaughey), que en 2065 se niega a abandonar el recuerdo de los viajes espaciales, en una época en que los libros de historia niegan la llegada del hombre a la Luna. Su hija Murph ha quedado contagiada de este sentido de aventura y conserva en su habitación la maqueta de un módulo lunar del proyecto Apolo.

Junto a otros títulos como *Gravity*, *Interstellar* y *Tomorrowland*, *Marte* aparece entroncada en una reciente tendencia de Hollywood que, en los últimos cinco años, trata de recuperar la exploración del cosmos mediante una vuelta al espíritu de la carrera espacial, en un tono que apela a la memoria y al imaginario norteamericanos. Algo que a la NASA -su logo aparece en todos estos títulos- le interesa promover entre la audiencia y entre los contribuyentes, en especial tras la puesta en marcha del actual Proyecto de Lanzadera SLS, que prevé un regreso tripulado a la Luna en 2021. Hasta el momento, como amargamente recordaba Zubrin, la frontera histórica de la exploración humana se encuentra precisamente en la Luna, si bien la ciencia-ficción cinematográfica se ha encargado de proyectar o discutir las expectativas del viaje hacia el sistema solar interior -*Marte*, *Gravity*, *Tomorrowland*- o incluso exterior -*Interstellar*-.

Ridley Scott reúne en una sola historia dos gestas heroicas igualmente poderosas: el rescate colectivo que reúne a la humanidad y la supervivencia de un solo hombre -resulta emocionante el encuentro final entre Jessica Chastain y Matt Damon-, mientras el director evoca la contemplación, el espíritu de aventura y la exploración como notas genuinamente humanas. Por todo ello puede asegurarse que *Marte* es, hasta el momento, la película definitiva sobre los viajes espaciales.

Matt Damon junto a Jessica Chastain: los protagonistas de la doble trama de supervivencia y rescate.

THE MARTIAN (2015)
País: **EE.UU.**
Dirección: **Ridley Scott**
Guion: **Drew Goddard**
Fotografía: **Dariusz Wolski**
Montaje: **Pietro Scalia**
Música: **Marco Beltrami**
Diseño de producción: **Arthur Max**
Vestuario: **Janty Yates**
Intérpretes: **Matt Damon, Jessica Chastain, Kristen Wiig, Jeff Daniels, Michael Peña, Sean Bean, Kate Mara, Sebastian Stan, Aksel Hennie**
144 minutos
Distribuidora DVD: **Fox**
Estreno en España: **16.10.2015**

Filmografía de Ridley Scott como director (últimas 10 películas)

- *Marte* (*The Martian*, 2015).
- *Exodus: dioses y reyes* (*Exodus: Gods and Kings*, 2014).
- *El consejero* (*The Counselor*, 2013).
- *Prometheus* (2012).
- *Robin Hood* (2010).
- *Red de mentiras* (*Body of Lies*, 2008).
- *American Gangster* (2007).
- *Un buen año* (*A Good Year*, 2006).
- *El reino de los cielos* (*Kingdom of Heaven*, 2005).
- *Los impostores* (*Matchstick Men*, 2003).

FUENTES

- BRADBURY, Ray (2015). *Crónicas marcianas*. Barcelona: Minotauro.

- BRODY, Dave (2015). Making The Martian. Exclusive Interview with Director Sir Ridley Scott. *Space*, 01/10/2015 <http://www.space.com/30644-making-the-martian-ridley-scott-exclusive-interview.html>

- FARAGHER, John Mark (1998). *Rereading Frederick Jackson Turner*. The Significance of the Frontier in American History and Other Essays. New Haven: Yale University Press.

- FEAR, David (2015). The Martian: Inside Matt Damon and Ridley Scott's SciFi Thriller. *Rolling Stone*, 02/10/2015 <http://www.rollingstone.com/movies/news/the-martian-inside-matt-damon-and-ridley-scotts-sci-fi-thriller-20151002>

- KIRBY, David (2011). *Lab Coats in Hollywood. Science, Scientists and Cinema*. Cambridge, Massachusetts: MIT Press.

- McCURDY, Howard E. (2011). *Space and the American Imagination*. Baltimore: John Hopkins University Press.

- TOBIAS, Ronald (1993). *20 Master Plots and How to Build Them*. Cincinnati: Writer's Digest Books.

- WOLFE, Tom (2010). *Lo que hay que tener: Elegidos para la gloria*. Barcelona: Anagrama.

Mistress America (Noah Baumbach)
PABLO ECHART

La colaboración entre Noah Baumbach y Greta Gerwig en los largometrajes *Greenberg*, *Frances Ha* y *Mistress America* da fe de una fértil simbiosis creativa. El talento demostrado por Baumbach con anterioridad como director y guionista -recuérdese la rotunda *Una historia de Brooklyn* en las dos facetas, así como las colaboraciones de guion para Wes Anderson en *Life Aquatic* (2004) y *Fantástico Mr. Fox* (2009)- se expande en estas películas junto a Gerwig, y de manera muy especial en el díptico que configuran *Frances Ha* y *Mistress America*. Con esta última, Baumbach ha revalidado su estatus como uno de los «nuevos dandis» (LOSILLA, 2014) del cine estadounidense y, desde luego, como una voz fundamental de esa corriente que se ha dado en llamar el «American Smart Cinema» (PERKINS, 2012).

De la misma manera que corresponde a Gerwig un papel destacado en la consagración profesional de Baumbach, la actriz se ha destapado a su lado como una dotada guionista -suya es la génesis de *Frances Ha*, y comparten también créditos en esta ocasión- y se ha convertido, en palabras de Lena Dunham, en la reina *indie* de Hollywood (Dunham, 2013). Tras sus destellos en el cine *mumblecore* y sus interpretaciones para Woody Allen y Whit Stillman, Gerwig ha modelado en sus películas con Baumbach una imagen fílmica imponente. Siguiendo el atrevimiento de Dunham, diremos que con su personaje de Brooke en *Mistress America* Gerwig no solo ha afianzado su imagen como heroína romántica bohemia, sino que su encanto y singularidad le permiten medirse de tú a tú con Annie Hall, el referente indiscutible de este arquetipo durante las últimas cuatro décadas.

En sintonía con ciertas protagonistas de la *screwball comedy* -cuestión que abordaremos-, Brooke representa una criatura fascinante, capaz de cautivar al espectador, entre otros motivos por su «ingenio cortante y sueños grandiosos, impulsos salvajes y proyectos locos, observaciones incisivas y audacia sin límites» (BRODY, 2015). De su mano y de la de Tracy, su también atractiva escudera, Baumbach orquesta un relato que celebra la amistad femenina y versa sobre unos personajes que anhelan encontrar su lugar en el mundo.

La heroína carismática

Según argumenta con acierto Scott Tobias (2015), la irrupción de Greta Gerwig en la filmografía de Baumbach marca un giro de tono en sus filmes, que se vuelven más luminosos gracias a sus personajes. Hasta *Greenberg* incluido, expone Tobias, las películas de Baumbach habían incluido fuertes personajes desagradables y de influencia negativa para su entorno. Es el caso de la hermana cizañera en *Margot y la boda*, el narcisista padre de familia en *Una historia de Brooklyn*, y el carpintero egocéntrico y por momentos insufrible en *Greenberg*.

En esta última película, en la que comienza la relación profesional -y sentimental- de Gerwig y Baumbach, su personaje de Florence sirve de contrapunto al misántropo y tóxico Greenberg: Bambi se encuentra con Godzilla, sintetiza Tobias. Florence se perfila como una presencia luminosa que anticipa un parecido familiar con las posteriores Frances (*Frances Ha*) y Brooke (*Mistress America*), las tres "chicas normales" pero tocadas por la gracia y el gusto, vulnerables y vitalistas, e innegablemente genuinas. Como sucederá con sus sucesoras neoyorquinas (Frances y Brooke), Florence transmite una imagen risueña y *naif*, la de una joven que asume con deportividad su falta de proyección profesional, los fracasos de su desastrada vida sentimental y, en general, la inestabilidad que define su vida. Además, sin grandilocuencias, a su favor juegan su ausencia de malicia (que no ingenuidad), su talante empático y cariñoso (extensivo a los animales domésticos), y su naturaleza confiada y abierta.

Frente a la focalización dual de *Greenberg*, *Frances Ha* centra su atención en el retrato del personaje que interpreta Gerwig, el que da nombre a la película haciendo justicia a su omnipresencia narrativa y, sobre todo, a su condición carismática. No en vano, «el filme se expresa como un poema de amor a Frances y a la actriz que la interpreta» (TAUBIN, 2014: 17-18). Poco importa que Frances se considere una "espantachicos" por culpa de sus depurados gustos estéticos y sus opiniones singulares, como poco importa que la persiga una proverbial mala suerte que da pie a abundantes situaciones cómicas, o que su nomadismo dé cuenta de su falta de anclaje vital. Porque por encima de cualquier inconveniente o dificultad prevalece en ella una contagiosa alegría de vivir que estalla en momentos de gozo, «una envidiable energía vital» (HEREDERO, 2014: 14) que le permite siempre sobreponerse a las adversidades y que reviste con algunas de las cualidades más envidiables de la juventud: un espíritu soñador; un temperamento divertido y lúdico; o un cultivo fiel y generoso de la amistad, afecto que merece la más alta de las consideraciones y cuya traición Frances es capaz de perdonar.

Este celebratorio canto a la juventud y vehículo de lucimiento para Gerwig que es *Frances Ha* se prolonga en *Mistress America*, película que Baumbach rodó después de aquella aunque su exhibición en cines fuera posterior a *Mientras seamos jóvenes*, la cual ofrece una mirada más vitriólica de la juventud bohemia neoyorquina a partir de un relato de ambición en el que no se reconocen ni de lejos, sino más bien al contrario, las humildes y nada competitivas heroínas de Gerwig (WEISBERG, 2013). En *Mistress America*, la rendición idólatra a Brooke presenta un giro de tuerca más al adquirir un valor autorreflexivo, en la medida en la que al modo del *El gran Gatsby*, la narración se delega en un personaje que refiere su excepcionalidad. Este papel corresponde a Tracy, la adolescente que representa el rol de la hermanastra-que-podría-llegar-a-ser y que busca el apoyo de Brooke al sentirse desubicada en sus primeros pasos en la universidad.

Que Brooke va a ejercer sobre ella una influencia fascinante se evidencia desde el momento en el que se conocen: Brooke desciende las escaleras rojas de Times Square como si de una celebridad se tratara. Da comienzo aquí una secuencia que sirve para presentarla como un ser exuberante, una joven vitalista que rezuma optimismo, alegría, diversión, imaginación extravagante, un alocado carácter emprendedor, inquietudes creativas, verborrea ingeniosa, una visión desinhibida de las relaciones sentimentales, y un talante acogedor y abierto. Brooke es también una figura crepuscular, en la medida en que el fulgor que irradia se presenta en un momento en el que la juventud comienza a escapársele de las manos, a pesar de que ella afirme que pertenece a la misma generación que la "dieciochoañera" Tracy. Quizá es que, como le sucede a esta, todo el futuro de Brooke está por construir.

Ser joven en Nueva York

En un momento del filme, Tracy acude a un vidente para buscar orientación vital. Tras consultar la bola de cristal, aquél concluye el diagnóstico de su malestar afirmando que la joven se encuentra «un metro a la izquierda» de sí misma. Esta imagen sintetiza un desplazamiento esencial, una desubicación vital en la que se reconocen no pocos personajes de la filmografía de Baumbach: algunos, personajes de cierta edad que vieron truncadas sus elevadas ambiciones profesionales de naturaleza creativa; otros, más jóvenes, afanados aún en la difícil tarea de alcanzarlas. Los "cuarentones" interpretados por Ben Stiller en *Greenberg* y *Mientras seamos jóvenes* dan cuenta de lo primero: el carpintero resentido que echó al traste una prometedora carrera musical, y el director de cine documental que ha perdido "el swing" y asiste al despuntar de otro más joven. Si estos personajes "perdieron el tren" o se han quedado estancados, los interpretados por Gerwig en *Frances Ha* y *Mistress America* representan a quienes todavía buscan una oportunidad para cumplir sus sueños y encontrar de esa forma su lugar en el mundo. Esta es también la tesitura en la que se encuentra Tracy, que en el anhelo de abrirse camino como escritora deja de lado ciertas prevenciones éticas en relación con Brooke, que se siente utilizada por ella[1]. Y es que, como bien apreció Richard Brody (2015), Tracy es una autora en busca de un personaje... y no cabe duda que Brooke lo es.

La búsqueda del anclaje vital hace reverberar la idea del hogar tanto en *Frances Ha* como en *Mistress America*. En la primera, el personaje de Gerwig se distingue por un deambular nómada por distintos apartamentos de Nueva York -más puntuales viajes a París y a su natal Sacramento-, hasta que al fin consigue establecerse en un luminoso apartamento. Brooke, igualmente, busca un anclaje de identidad y geográfico: si Frances tenía problemas para definirse en relación con su trabajo, Brooke práctica el multiempleo, vive en un apartamento que legalmente es de uso comercial y, nada más y nada menos, sueña con montar un restaurante, pero también peluquería-bodega-tienda, al que llamará "Mom's". Acorde con las connotaciones de este nombre, Brooke lo visualiza como un local cálido, acogedor y familiar (y original, queda claro), en el que los comensales y los propietarios convivirían fraternalmente, un lugar donde no habría espacio para las personas negativas y donde los clientes podrían sentirse cómodos y a gusto, como si estuvieran «en casa».

A pesar de esta velada nostalgia por un hogar acogedor, el espacio familiar es despla-

---

[1] *"Mientras seamos jóvenes"* pone en juego un esquema análogo al hacer que un joven cineasta busque impulsar su carrera apoyándose de forma interesada en otro personaje. En todo caso, la imagen de este joven ambicioso es mucho más vitriólica, y desde luego mucho menos simpática y empática que la de Tracy, quien, a pesar de sus errores, adora genuinamente a Brooke y busca su complicidad sincera.

Brooke, dolida con Tracy. Y, además, están de acuerdo, el cuento no es muy bueno.

zado en este díptico por unas intensas relaciones de amistad femenina, una amistad que es puesta en crisis y recompuesta a la postre. En *Frances Ha*, los lazos familiares quedan completamente orillados para situar el foco en las relaciones de Frances con sus compañeros de apartamento y muy en especial con su amiga Sophie, a la que considera prácticamente como su doble cómplice: no en vano, desde la composición visual y el diálogo se presenta esta relación en términos análogos a una de carácter romántico. En *Mistress America* Baumbach juega con una paradoja: las dos jóvenes se conocen porque la madre de Tracy y el padre de Brooke se van a casar, lo que las convertirá en hermanastras; sin embargo, cancelada la boda y el consiguiente nexo familiar, nada impide que su relación se prolongue en calidad de amigas. También como en *Frances Ha* y según se ha mencionado, esta relación que las dos estiman es puesta en crisis cuando Tracy convierte a Brooke y sus circunstancias en objeto de lucimiento literario. El cuestionamiento de los límites éticos de la praxis artística remite inevitablemente a la figura de Woody Allen, admirada por Baumbach y a la que deja caer este y otros guiños, incluido la delectación en el nombre de Tracy, utilizado por Allen para la risueña protagonista de *Manhattan* (1979).

Exaltación de la comedia

Con *Frances Ha* Baumbach se doctoró como el más afrancesado de los cineastas de su generación. El reconocimiento a Truffaut se hacía lúdicamente explícito mediante la apropiación de la mítica composición musical que George Delerue creó para *Los cuatrocientos golpes* (1959). En gran medida por este carácter referencial, como bien advierte Losilla, *Frances Ha* se convierte en un filme manierista, cuya exuberancia estilística podría hacer «añorar el tono contenido de las anteriores películas de Baumbach» (LOSILLA, 2014) y transmite la sensación, en su indudable belleza, de haber llegado a un punto límite. Si el nombre de Frances no dejaba lugar a dudas sobre la principal -pero no única- fuente de inspiración del filme predecesor de Gerwig y Baumbach, el título de *Mistress America* remite a su vez a una tradición esencialmente americana: la de la *screwball comedy*. Con su genial asimilación y puesta al día, Baumbach esquiva el obstáculo indicado por Losilla y firma una película que sobresale por su combinación exacta de ligereza, encanto e interés semántico.

El engarce con la *screwball comedy* resulta de lo más natural a tenor, en primer lugar, de su irradiante protagonista femenina. Como las «fast-talking dames» (DiBATTISTA, 2003) de los años treinta, Brooke refuerza su gracia y espíritu vitalista con una idiosincrática forma de hablar. En este sentido, quizá la marca más distintiva sea la capacidad que demuestra para apoderarse de las conversaciones y convertirlas en una especie de monólogos divertidos, inteligentes e inclinados al disparate. Es elocuente que Gerwig (BLOOMENTHAL, 2015) exprese a propósito del filme su gusto por aquellas *screwball comedies* en la que uno o varios personajes se sitúan «en la cresta del lenguaje» y «surfean la escena» a través de sus réplicas; y que ejemplifique esta idea con las inconmensurables interpretaciones de John Barrymore y Carole Lombard en la nunca suficientemente bien valorada *La comedia de la vida* (Howard Hawks, 1934).

Por otro lado, como recuerda Baumbach (TOBIAS, 2015), las *screwball comedies* no solo eran muy verbales sino también muy físicas, y se percibe en *Mistress America* -como en *Frances Ha*- un deleite en capturar el movimiento de la actriz a lo largo de una escena. Afirma el cineasta: «Ella [Gerwig] es como Carole Lombard. Tiene gracia incluso cuando interpreta a un personaje trastabillado».

La pasión de la *screwball comedy* por las situaciones extravagantes encuentra acomodo en una secuencia extensísima -la de la visita al último exnovio de Brooke para pedirle ayuda económica- en la que un coro de personajes secundarios y menores se enzarzan en una sucesión muy divertida de momentos conflictivos y rocambolescos. La complicidad entre Brooke y Tracy se consolida y al instante se quiebra en la mansión en la que se dan cita un club de lectura de mujeres-embarazadas-superlistas (lectoras de Faulkner y Derrida), la novia patológicamente celosa de un amigo de Tracy, un vecino indiscreto que se suma a la situación porque sí, o la otrora amiga íntima de Brooke y ahora feroz antagonista (de sospechoso nombre Mamie-Claire). Siguiendo un patrón clásico de la *screwball*, y a través fundamentalmente del exnovio de Brooke, la narración expresa una continuidad entre la pleitesía al dinero -la enfermedad de los ricos, viene a decir- y la renuncia a los ideales personales y al consiguiente estancamiento vital. Así, el hecho de que Brooke no se haya "vendido" al capital explica en parte que mantenga intacta su energía y autenticidad. Quizá la inquietud de vivir en la precariedad sea el precio asumible de seguir siendo joven; o, dicho de otra manera, de seguir siendo un espíritu libre.

MISTRESS AMERICA (2015)
País: **EE.UU.**
Dirección: **Noah Baumbach**
Guion: **N. Baumbach, Greta Gerwig**
Fotografía: **Sam Levy**
Montaje: **Jennifer Lame**
Música: **Bretta Phillips, Dean Wareham**
Diseño de producción: **Sam Lisenco**
Vestuario: **Sarah Mae Burton**
Intérpretes: **Greta Gerwig, Lola Kirke, Matthew Shear, Jasmine Cephas Jones, Heather Lind, Michael Chernus, Cindy Cheung, Kathryn Erbe**
84 minutos
Distribuidora DVD: **Fox**
Estreno en España: **20.11.2015**

Filmografía de Noah Baumbach como director

- *De Palma* (2015).
- *Mistress America* (2015).
- *Mientras seamos jóvenes* (*While We're Young*, 2014).
- *Frances Ha* (2012).
- *Greenberg* (2010).
- *Margot y la boda* (*Margot at the Wedding*, 2007).
- *Una historia de Brooklyn* (*The Squid and the Whale*, 2005).
- *Highball* (1997).
- *Mr. Celos* (*Mr. Jealousy*, 1997).
- *Kicking and Screaming* (1995).

FUENTES

- BLOOMENTHAL, Andrew (2015). Gerwig and Baumbach: The Masters of Indie on Mistress America. *Creative Screenwriting*. 17.08.2015. Recuperado de <http://creativescreenwriting.com/gerwig-and-baumbach-the-masters-of-indie-on-mistress-america/>

- BRODY, Richard (2015). Mistress America and the Art of Making A Living As an Artist. *The New Yorker*. 24.08.2015. Recuperado de <http://www.newyorker.com/culture/richard-brody/mistress-america-and-the-art-of-making-a-living-as-an-artist>

- DiBATTISTA, Maria (2003). *Fast-Talking Dames*. New Haven: Yale University Press.

- DUNHAM, Lena (2013). Greta Gerwig's Rise as Hollywood New Indie Queen is Very Very Real. *Paper*. 23.05.2013. Recuperado de <http://www.papermag.com/greta-gerwigs-rise-as-hollywoods-new-indie-queen-is-very-very-real-1426935061.html>

- HEREDERO, Carlos (2014). Frances Ha. Elocuencia de lo incompleto. *Caimán Cuadernos de Cine*, 6, 14-15.

- LOSILLA, Carlos (2014). Los nuevos dandis. *Caimán Cuadernos de Cine*, 6, 6-10.

- PERKINS, Claire (2012). *American Smart Cinema*. Edimburgo: Edimburgh University Press.

- TAUBIN, Amy (2014). Tropiezos emocionales. *Caimán Cuadernos de Cine*, 6, 16-18.

- TOBIAS, Scott (2015). The Gerwigification of Noah Baumbach. *Slate*. 12.08.2015. Recuperado de <http://www.slate.com/articles/arts/culturebox/2015/08/in_mistress_america_greta_gerwig_challenges_noah_baumbach_s_negativity.html>

- WEISBERG, Jessica (2013). Greta Gerwig, Dancing with Herself. *The American Prospect*. 24.05.2013. Recuperado de <http://prospect.org/article/greta-gerwig-dancing-herself>

Mr. Holmes (Bill Condon)

JUAN PABLO SERRA

En mayo de 2012, coincidiendo con el lanzamiento en DVD de *Sherlock Holmes: Juego de sombras* (RITCHIE, 2011), la Guinness World Records anunció que, hasta la fecha, Sherlock Holmes era el personaje de ficción "humano" que más veces había aparecido en adaptaciones cinematográficas y televisivas. Un total de 254 apariciones en pantalla -48 más que Hamlet, la siguiente figura literaria en popularidad- y más de 75 actores habiendo encarnado al detective desde finales del siglo XIX avalaban tal anuncio (LEDWITH y ENOCH, 2012). ¿Qué puede añadir, entonces, una nueva entrega de sus andanzas al universo ficcional del personaje?

Cuando uno repasa la filmografía holmesiana, se encuentra todo tipo de adaptaciones, desde réplicas escrupulosamente fieles a la obra de Arthur Conan Doyle hasta revisiones libres realizadas no tanto a partir del original literario cuanto del mito presente en la cultura popular. Para entendernos, desde el Holmes escrupuloso, elegante y sereno de Jeremy Brett (COX, 1984-1994) -que muchos lectores de Doyle consideran como el más parecido al Holmes primigenio- hasta el estrafalario, exadicto y tecnófilo consultor de la policía de Nueva York de Jonny Lee Miller (DOHERTY, 2012) o el Holmes borrachín, perezoso, mujeriego y farsante de Michael Caine (EBERHARDT, 1988). Nada nuevo, en realidad. Con más de un siglo de vida, el personaje de Holmes y las coordenadas básicas (temáticas, psicológicas) que componen su universo narrativo hace tiempo que trascendieron el molde inicial para instalarse en el imaginario colectivo. Y es que la pareja formada por Holmes y Watson remite a numerosos universales humanos: idealismo y realismo, la búsqueda de la verdad y de la justicia, el amor, la amistad y la soledad, el lugar de la inteligencia en el conjunto de la vida humana... Además, simbólicamente, también remite a otras parejas literarias, siendo quizá la de Quijote y Sancho la que más a mano tenemos los lectores hispanos.

Acaso no haya mejor manera de probar la vigencia del personaje que lanzándoles una pregunta. ¿Alguno de ustedes no conoce a Sherlock Holmes? Y otra más. ¿Dirían que es un tipo listo? Si, como imagino, contestaron que "no" a la primera y "sí" a la segunda, entonces están en perfecta disposición para disfrutar la película que aquí se comenta. Lo están porque, si les suena el personaje, podrán divertirse estableciendo conexiones y comparaciones con según qué Holmes hayan convivido y/o privilegien en sus recuerdos. Pero también lo están porque si entienden que Holmes es inteligente, posiblemente es que ya estén en posesión, consciente o inconsciente, de una idea sobre lo que es la racionalidad humana. Las líneas que siguen simplemente pretenden esbozar una breve reflexión a partir de estos dos ejes, a saber, la reinterpretación del mito de Holmes y la consideración sobre la inteligencia que se desprenden de la película de Bill Condon.

Una paradoja actual

Hablar de Sherlock Holmes en nuestro tiempo no deja de tener algo de paradójico, pues es hablar de un símbolo de la inteligencia en una época que desconfía de la racionalidad. ¿Qué época? La posmoderna, por supuesto, caracterizada por un modo de pensar y vivir que encuentra eco en el ámbito estético, en el filosófico y en el sociopolítico y que, en aras de la brevedad, podríamos resumir como una actitud de sospecha.

Una actitud no es algo que se pueda teorizar ni concluir a partir de un razonamiento, pero sí se puede rastrear en sus orígenes e indicar en sus manifestaciones. Seguramente, las raíces de la sospecha posmoderna se hallen en los tres autores -Marx, Nietzsche y Freud- que Paul Ricoeur (1973) etiquetó como "maestros" de la sospecha y cuyo pensamiento, si tiene algo en común, es justamente la sospecha de la exaltación ilustrada de la razón, cuyos adalides presentan como garantía de saber cuando, en realidad, está condicionada por intereses económicos y de clase, es incapaz de conocer un mundo que es irracional y, además, está dirigida por el inconsciente dinámico.

De aquellos polvos, estos lodos, pues, ¿de qué sospecha el posmoderno? Fundamentalmente, del saber (LYOTARD, 1987). El posmoderno rechaza que haya algún conocimiento "privilegiado" acerca del mundo, de la historia, del ser humano, de Dios. Las distintas explicaciones que podemos encontrar en la ciencia, en la filosofía, en la literatura, en la economía, en la historia, en el arte... no son más que relatos, ficciones, que pueden ser más convincentes o persuasivos según quién lo defienda, pero que en modo alguno son más "verdaderos" que otros relatos, vengan de donde vengan (parapsicología, medicina mágica, astrología...). El conocimiento que tenemos del mundo es contextual, depende del momento, de las ciencias que en cada época tengan más prestigio, de los movimientos políticos, los proyectos de investigación financiados por la industria y los gobiernos, del grado de difusión que tienen ciertas investigaciones en prensa y medios... En última instancia, el mundo tal como es no se puede conocer, de ahí que haya que sospechar de cualquier discurso que se presente como un modo de "saber". En contra del proyecto moderno y su ideal de un conocimiento racional perfecto o basado en fundamentos incorregibles, el posmoderno enfatiza que la racionalidad y conocimiento humano *siempre* es interesado (FLAMARIQUE, 2010: 63-66), de ahí que a lo sumo pueda proponer una racionalidad débil.

Espiritualmente, por tanto, nuestro tiempo está muy lejos de aquel optimismo decimonónico basado en el auge de la ciencia y el positivismo que flotaba en el ambiente cuando Doyle escribió los relatos originales y que recoge magistralmente la película *Sherlock Holmes y el arma secreta* (NEILL, 1943), cuando su protagonista concluye que *no hay problema creado por la mente humana que la mente humana no pueda resolver*. El relato policial y detectivesco clásico, en efecto, partía de una cosmovisión para la cual «la realidad puede ser no solo conocida sino también controlada, ordenada tanto por la lógica como por la justicia» (PARDO GARCÍA, 2007: 250). En las obras de Doyle, Agatha Christie o Edgar Allan Poe lo racional triunfa sobre lo irracional y el orden se restaura tras el desafío al mismo representado por el crimen, generando así en el lector y/o en el espectador un sentimiento de seguridad y confianza epistemológica y moral. De esta manera, el relato «efectúa una especie de exorcismo racional de la irracionalidad y refleja una visión optimista y una actitud positivista ante una realidad potencialmente caótica» (PARDO GARCÍA, 2007: 250). El misterio se comprende, el caso se resuelve, los culpables son descubiertos y reciben su castigo.

El contraste con nuestra época no puede ser más pronunciado, pues si algo es cualitativamente paradigmático en muchos de los relatos detectivescos que se escriben o ruedan hoy en día es su carácter anti-detectivesco, esto es, la negación o cuestionamiento de que la mente humana pueda encontrar o dar sentido al mundo. El rasgo fundamental de este tipo de relato es, justamente,

> la suspensión de la solución, la no solución o la parodia de la solución, para así enfrentar al lector con la ininteligibilidad o la indeterminación del mundo: nada mejor para mostrar tales ideas que poner en escena un detective que se esfuerza por dar solución a un enigma pero que no lo encuentra o, si lo hace, es una solución problemática (PARDO GARCÍA, 2007: 251-252)

Bastaría recordar *La muerte y la brújula*, de Jorge Luis Borges (1997 [1942]), o *Insomnio*, de Christopher Nolan (2002), para entender de qué estamos hablando.

De ahí, en definitiva, lo llamativa que resulta la pervivencia de un personaje como Sherlock Holmes, cuyas historias nos ayudan a ver el mundo de un modo en que predomine el orden sobre el caos, el ser sobre la precariedad de la existencia. Dejando a un lado sus continuaciones literarias, la vigencia de este mito en la pantalla, hoy, solo se explica por los sucesivos intentos de distintos autores por desmontar -parcialmente, claro- la visión idealizadora de la inteligencia que contiene el relato canónico. Así, por ejemplo, en *La vida privada de Sherlock Holmes* (WILDER, 1970) la inteligencia puede ser vencida por el corazón; en la serie *Sherlock* (GATISS y MOFFAT, 2010), puede conducir al aislamiento y a resolver problemas sin comprenderlos; y en *Mr. Holmes*, la capacidad analítica se ve fatalmente limitada por la edad y la memoria.

La ficción como necesidad humana

En su concepción inicial, *Mr. Holmes* comparte algunos rasgos del relato anti-detectivesco. La acción se sitúa en 1947, en una casa de campo donde reside un avejentado Sherlock Holmes, retirado desde hace tres décadas tras haber sido incapaz de resolver un caso. Peina 93 años y la mayoría de sus allegados ha fallecido: de Watson, Mycroft, la señora Hudson, el inspector Lestrade o el doctor Moriarty solo queda el recuerdo. Y apenas. Solo Roger, el hijo del ama de llaves, hará las veces de aprendiz, instando al otrora mítico detective a que termine de escribir el relato de aquel misterio no resuelto. ¿Inconveniente? Que a duras penas puede Holmes rememorar todos los detalles. Sabe que el caso terminó mal, pero no por qué. *Debo haber hecho algo terrible*, se dice a sí mismo.

A partir de aquí, la película retoma el formato detectivesco clásico para narrar tres "casos" distintos: en el presente inmediato, Holmes y el pequeño Roger procuran averiguar qué o quién está causando la muerte de las abejas que el anciano cuida a diario; en el presente más extendido, Holmes evoca un viaje reciente a Japón, a donde se des-

Las abejas muertas, metáfora del deterioro del protagonista.

plazó a instancias de un corresponsal para encontrar una planta peculiar; y, por último, la película retrocede a 1919, en que el detective acepta el caso de Ann Kelmot, una mujer "hechizada" por una profesora de música.

Ciertamente, en la película se "resuelven" todos los casos. Y, de alguna manera, en las tres subtramas subyace una justificación lógica, acorde a la personalidad del protagonista, que practica la apicultura para obtener jalea real y demostrar sus propiedades curativas, que acude a Hiroshima para buscar una planta con que paliar sus deficiencias cognitivas, y que es capaz de descifrar las consecuencias psicológicas de la maternidad frustrada en la conducta errática de una esposa solitaria.

Bill Condon articula estos hilos mediante una puesta en escena correcta y predecible, así como de un montaje preciso y ajustado (tras la presentación de los personajes y su entorno, a los veinte minutos de metraje se introduce el caso Kelmot, que se retoma con fuerza en el segundo acto de la película, veinte minutos más adelante). Con todo, a primera vista, el resultado final del filme es un tanto desigual, y así lo destacaron los cronistas tras su primera proyección en el Festival de Berlín 2015. Muchas de las críticas que, tras su estreno comercial, recibió la cinta replicaban las que ya generó la novela original de Mitch Cullin (2005) en que se basa la historia, a la que, básicamente, se le achacó rebajar en exceso al detective presentándolo como un mero anciano senil, detenerse más de la cuenta en la descripción de las labores apicultoras y, sobre todo, no presentar un caso central más absorbente. La adaptación de Jeffrey Hatcher hace lo que puede por integrar mejor el motivo de las abejas y modifica sustancialmente el dramático final de la novela pero, aún así, se echa en falta algo más de ambición a la hora de desarrollar la subtrama en el pasado.

Que el más grande de los detectives solucione un caso pero sea incapaz de impedir su fatal desenlace no es novedoso en los relatos de Holmes, ni le resta un ápice de grandeza al personaje. Lo que, hasta ahora, no habíamos visto en pantalla -aunque, últimamente, es un tropo que aparece cada vez más, como en *Remember* (EGOYAN, 2015), sobre la incapacidad de un superviviente del Holocausto para encontrar al criminal de guerra responsable de la muerte de su familia- es que Holmes tiene un adversario mucho más poderoso que cualquiera de sus enemigos: el tiempo. Precisamente, es este apunte crítico-realista sobre el intelecto humano el detalle anti-detectivesco que hace que *Mr. Holmes* prolongue la vigencia del mito. ¿Cómo resolver un caso cuando la propia constitución física del detective lo dificulta o impide? La respuesta de la película es clara y, a la vez, sugestiva: a través de la ficción.

Tanto en la escritura como en la resolución de problemas no deja de haber una cierta lucha contra el tiempo, manifiesto tanto en el esfuerzo del investigador por reconstruir las condiciones de un problema tal que quede cancelado como en la pretensión del relato de estructurar lo que en la vida real no se da de forma ordenada y, de paso, perdurar en la memoria de los lectores. Acaso el ánimo infatigable con que el Homes literario y cinematográfico acomete cada uno de sus casos no haga sino revelar una singular forma de huída del vacío existencial o, viceversa, un ansia de hallar sentido a la vida (recordemos que otro de los lugares comunes del universo holmesiano es, justamente, el aburrimiento del personaje cuando carece de casos, quizá porque no sabe ver en la vida corriente nada asombroso). Sea como sea, en *Mr. Holmes* es solo a través de la reescritura de *Sherlock Holmes y la dama de gris* -la novelización del caso Kelmot por parte del doctor Watson que nunca satisfizo a su *partenaire*- que Holmes será capaz de trascender los hechos y usar su razón a un nivel más allá de lo lógico, lo analítico y lo instrumental. Será capaz de comprender, un tipo de conocimiento de contornos más imprecisos que, según Hannah Arendt, implica enfrentarse a la realidad y reconciliarse con ella, en particular con el sufrimiento, cuyo afrontamiento engendra sentido y vínculo con el otro (LUDZ, 2010: 14-16).

¿Y qué es lo que comprende Holmes? Que los seres humanos necesitamos algo más que la verdad de los hechos, los cuales son susceptibles de ser descritos con verdad... aunque carezcan de significado. ¿Es casual que los dos *flash-back* de la película se sitúen en 1919 y 1947, al cabo de las dos guerras mundiales, acaso la máxima expresión de irracionalidad acaecida durante el siglo pasado? Cuando Holmes visita Japón, rápidamente descubre las intenciones de Umezaki, el guía que le ha llevado hasta allí y que ahora pretende que el detective le revele la verdad sobre su padre, un diplomático nipón que hace tiempo abandonó a la familia y alegó hacerlo por consejo del propio Holmes. *No sería el primer hombre en ocultar su cobardía bajo un manto de sacrificio*, deduce con rapidez Sherlock a partir de los hechos del caso. ¿Suficiente? En modo alguno. La carta final (y ficticia) que Holmes dirige a Umezaki, corroborando (y embelleciendo) en primera persona la historia del padre, se erige así en un bello y emotivo testimonio de la necesidad humana de la ficción, una cuestión meta-literaria que constituye lo mejor de *Mr. Holmes*.

MR. HOLMES (2015)
País: **Reino Unido**
Dirección: **Bill Condon**
Guion: **Jeffrey Hatcher**
Fotografía: **Tobias A. Schliessler**
Montaje: **Virginia Katz**
Música: **Carter Burwell**
Diseño de producción: **Martin Childs**
Vestuario: **Keith Madden**
Intérpretes: **Ian McKellen, Laura Linney, Milo Parker, Hiroyuki Sanada, Frances de la Tour**
103 minutos
Distribuidora DVD: **Emon**
Estreno en España: **21.8.2015**

Filmografía de Bill Condon como director

- *La Bella y la Bestia* (*Beauty and the Beast*, 2017)
- *Mr. Holmes* (2015)
- *El quinto poder* (*The Fifth Estate*, 2013)
- *Amanecer. Parte II* (*The Twilight Saga: Breaking Dawn - Part 2*, 2012)
- *Amanecer. Parte I* (*The Twilight Saga: Breaking Dawn - Part 1*, 2011)
- *Dreamgirls* (2006)
- *Kinsey* (2004)
- *Dioses y monstruos* (*Gods and Monsters*, 1998)
- *Candyman 2* (*Candyman: Farewell to the Flesh*, 1995)
- *Hermanas, hermanas* (*Sister, Sister*, 1987)

FUENTES

• BORGES, Jorge Luis (1997 [1942]). La muerte y la brújula. En *Ficciones* (pp. 153-172). Madrid: Alianza.

• COX, Michael (creador) (1984-1994). *The Adventures of Sherlock Holmes* [serie de televisión]. Reino Unido: Granada Television.

• CULLIN, Mitch (2005). *A Slight Trick of the Mind*. Nueva York: Nan A. Talese/Doubleday.

• DOHERTY, Robert (creador) (2012-). *Elementary* [serie de televisión]. Estados Unidos: CBS.

• EBERHARDT, Thom (director) (1988). *Without a Clue* [película]. Reino Unido: Incorporated Television Company.

• EGOYAN, Atom (director) (2015). *Remember* [película]. Canadá y Alemania: Egoli Tossell Film y Serendipity Point Films.

• FLAMARIQUE, Lourdes (2010). La tesis del final de la Modernidad y las tendencias de la filosofía contemporánea. *Acta philosophica. Rivista internazionale di filosofia*, 19, 59-82.

• GATISS, Mark y MOFFAT, Steven (creadores) (2010-). *Sherlock* [serie de televisión]. Reino Unido: BBC.

• LEDWITH, Mario y ENOCH, Nick (2012). Which literary character has been portrayed a record-breaking 254 time on TV and film? It's elementary... Sherlock Holmes. 18 mayo. *Daily Mail*. Recuperada de <http://www.dailymail.co.uk/news/article-2146091/Sherlock-Holmes-portrayed-literary-character-TV-film.html>

• LUDZ, Ursula (2010). Introducción. En H. ARENDT, *Lo que quiero es comprender: sobre mi obra y mi vida* (pp. 9-24). Madrid: Trotta.

• LYOTARD, Jean-François (1987). *La condición postmoderna: informe sobre el saber*. Madrid: Cátedra.

• NEILL, Roy William (director) (1943). *Sherlock Holmes and the Secret Weapon* [película]. Estados Unidos: Universal Pictures.

• NOLAN, Christopher (director) (2002). *Insomnia* [película]. Estados Unidos: Alcon Entertainment, Section Eight y Witt-Thomas Films.

"Estimado sr. Umezaki...".

• PARDO GARCÍA, Pedro Javier (2007). El relato antipolicial en la literatura y el cine: Memento, de Christopher Nolan. En A. MARTÍN ESCRIBÁ y J. SÁNCHEZ ZAPATERO (coords.), *Informe confidencial: la figura del detective en el cine negro* (pp. 249-264). Valladolid: Difácil.

• RICOEUR, Paul (1973). *Freud, una interpretación de la cultura*. México: Siglo XXI.

• RITCHIE, Guy (director) (2011). *Sherlock Holmes: A Game of Shadows* [película]. Estados Unidos: Warner Bros.

• WILDER, Billy (director) (1970). *The Private Life of Sherlock Holmes* [película]. Reino Unido: Compton Films, The Mirisch Corporation y Phalanx Productions.

Nightcrawler (Dan Gilroy)
JOSÉ GABRIEL LORENZO

La traducción más literal del término anglosajón, que presta su significado a la primera película dirigida por el guionista Dan Gilroy, es el de gusano. Sin embargo, la acepción más coloquial que se otorga a la palabra es la de merodeador nocturno. Una definición que hace referencia a aquellos individuos que se dedican a retratar con sus videocámaras las escenas más escabrosas relacionadas con la noche de cualquier ciudad norteamericana. Posteriormente, venden las grabaciones a las televisiones locales de la ciudad correspondiente para su emisión en el primer informativo de la mañana. Los *nightcrawlers* inciden en sucesos que resultan lo suficientemente macabros y repugnantes como para llamar la atención de una audiencia ávida de noticias impactantes que no se plantea ningún dilema moral sobre lo que observa. Para Gilroy, la línea roja del decoro periodístico se traspasó cuando las cadenas de televisión decidieron que las secciones dedicadas a los informativos debían ser rentables, fue entonces «cuando las noticias se convirtieron en un entretenimiento» (GILROY, 2015). La película de Gilroy plantea de una manera indirecta dónde se sitúan los límites de la legalidad y la moralidad que emanan del derecho a la información.

Entre Travis Bickle y Charles Tatum

Dan Gilroy ejercía la labor de guionista antes de dirigir *Nightcrawler*, su primera película. Sus logros más destacados hasta la fecha son, por un lado, el guion de *El legado de Bourne* (*The Bourne Legacy*, Tony Gilroy, 2012) que aunque obtuvo una respuesta positiva de la audiencia, su argumento no estuvo a la altura de la trilogía que le precedía y, por otro lado, la interesante historia que dio origen a *Acero puro* (*Real Steel*, Shawn Levy, 2011) donde no participó como guionista. De este modo, resultó muy sorprendente que en su primer crédito simultáneo como director y guionista, *Nightcrawler*, recibiera los aplausos de la crítica y del público, fundamentalmente norteamericano, a partes iguales. Además, para coronar una exitosa carrera por festivales, Gilroy fue nominado al Oscar al mejor guion original.

No cabe duda que la profesión de periodista que el director californiano desempeñó en la revista Variety, antes de dedicarse al cine, debió jugar un papel fundamental en la elección del argumento debido, sobre todo, al conocimiento profundo de los resortes morales y dramáticos de la profesión: «Yo fui periodista... Así que el periodismo me interesa directamente» (GILROY, 2015). En línea con esta afirmación fue confeccionando una historia que utilizó como núcleo dramático de la narración el sensacionalismo televisivo que procedía de la venta de grabaciones de los *nightcrawlers* a las televisiones locales de Los Angeles. No cabe duda de que la idea le concedía espacio suficiente para proponer una historia particular que, sin embargo, tendría un alcance universal como crítica a los derroteros que ha seguido el periodismo supuestamente serio: el momento en que la noticia pasó a un segundo plano en detrimento de aquellos que las consumen, «en cuanto se pretende que los informativos de un medio ganen dinero, las noticias se convierten en un entretenimiento, y pienso que todos perdimos un gran valor cuando aquello sucedió, porque más que obtener historias en detalle que nos educan y nos informan, nos dan narrativas confeccionadas para vender un producto. Así, es la narrativa de Los Angeles» (GILROY, 2015).

El protagonista de la historia es Louis Bloom (Jake Gyllenhaal), un individuo que ha alcanzado la madurez de la vida y aún no ha encontrado su lugar en el mundo. El guion no aporta ningún dato sobre el pasado del protagonista, ni siquiera acerca de las causas que lo empujan a robar chatarra y materiales desvencijados para venderlos, posteriormente, en algún desguace. El único motivo que responde a esta decisión narrativa se encuentra en la mirada objetiva con la que Gilroy decide observar las andanzas del protagonista absoluto del filme. Así, despoja el argumento de cualquier rasgo emocional que permitiría al espectador justificar las decisiones de Bloom. Es decir, el resultado final busca juzgar a Bloom, exclusivamente, por las acciones que lleva a cabo no por la situación que le empuja a realizarlas. Se obtiene así una lectura aséptica y directa del protagonista, en línea con el tipo de periodismo que defiende y proclama Gilroy.

Algo parecido planteó Paul Schrader en el guion de *Taxi Driver* (Martin Scorsese, 1976), película con la que *Nightcrawler* establece vínculos a través de los universos narrativos de ambos personajes: la búsqueda de trabajo, la noche y la ciudad como entornos vitales perennes de los protagonistas, el insomnio y la soledad que embargan la vida de ambos y, también, ciertos desajustes sociales que se harán más evidentes conforme avance la trama, permiten asemejar los modos de vida de Bickle y de Bloom.

No obstante, las similitudes concluyen en este punto porque la construcción del personaje de Bickle enarbola un distorsionado sentido moral de las acciones que tiene como propósito mejorar la sociedad. Sin embargo, Bloom es un individuo amoral que carece por completo de cualquier objetivo que no implique solventar sus propios problemas. Más aún, Bloom aprovecha los defectos de la ciudad para obtener su propio beneficio.

Podría afirmarse, incluso, que ambos son víctimas de las circunstancias que les ha tocado vivir. En esta línea, Schrader y Scorsese dibujan un personaje existencialista «que ignora la naturaleza de su problema, ¿debo existir?» (SCHRADER, 1976: 26) y añade «lo que busca [Bickle] es un escape, liberarse de las cadenas mortales y morir de una muerte gloriosa... Es un tipo de libertad superficial, autodestructiva... La redención, elevación o trascendencia que él busca es la de un adolescente» (SCHRADER, 1976: 31-32). De alguna forma, la combinación deformada del protestantismo y el catolicismo inculcados en la historia por el guionista y el director, respectivamente, logran alumbrar un personaje animado a realizar acciones que buscan la salvación de los demás y la suya propia a partir de lo que el personaje entiende como buenas acciones.

Sin embargo, las circunstancias vitales que rodean la existencia de Bloom están marcadas por el terrorismo internacional, la crisis económica, la desconexión espiritual que se impone en la mayor parte de la sociedad y, al fin, el consumismo extremo que dirige los hábitos conductuales de muchos individuos. Todos estos hechos han inundado la sociedad de inseguridad, miedo, hipocresía y cinismo que cobran forma en la atmósfera diseñada por Gilroy. Así, surgen comportamientos que abogan por la aparición de una mentalidad egoísta e insolidaria que busca la supervivencia del individuo a cualquier precio. La ausencia de asideros morales potencia, todavía más, la deriva humana en la cual vive inmerso el personaje de Bloom. De esta manera, Gilroy construye un protagonista que se descubre poco a poco como materialista y egocéntrico y cuyo drama particular se traslada, fundamentalmente, a la necesidad de subsistir en un mundo donde la conducta amoral aumenta las posibilidades de triunfar.

Si en la primera escena de la película se realza el modo de actuar de Bloom cuando algo se le antoja (el robo del reloj de pulsera), a medida que va desarrollándose el argumento las acciones que realiza le alejarán, cada vez más, de cualquier posibilidad de redención. La amoralidad que exhibe Bloom refleja una psicología interna que lo distancia de los actos inmorales de Bickle. Así, aunque la configuración interior y exterior de ambos personajes presenten bastantes similitudes, como se ha visto, las razones que les conducen a tomar decisiones son distintas. Además, la rapidez con la que Bloom aprende el oficio del *nightcrawler* denota una inteligencia que supera con creces a la de Bickle. En este sentido, el cinismo que caracteriza su personalidad provoca que su capacidad intelectual se vuelva más retorcida y ruin, según progresa el drama del personaje en la historia. Nada que ver con la mayor ingenuidad, fruto de los tiempos (aunque estos empezaban a cambiar), que define el carácter de Bickle.

En la fase de la película en la que Bloom empieza a forjarse profesionalmente como *nightcrawler* acude a la memoria Charles Tatum, el polémico periodista interpretado por Kirk Douglas y creado por Billy Wilder en *El gran carnaval* (*Ace in the Hole*, Billy Wilder, 1951). En este sentido, tanto Tatum como Bloom, son protagonistas despreciables capaces de manipular y tergiversar la realidad, carentes de escrúpulos y deshumanizados en sus afanes por lograr aquello que persiguen. No obstante, a diferencia de Bloom, Tatum experimenta, al final de la historia, unos instantes de humanidad por los que intenta redimirse de sus acciones anteriores.

El periodismo audiovisual como espectáculo

Las empresas que permiten la emisión de los reportajes que consiguen estos cronistas de la imagen sin escrúpulos ocupan un lugar destacado en la película de Gilroy. De este modo, el filme ilustra cómo desarrollan su función en el negocio las productoras audiovisuales que compran los materiales directamente a los *nightcrawlers*. El personaje de Nina Romina (Rene Russo), la productora del primer noticiario de la mañana de la cadena KWLA-TV, le sirve a Gilroy para añadir a la película la perspectiva empresarial del negocio. Además, la construcción visual de la película establece diferencias entre la personalidad de Bloom y la de Romina a nivel estético, aunque compartan objetivos parecidos. Bloom está confeccionado desde el principio por medio del movimiento y la

La matizada interpretación que Gyllenhaal realiza de Bloom presenta, sin embargo, explosivas reacciones que confirman ciertos desajustes psicológicos en su carácter.

acción y por su paso a través de múltiples espacios. Sin embargo, la narrativa de Romina está conformada de un modo estático, a partir del diálogo y las conversaciones que entabla en la sala de emisiones donde trabaja. Así, la variedad de lugares que frecuenta Bloom permiten entrever un espíritu emprendedor lleno de iniciativas, al contrario que el espacio cerrado donde se encuentra Romina que subraya el perfil más conservador de esta. Así, queda claro que las características dramáticas de los personajes son distintas y entran en conflicto no solo a través del guion sino desde la misma puesta en escena. Al mismo tiempo, al ser sus objetivos similares, los dos personajes se encuentran unidos por la oscuridad que rodea los mundos narrativos donde se desenvuelven cada uno que subrayan la bajeza moral de la que hacen gala.

A partir de las motivaciones de Romina y del mundo profesional que la rodea, se puede establecer una tercera influencia fílmica en *Nightcrawler*: *Network, un mundo implacable* (*Network*, Sidney Lumet, 1976). El vínculo entre ambas procede del entorno televisivo donde se desarrolla cada historia. Un contexto marcado poderosamente, como opinaba Gilroy, por la rentabilidad que generan los índices de audiencia de los programas. Así, cuarenta años antes del estreno de *Nightcrawler*, Lumet, con la ayuda del guionista Paddy Chayefsky, exploró las miserias de las cadenas de televisión como consecuencia de la penetración del sensacionalismo en sus parrillas de emisiones.

En este sentido, durante el planteamiento de ambas películas, se hace patente la premisa de la que parte el periodismo sensacionalista que las dos retratan. *Network*, *un mundo implacable* lo hace a partir de una conversación, al inicio de la historia, donde uno de los personajes enumera una serie de escenas morbosas que duplicarían la audiencia de cualquier cadena si se emitieran por televisión, *suicidio, asesinatos, robos, atracos, colisiones de automóviles. La hora de la muerte, el gran show del domingo por la noche para toda la familia*. El irónico comentario anticipa la realidad televisiva que refleja *Nightcrawler*, como si hubiera sido pronosticada por un oráculo. Al igual que su predecesora, Gilroy deja claro al espectador similar punto de partida que Chayefsky cuando un reportero criminalista le asegura a Bloom que realiza su trabajo porque *la sangre vende*.

Además, la película dirigida por Lumet y por Gilroy coinciden en la idea que se obtiene de sus escenas climáticas: la manipulación de la realidad para conseguir los objetivos económicos. Aunque si en *Network, un mundo implacable* la verdad es tergiversada por la decisión de los ejecutivos de la cadena, en *Nightcrawler* será el propio Bloom quien genere y distorsione la noticia para su interés particular.

De este modo, se entiende que detrás de las imágenes escabrosas se encuentran los inestimables beneficios económicos proporcionados por las repentinas subidas de la audiencia. Los precursores de esta clase de periodismo adivinan una sociedad enferma y ansiosa por encontrar emociones fuertes. Una idea que también sugería el cineasta español Alejandro Amenábar en la última escena de su primer largometraje, *Tesis* (Alejandro Amenábar, 1996), que como *Nightcrawler* propone como núcleo de la historia las imágenes morbosas y sanguinolentas, aunque abordándolas desde otra perspectiva temática. No obstante, la resolución que acontece en un hospital donde los enfermos asisten con expectación a la retransmisión de unas imágenes de alto contenido macabro y violento, evoca a la perfección la metáfora de un mundo enfermo, pasivo e insensible ante este tipo de recreaciones audiovisuales. A través de las imágenes de los enfermos que yacen en sus camas, Amenábar argumenta que retrata «esa sociedad o esa parte de nosotros que quiere ver sangre... Hoy en día hay un lado enfermizo de la sociedad muy revelador cuando vemos esas imágenes y en el modo en que las están ofreciendo» (RODRÍGUEZ MARCHANTE, 2002: 51-52).

Las relaciones humanas en un entorno insensible

Bloom entabla tres tipos distintos de relación profesional, desde el punto de vista dramático y narrativo, con cada uno de los personajes secundarios de la historia. Romina, Rick (Riz Ahmed) y Joe Loder (Bill Paxton) reflejan, muy particularmente, la insensibilidad, la ambición sin medida y la competitividad. Bloom se servirá de ellos para conseguir sus propósitos.

Los tres personajes configuran los tres vértices de un triángulo en cuyo centro permanece Bloom. Con Romina, el protagonista, origina una relación marcada por su naturalidad indecente, cuando el vínculo profesional invade el sentimental y ella se ve obligada a aceptar las consecuencias del áspero cortejo que propone Blomm, si aspira a conservar su puesto de trabajo. La escena de *Nightcrawler* permite establecer un paralelismo más que evidente con la comida a la que Bickle invita a Betsy en *Taxi Driver*. Ambas escenas están repletas de sinceridad y transparencia por parte de los personajes masculinos que causan estupor y sorpresa en los femeninos. Sin embargo, si bien Bickle, conducido por su ingenuidad, admira la belleza y la pureza que emana de Betsy, Bloom recurre a su cinismo para constatar la obsesión que siente por poseer a Romina.

Romina refleja una conducta inmoral que, al igual que la amoralidad de Bloom, es víctima del lado oscuro y más salvaje del capitalismo, cuya lectura más extrema obliga a pagar un precio muy alto si el único objetivo al que se aspira es a subsistir en la sociedad perdiendo la dignidad profesional y personal. Gilroy termina fundiendo la estética que diferencia a ambos personajes e ilustra visualmente la confluencia de las narrativas que definían a cada uno, resaltando la semejanza entre ambas personalidades cuando afloran los deseos más ocultos. Lo hace en un plano hacia el final de la película, donde Bloom y Romina conversan rodeados de la oscuridad que envuelve la cabina del control técnico de la cadena de noticias. Entre ellos, la última y espeluznante grabación que ha conseguido Bloom.

Entre Bloom y Rick se desarrolla una rápida relación profesional marcada por la precariedad laboral que ofrece Bloom. Una circunstancia que terminará convirtiéndose en la causa principal del trágico final de Rick, cuando el protagonista acabe viendo en su ayudante un problema para los planes de expansión de su negocio. El vínculo que le une a Loder es el más débil. Él representa para el protagonista la persona que le introduce en el entorno de los *nightcrawlers* y, más adelante, la mayor amenaza al proyecto de empresa que pretende crear Bloom. El grave accidente de Loder provocado por Bloom subrayará que para el protagonista todo vale con tal de sobrevivir en el competitivo mundo empresarial.

Por lo tanto, en la mentalidad empresarial que define el carácter de Bloom -en línea con la iniciativa individual que se encuentra tan arraigada en la cultura estadounidense, al igual que la clase de periodismo criminalista en torno al cual gira la historia-, destaca un espíritu capitalista exacerbado que termina manipulando todas las relaciones a su antojo.

El lado oscuro del sueño americano

El relato cinematográfico que escribe y dirige Gilroy es sencillo, en el sentido que presenta exclusivamente una línea argumental, sin demasiadas derivaciones ni meandros narrativos y tres relaciones personales que se insertan en la trama principal, como ya se ha visto. Queda así un argumento directo y diáfano donde la historia avanza sin dilación hacia su desenlace. En este sentido, el autor californiano, consciente del contexto narrativo que ha creado, donde la estructura del guion deja vislumbrar rápidamente el fondo de la historia, se centra principalmente en la evolución de su maquiavélico personaje: desde el descubrimiento del oficio hasta que alcanza unas dotes demiúrgicas que demuestran un dominio total del mismo. La construcción dramática de Bloom se convierte, de esta manera, en lo más interesante de la narración porque a medida que la historia avanza se asoman a la misma aspectos cada vez más fáusticos de su personalidad.

En este sentido, las decisiones de Bloom que lo acercan a la pérdida total de su humanidad se producen de manera progresiva a lo largo de la historia. Un *tour de force* en el que el personaje aumenta, a cada secuencia, el riesgo al que expone su vida y la de Rick, de la forma más temeraria e irresponsable. Incluso, en la secuencia del clímax, acomete su reportaje más impactante a partir de una argucia preparada por él mismo. Gilroy evita la digresión narrativa en la que podría haber caído el argumento y, al contrario, consigue dotar a la historia de la consistencia y la solidez necesaria para conferir una modélica estructura dramática al guion. La dirección acompaña en todo momento a la evolución dramática de la historia y, además, consigue una secuencia climática repleta de acción, muy bien filmada, en la que destaca un preciso montaje que dota a las escenas de una intensidad creciente.

Los rasgos emocionales que emanan de cada una de las secuencias realzan la frialdad del protagonista y establecen una evolución dramática que refleja a la perfección el incremento progresivo de la amoralidad del personaje. En definitiva, Gilroy escribe y dirige una radiografía del lado oscuro del sueño americano. Una narración que no esconde ninguna ambigüedad moral, sino que se despoja de la misma para ofrecer una grieta del capitalismo por la que se introducen algunos individuos indeseables.

Las dos escenas en las que Bloom (izquierda) y Bickle (derecha) se muestran tal y como son. El vestuario de ellas las define a la perfección.

NIGHTCRAWLER (2014)
País: **EE.UU.**
Dirección y Guion: **Dan Gilroy**
Fotografía: **Robert Elswit**
Montaje: **John Gilroy**
Música: **James Newton Howard**
Diseño de producción: **Kevin Kavanaugh**
Vestuario: **Amy Westcott**
Intérpretes: **Jake Gyllenhaal, Rene Russo, Bill Paxton, Riz Ahmed, Kevin Rahm, Ann Cusack, Eric Lange, Anne McDaniels, Kathleen York**
117 minutos
Distribuidora DVD: **eOne**
Estreno en España: **30.1.2015**

Filmografía de Dan Gilroy como director

- *Nightcrawler* (2014).

FUENTES

• AMENÁBAR, Alejandro (director) (1996). *Tesis* [película]. España: Las producciones del Escorpión.

• CRESPO, Irene (2015). Jake Gyllenhaal, un coyote hambriento de buen cine, (29/01/15). *El País* <http://cultura.elpais.com/cultura/2015/01/29/actualidad/1422538013_449063.html> Recuperado por última vez el 8 de agosto de 2016.

• GILROY, Dan (2015). Entrevista sobre Nightcrawler recogida en el pressbook de la película <http://www.tavernamasti.com/2015/01/entrevista-dan-gilroy-director-de.html> Recuperado por última vez el 8 de agosto de 2016.

• KARASEK, Helmuth (1993). *Billy Wilder. Nadie es perfecto*. Barcelona: Ediciones Grijalbo.

• LAMBRAY, Maureen (1976). Entrevista con Paul Schrader en *Conversaciones con Martin Scorsese*. Madrid: Plot Ediciones.

• LUMET, Sidney (director) (1976). *Network* [película]. Estados Unidos: Metro Goldwyn-Mayer y United Artists.

• RODRÍGUEZ MARCHANTE, Oti (2002). *Amenábar, vocación de intriga*. Madrid: Páginas de la Espuma.

• SCORSESE, Martin (director) (1976). *Taxi Driver* [película]. Estados Unidos: Bill/Phillips e Italo/Judeo Productions.

• VALCÁRCEL, Horacio (1998). El gran carnaval, *Nickel Odeon* n° 10 (septiembre), pp: 135-137. Madrid: Nickel Odeon Dos.

• WILDER, Billy (director) (1951). *Ace in the Hole* [película]. Estados Unidos: Paramount Pictures.

Red Army (Gabe Polsky)

JORGE MILÁN

El género documental está viviendo una época de esplendor, como ha quedado de manifiesto en la última década, con títulos tan poderosos como *Amy* (KAPADIA, 2015), *Virunga* (EINSIEDEL, 2014), *A 20 pasos de la fama* (NEVILLE, 2013), *Searching for Sugar Man* (BENDJELLOUL, 2012), *The Act of Killing* (OPPENHEIMER, 2012), *La cueva de los sueños olvidados* (HERZOG, 2011), *Inside Job* (FERGUSON, 2011), *Exit Through the Gift Shop* (BANKSY, 2010) y tantos otros. Una prueba más de esta buena racha es la película *Red Army*. Seleccionada fuera de concurso para el Festival de Cine de Cannes 2014, despertó el interés de la Sony Pictures Classics, que compró los derechos de distribución.

Red Army ha gozado de buenas críticas y ha funcionado bien en taquilla, particularmente en Estados Unidos, quizá por el buen sabor de boca sembrado diez años antes por *El milagro* (O'CONNOR, 2005), que contaba la historia real del equipo norteamericano de hockey, compuesto por estudiantes universitarios y un entrenador carismático -magnífico Kurt Russell- que contra todo pronóstico logró derrotar en la final de los juegos olímpicos de invierno de 1980, en Lake Placid (Nueva York), precisamente al "ejército rojo" (o «máquina soviética», como era conocida esa selección en España: FERNÁNDEZ, 1992).

Red Army cuenta en parte la misma historia, pero desde el otro lado de la cortina de hierro: cómo vivieron en primera persona esos jugadores de hockey las consecuencias de la guerra fría y la desintegración de la Unión Soviética tras la *perestroika*, incluso cómo contribuyeron decisivamente algunos de ellos, con sus patines y sus sticks, a derribar el telón de acero que separaba las dos potencias mundiales.

No es una película deportiva, de las que gustan solo a un pequeño grupo de aficionados, sino una metáfora para reflejar temas más profundos. Lo da a entender el mismo título y la aparición inicial de Ronald Reagan hablando de la amenaza del comunismo. Moviéndose con soltura entre la épica y la intriga, con alguna incursión en la comedia, consigue plasmar una aventura de gran calado, en la que los soviéticos rezuman esa humanidad de la que solían quedar privados en la visión estereotipada de los occidentales, que tendíamos a verles como unos individuos fríos, sumisos felizmente al poder comunista y, por supuesto, sin alma propia.

La guerra fría se combatió en varios frentes

En este sentido, *Red Army* se parece a las películas que llevan el enfrentamiento USA-URSS al tablero de ajedrez, como *El caso Fischer* (ZWICK, 2014) o *La guerra del ajedrez: Spassky vs. Fischer* (GAILLARD, 2002)[1], solo que aquí la batalla propagandística se libra en el hielo.

Durante los años 56-88 la superioridad en el hockey internacional del "ejército rojo" fue aplastante, tanto en juegos olímpicos como en campeonatos mundiales. Parte del mérito lo tuvo Anatoli Tarasov (1918-1995), el gran arquitecto soviético de este deporte -como jugador, pero sobre todo como entrenador y como escritor-, cuya figura carismática vemos en excelentes imágenes de archivo, sobre todo mientras entrena a sus "soldados". Lo eran literalmente: la Red Army fue creada por Stalin, y sus jugadores provenían sobre todo de los equipos del Ejército y de la policía, respectivamente el CSKA de Moscú y el Dínamo de Moscú (SEMLER, 1984).

Tarasov, que había comenzado su vida deportiva en el fútbol, les imponía métodos revolucionarios: tenían que aprender desmarques y pases creativos, al estilo de la selección brasileña, pero también piruetas típicas del ballet del Bolshoi y jugadas estratégicas propias del ajedrez (el mismo Karpov corrobora en el documental su colaboración directa con la selección de hockey de esos años).

Caído en desgracia ante Leonid Brézhnev, Tarasov fue sustituido en 1977 por Viktor

---

[1] La metáfora es utilizada por el mismo Boris Spassky durante la entrevista que concede para este documental francés ("La guerre des échecs"): "Tienes que saber aprovechar todo tu ingenio para destruir al ejército adversario".

Tikhonov (1930-2014), que había sido un jugador discreto pero era el protegido del Director de la KGB. Impuso métodos mucho más rígidos, como las concentraciones de once meses al año, sin posibilidad de ver a la familia. Los jugadores lo odiaban y empezaron a plantearse la posibilidad de escapar, legal o ilegalmente, para jugar en países con mayor libertad, sobre todo EE.UU. y Canadá.

Hijo de inmigrantes soviéticos

La fuerza de esta narración se comprende mejor si se tiene en cuenta la vida y la mentalidad del director, Gabe Polsky, nacido en Chicago (1979) pero hijo de inmigrantes soviéticos, originarios de Ucrania. Polsky, hasta el momento, había firmado solamente la dirección -junto con su hermano mayor, Alan- de la película dramática *The Motel Life* (2012), premio del público y al mejor guion en el Festival de Cine de Roma. Con todo, eran más bien conocidos por sus tres trabajos previos de producción: dos en cine, *Little Birds* (JAMES, 2011) y *Teniente corrupto* (HERZOG, 2009), y uno en televisión, *Jerry Weintraub, el productor de las estrellas* (MCGRATH, *His Way*, 2011), documental de la HBO que fue nominado para los premios Emmy.

Con *Red Army*, Gabe Polsky se separa provisionalmente de su hermano y se dedica con pasión a lo que fue el deporte de su adolescencia, que le ayudó a redescubrir sus propias raíces:

> A los 13 años, tuve por primera vez un entrenador de hockey proveniente de la antigua Unión Soviética. Fue una coincidencia enorme. Su forma de entrenar y de entender el deporte era totalmente distinta a lo que yo estaba acostumbrado (…); ejecutábamos acrobacias sobre el hielo, arrastrábamos neumáticos y hacíamos un montón de cosas extrañas. Algunos pensaban que todo eso era absurdo, pero a mí me ayudó a crecer como persona y como jugador. Luego, a los 16 años, por fin vi jugar a los soviéticos en una cinta VHS. Fue para mí como una experiencia mística. No podía creerlo. Era como si hasta entonces hubiese vivido en un mundo en blanco y negro, y de repente aparecía el color. Casi me desmayo. Era una revolución creativa aplicada al deporte, como una nueva forma de arte. Zigzagueaban y pasaban constantemente. Era como la selección española de fútbol, como una especie de ballet (ZWECKER, 2015).

Gabe, que llegó a formar parte del prestigioso equipo de Yale en su breve periodo de estudiante en la universidad, se sintió «orgulloso y curioso» de ese estilo creativo y nada violento de jugar (MCGRATHNOV, 2014). Hasta entonces, su procedencia soviética le había supuesto entre sus amigos más bien un motivo de vergüenza. *Red Army* nace, por tanto, de una gran inquietud interior, que se transformó en el típico proyecto guardado en un cajón. Pudo empezar a tomar forma desde el momento en que decidió dedicarse por completo al séptimo arte, dejando inacabados sus estudios universitarios (en parte, precisamente, por desavenencias con su nuevo entrenador de hockey, Tim Taylor).

Para hacer realidad su investigación personal contaba con dos ventajas: por un lado, hablaba un poco de ruso -gracias a su abuela- y, por otro, su padre era amigo del mítico portero Vladislav Tretiak, ganador de tres oros olímpicos y diez campeonatos mundiales, y actual presidente de la Federación Rusa de hockey sobre hielo. La ocasión se presentó por una fiesta organizada por Tretiak. Pagando de su bolsillo, Polsky realizó un primer viaje a Moscú y, con los contactos que le facilitaban unos y otros, consiguió ir entrevistando a varios de los jugadores.

Una "cabeza parlante" decisiva

Pero no todos accedieron a su petición. Uno de los que se mostró desde el principio muy reacio fue el que acabó siendo el protagonista de esta película: Slava (Viacheslav) Fetisov, ganador de dos oros olímpicos y siete campeonatos mundiales, casi tan popular como Tretiak, ya que, a pesar de jugar como defensa, marcaba más goles que la mayoría de los delanteros.

> Le llamé varias veces. Siempre se negaba, hasta que por fin, durante el último día de grabación, accedió a recibirme durante 15 minutos (…). Enseguida me percaté, en cuanto me lo encontré delante, de que iba a darme una entrevista interesante. Los 15 minutos teóricos se convirtieron en 5 horas; se abrió totalmente (ROBERTS, 2014)

Fetisov, por su parte, también ha explicado por qué decidió sincerarse -como nunca había hecho- con ese "joven chaval venido de los Estados Unidos":

> Cuando has concedido muchas entrevistas a lo largo de tu vida, llegas a sentir claramente cuándo la gente está bien preparada. Él quería contar toda la historia, lo que le ha inspirado a ser jugador de hockey. Es un buen psicólogo y sabe cómo preguntar (…). Acabamos a altas horas de la noche en Moscú. Luego nos vimos otras dos veces (ROSEN, 2015)

A lo largo de la película se ve a Fetisov entrevistado en tres ambientes distintos y con ropa distinta, siempre en formato "cabeza parlante" tradicional, sentado frente a

Slava Fetisov, un protagonista con muchas caras.

la cámara. Solo muy al final se ofrecen algunas imágenes modernas de repertorio, mientras Fetisov va en coche por las calles de Moscú, hablando por teléfono.

Este es sin duda uno de los mayores atractivos de esta película. Se ha decidido apostar por Fetisov como eje narrativo, ya que, aparte de la fama que le antecede, posee una vida muy rica -que se va desplegando con cierto suspense a lo largo de la película- y una gran personalidad ante el objetivo. Sus gestos y actitudes cambian con frecuencia, de modo que consigue describir el ambiente de la guerra fría y reflejar los sentimientos por los que pasaron, en esos veinte o treinta años tan convulsionados, muchos otros colegas suyos. Unas vidas en las que no faltaron la pobreza familiar tras la guerra, las historias de amistad, las traiciones, el espionaje de la KGB, las palizas... Un verdadero héroe, que sufre varios arcos de transformación -tres de ellos notables- durante los 80 minutos del metraje. Y todo sin levantarse de la silla.

En el *cast* figuran, junto al protagonista, el ya mencionado portero Tretiak, el entrenador Scotty Bowman y el periodista deportivo ruso-francés Vladimir Pozner. Este último ofrece claves valiosas acerca de la importancia del deporte en la vida y en la política soviética. Tretiak, que se retiró muy pronto del hockey activo, pues no quería vivir con esa tensión, refuerza las afirmaciones de Fetisov sobre el sistema de juego. Mientras que Bowman cuenta su decisión -arriesgada pero victoriosa- de fichar y hacer jugar contemporáneamente a cinco ex soviéticos en la liga norteamericana en los años 90, provocando el delirio de los aficionados y también muchas polémicas.

Durante los rodajes se realizaron un total de 13 entrevistas, tal y como recogen los créditos finales. Destacan, aparte de los ya mencionados, Ladlena Fetisov, la mujer de Slava, que cuenta el vacío que le hicieron a su marido cuando manifestó su intención de dejar la URSS. Pasó de héroe nacional a traidor de la patria; Alexei Kasatonov, el mejor amigo de Fetisov, dentro y fuera de la pista, aunque en el momento decisivo también le volvió la espalda totalmente (Polsky le pregunta por qué); y Vladimir Krutov, otro compañero que, en cambio, dio la cara por él, pero al que no le fue nada bien en su aventura americana. Aporta un elemento potente de dramatismo, entre otras cosas porque falleció un mes después de rodar su entrevista.

Uno de los famosos "cinco rusos", el delantero Igor Larionov, no quiso ser entrevistado, pero en el documental este hecho pasa casi inadvertido. En cambio, se subraya fuertemente la negativa del malo de la película, Tikhonov, a dejarse entrevistar[2]. Supone un aliciente narrativo considerable, con las descripciones que hacen los jugadores de su sistema de castigos incluso físicos -recuerda al profesor de música de *Whiplash* (CHAZELLE, 2014)-, con jugadores que llegaban a un ritmo cardíaco de 220 y orinaban sangre. Su presencia se limita a las imágenes de archivo -por ejemplo, con algunos fragmentos de entrevistas que concedió en el pasado a la televisión-, pero es más que suficiente para generar un conflicto enorme y convertirse en el antagonista de Fetisov.

Los buenos archivos dan mucho juego

También en este aspecto hay que alabar a Polsky: ha sabido recopilar y utilizar con acierto abundantes imágenes procedentes de unos 50 archivos distintos: tanto de hockey -jugadas asombrosas- como de la sociedad soviética. Casi siempre con el audio original: periodistas o comentaristas deportivos y presentadores de telediarios (también occidentales) que funcionan como narradores secundarios, haciendo avanzar la historia, o incluso creando mini historias dentro de la trama principal.

La mezcla de ese material tan heterogéneo resulta muy atrayente, en parte gracias al montaje de dos avezados editores: Eli Despres, famoso sobre todo por *Blackfish* (COWPERTHWAITE, 2013) y Kurt Engfehr, premio Oscar por su trabajo en *Bowling for Columbine* (MOORE, 2012). Logran dar mucha agilidad y energía al relato, sabiendo diseminar también, hábilmente, pausas útiles de reflexión o distensión. Por ejemplo, los golpes de humor producidos a veces de forma natural durante el rodaje: como algunas reacciones de los entrevistados ante preguntas inoportunas, o la simpática interrupción que

---

[2] *No se dice nada de su fallecimiento, porque ocurrió pocos meses después del estreno de la película (FERNÁNDEZ, 2014).*

sufre un agente retirado del KGB -a cargo de una niña de 5 ó 6 años, probablemente su nieta- durante la explicación de cómo vigilaban a los jugadores durante los viajes internacionales.

Meritoria también la música, casi toda original, del canadiense Christophe Beck y el norteamericano Leo Birenberg, que han trabajado juntos frecuentemente, por ejemplo en *Frozen: El reino del hielo* (BUCK/LEE, 2013). Consiguen subrayar con acierto los abundantes momentos de nostalgia, victoria, derrota, orgullo nacionalista, etc., que proliferan en la película.

Probablemente Polsky haya colaborado de modo determinante en la producción, dada su experiencia y su afinidad al tema, pero quienes figuran como productores oficiales son dos peces gordos de la industria: Jerry Weintraub y Werner Herzog. Al primero -productor de las sagas *Ocean's* (2001-2007) y *Karate Kid* (1984-2010)- lo conoció Polsky durante su trabajo para la HBO mencionado arriba; a Herzog, cuando trabajó para él en *Teniente corrupto*.

No es difícil entender la sintonía entre Polsky y Herzog, si leemos las declaraciones del cineasta alemán:

> Para hacer buenas películas lo más importante es la experiencia personal, la resistencia física, saber varias lenguas y una mente en continua efervescencia. Las escuelas de cine no deberían formar técnicos, sino personas con un auténtico fermento interior. Personas con espíritu, que lleven dentro una llama ardiendo (CRONIN, 2002: 16)

A Gabe Polsky no le faltaba experiencia ni pasión. Y desde luego, no se puede decir que haya fracasado en su deseo de profundizar en el alma de los soviéticos, como atestigua la *standing ovation* que le dedicaron tras el estreno en Moscú. Probablemente, como dijo después Polsky, «les sorprendía que un americano pudiera contar esa historia» (ACHARYA, 2015).

Polsky, a la derecha, en la Plaza Roja de Moscú.

RED ARMY (2014)
País: **Rusia, EE.UU.**
Dirección y Guion: **Gabe Polsky**
Fotografía: **Peter Zeitlinger, Svetlana Cvetko**
Montaje: **Eli Despres, Kurt Engfehr**
Música: **Christophe Beck, Leo Birenberg**
Diseño de producción: **Werner Herzog, Jerry Weintraub, Liam Satre-Meloy**
Sonido: **E.J. Holowicki**
Intervenciones: **Slava Fetisov, Vladislav Tretiak, Scotty Bowman, Vladimir Pozner**
85 minutos
Distribuidora DVD: **Caramel & Cameo**
Estreno en España: **13.2.2015**

Filmografía de Gabe Polsky como director

- *Red Army* (2014).
- *The Motel Life* (2012).

FUENTES

• ACHARYA, Neil (2015). Director Gabe Polsky hopes Red Army documentary gains further traction in Canada. 9.3.2015 <https://ca.sports.yahoo.com/blogs/eh-game/director-gabe-polsky-hopes-for-further-traction-of-red-army-documentary-in-canada-173147049.html>

• CRONIN, Paul (ed.) (2002). *Herzog on Herzog*. London: Faber and Faber.

• FERNÁNDEZ, Juan José (1992). La 'máquina sovietica', un simple recuerdo. *El País*. 14.2.1992 <http://elpais.com/diario/1992/02/14/deportes/698022009_850215.html>

• FERNÁNDEZ, Juan José (2014). Víktor Tijonov, el coronel de hielo. *El País*. 26.11.2014 <http://deportes.elpais.com/deportes/2014/11/26/actualidad/1417033911_872771.html>

• MCGRATHNOV, Charles (2014). Stoic Souls, Gliding as One. 'Red Army' Charts Rise and Fall of a Soviet Hockey Team. *The New York Times*. 6.11.2014 <http://www.nytimes.com/2014/11/09/movies/red-army-charts-rise-and-fall-of-a-soviet-hockey-team.html>

• ROBERTS, Sheila (2014). Director Gabe Polsky Talks Red Army, How the Cold War Influenced Hockey, the Russian Five, and Werner Herzog's Role as Executive Producer. *Collider.com*. 25.11.2014 <http://collider.com/red-army-gabe-polsky-interview/>

• ROSEN, Dan (2015). Five Questions: Fetisov on 'Red Army', state of game. *NHL.com*. 10.3.2015 <https://www.nhl.com/news/five-questions-fetisov-on-red-army-state-of-game/c-757307>

• SEMLER, George (1984), El gol se llama 'shaibú', *El País*. 19.2.1984 <http://elpais.com/diario/1984/02/19/deportes/445993207_850215.html>

• ZWECKER, Bill (2015). Chicagoan Gabe Polsky's 'Red Army' hockey film opening. *Chicago Sun Times*. 2.3.2015 <http://chicago.suntimes.com/entertainment/chicagoan-gabe-polskys-red-army-hockey-film-opening/>

Sicario (Dennis Villeneuve)
CLAUDIO SÁNCHEZ DE LA NIETA

Pocos temas han sido tan fascinantes para los directores de cine y series de televisión como las adicciones del ser humano. La búsqueda de la felicidad perfecta, tan intensa que solo puede ser limitada en el tiempo, es algo que tiene mucho que ver con la ficción. El espectador se sitúa delante de una pantalla para viajar a un mundo diferente, en parte desconocido, que le proporciona una evasión de la realidad que tiene mucho que ver con el objetivo que persiguen los adictos a las drogas, el alcohol o el sexo.

Desde que en 1971 William Friedkin ganase 5 Oscar (entre ellos, mejor película) por *The French Connection*, contra el imperio de la droga, el cine y la televisión se han hecho eco de una de las grandes misiones imposibles de Estados Unidos: la lucha internacional contra el narcotráfico. Películas como *Traffic* (STEVEN SODERBERGH, 2000) y *Tropa de élite 1* y *2* (JOSÉ PADILHA, 2007 y 2010), y series como *The Wire* (DAVID SIMON, 2002-2008), *Breaking Bad* (VINCE GILLIGAN, 2008-2013) o la reciente *Narcos* (JOSÉ PADILHA, 2015) han compartido la excelencia a la hora de desarrollar un argumento tan poliédrico y universal.

Una voz diferente

Uno de los mayores méritos de *Sicario* es que no se parece casi nada a otras películas y series sobre el narcotráfico. La película muestra personalidad en las escenas serenas de acción que mueven a la reflexión, y en una estructura dramática bastante peligrosa en este tipo de género. Este director canadiense alarga los clímax hasta el máximo con escenas de metraje generoso que parece que no van a llegar a ninguna parte cuando de repente estallan en mil pedazos. Solo con el comienzo y el final de la película se podría hacer un tratado de cómo mantener la tensión del espectador hasta límites insospechados. Y esa maestría asemeja a Villeneuve con los grandes directores actuales como Christopher Nolan o David Fincher.

Cicatrizar en carne viva

Hay directores de cine que han nacido para molestar al espectador. Mientras algunos fabrican sueños, ellos procuran impactar con una realidad en la que se profundiza sin anestesia, retorciendo al espectador en la butaca.

Roman Polanski, Alejandro González Iñárritu, Scorsese, Atom Egoyan… Nadie negará su talento, pero tampoco su crueldad casi intolerable a la hora de mostrar las realidades más horribles, muchas veces desconocidas para el gran público.

Villeneuve ha realizado hasta la fecha siete películas en las que ha puesto el foco de atención en asuntos tan sensibles como el secuestro y abuso infantil, una masacre universitaria basada en hechos reales o los traumas derivados de la falta de filiación. En *Sicario* el argumento seguirá la misma dirección traumática a la hora de afrontar el narcotráfico a gran escala.

En compañía de lobos

Emily Blunt interpreta de manera magistral a una mujer que tendrá que liderar un mundo de hombres que además desconoce parcialmente. Deberá dirigir un comando que encuentre al verdadero jefe del narcotráfico mejicano. Una vez más el cine de Villeneuve busca diseccionar la realidad a través de la ficción. Es fácil comparar la misión de este cuerpo de operaciones especiales norteamericanos con la tortuosa búsqueda durante décadas de los grandes capos del narcotráfico como Pablo Escobar o "El Chapo" Guzmán.

Junto a Kate, la joven principiante, completan un grupo muy complementario el experimentado Matt Graver (Josh Brolin), el más cercano Reggie Waine (Daniel Kaluuya) y el simpático Ted (Jon Bernthal). Pero el principal cerebro en la sombra es el discreto y prudente Alejandro (Benicio del Toro), un agente secreto de pasado incierto que controla a la perfección los modos del narcotráfico moderno.

Medir en milímetros

Uno de los principales aciertos del cine de Villeneuve es la dirección de actores. En todas sus películas los actores modulan a la perfección una tragedia que se genera lentamente. No hay apenas lágrimas, gritos o explosiones. El director canadiense prefiere el disparo con silenciador, las miradas perdidas y desesperanzadas, los gestos milimétricos que delatan el infierno interior.

Así lo vemos en una de las primeras escenas en que Emily Blunt, ensangrentada y con restos de metralla, recibe el primer chorro de agua en la ducha de su casa con los ojos cerrados. Apenas es un temblor, pero entendemos que esa experiencia traumática que acaba de vivir ha marcado su sensibilidad para siempre.

Benicio del Toro, experto en personajes relacionados con el narcotráfico (*Traffic, Salvajes*), también interpreta con una economía gestual admirable. Resulta increíble que este portorriqueño no haya sido ni nominado al Oscar al mejor actor secundario por una interpretación pletórica. Su personaje podría ser de cine negro; aparentemente cínico e imperturbable, pero en realidad un romántico decepcionado por los duros reveses de la vida. *Este es un mundo de lobos. Y tú no eres un lobo*, advertirá a la aprendiz de cazadora, dando a entender que para combatir el narcotráfico hay que pasar una temporada en la ciénaga de la desesperanza.

Taylor Sheridan, el actor escritor

Nada hacía presagiar que el joven intérprete de series de televisión Taylor Sheridan (*Hijos de anarquía, C.S.I.*) sería además un gran guionista desde su primer intento. Hay casos así en Hollywood de vez en cuando: Mel Gibson, Ben Affleck, Josh Radnor... Artistas que parecían tener muy acotado su crecimiento artístico cuando de un día para otro se convierten en creadores con un talento narrativo portentoso.

En el guión de *Sicario* hay un puñado de personajes desarrollados con maestría, sin abusar de las frases tópicas que suelen saturar este tipo de películas de persecución en un ambiente hiperviolento.

Es verdad que la aportación dramática del director y los actores es sobresaliente, pero la estructura de la historia, los puntos de giro, el arranque y desenlace están fundamentados en un guion preciso y conciso. Con frases cortas pero incisivas y claras, Sheridan logra que la película tenga riqueza y universalidad:

Para tus oídos norteamericanos nada tendrá sentido, pero al final lo comprenderás.

¿Podremos cazar a los responsables de lo de hoy? A los verdaderos responsables de lo de hoy.

Con indudable talento, el joven guionista y actor centra el tiro en una idea fundamental; un virus complejo no se diagnostica ni cura con remedios inmediatos y sencillos, sin efectos secundarios. En ese sentido, *Sicario* no es muy original con respecto a otras películas sobre narcotráfico. El espectador percibe que la atracción de las drogas forma parte del ser humano, de su deseo de satisfacción instantánea, del poder y la riqueza que facilita a quienes entran en ese negocio. Por eso es tan difícil combatirlo. Es un material venenoso que corrompe al ser humano arrancándole su dignidad, familia, libertad...

En esa dirección se encuentra el clímax final de la película; una feliz cena de padres e hijos en una casa lujosa se interrumpe con un visitante sigiloso que convierte la escena en tragedia en unos instantes.

Concisa, certera y cruel

Como todos los grandes directores, Villeneuve da una gran importancia en la película al trabajo de los directores de fotografía y montaje, con los que forma un equipo estable y muy coordinado. Roger Deakins, habitual colaborador en las películas de los hermanos Coen y nominado a 13 Oscar, y Joe Walker, editor de las películas de Steve McQueen (*Shame*, *12 años de esclavitud*), hacen posible que *Sicario* transmita veracidad y significado en cada plano.

El tipo de textura que utiliza Roger Deakins en la fotografía es muy cercano al del documental. La fotografía es muy nítida y realista, sin concesiones a difuminados o colores saturados. En los planos nocturnos se cuida especialmente no perder definición con luces indirectas que facilitan la visibilidad al espectador en una atmósfera inquie-

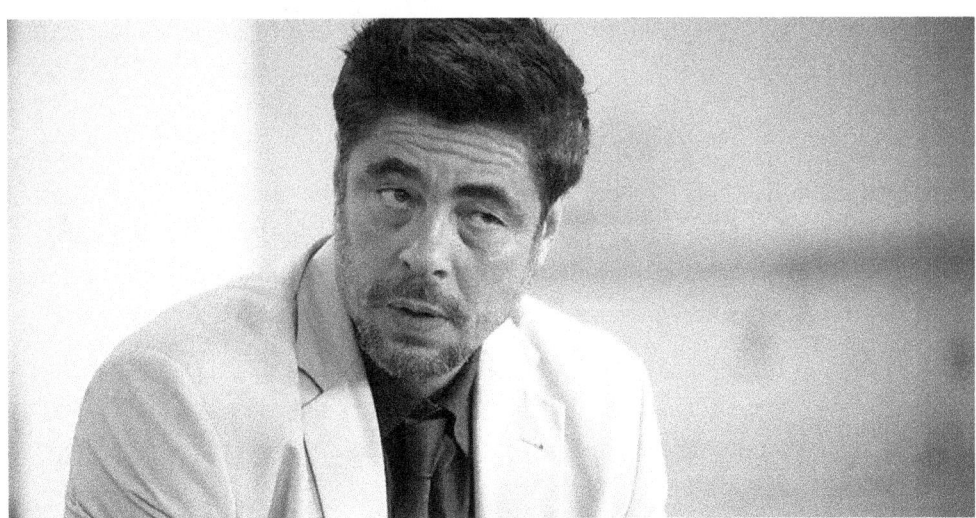
Benicio del Toro firma una interpretación pletórica, con una economía gestual admirable.

tante en la que se desarrolla el último tramo de la película.

> En *Sicario* queríamos estar muy cerca de la realidad. Le pedí al director de fotografía que tenía que encontrar colores inspirados en el desierto de Chihuahua. Colores terrosos y una luz muy cruda (Labutaca.net, entrevista a Denis Villeneuve)

Con ese matiz fotográfico, la película resulta aún más árida e incómoda.

Para explicar cómo el narcotráfico tiene mucho que ver con el lugar en el que se elabora y desde el que se distribuye, Villeneuve utiliza planos generales de la frontera mejicana, el desierto en el que parece que todo está permitido y escondido a la vez, o el túnel que lleva a la madriguera del capo.

La edición también procura pasar desapercibida en contra de la costumbre de entrecortar compulsivamente el cine de acción. En *Sicario*, el plano aguanta más tiempo del previsto y así genera una tensión impredecible en el espectador. Este montaje sería imposible si Villeneuve no fuese un verdadero maestro en el uso del fuera de campo.

Si en el plano final de *Prisoners* nos dejó impactados con el hábil uso de un silbato que suena fuera del plano, en *Sicario* la utilización de este recurso cinematográfico es constante, especialmente en el tramo final. Hay muchas muertes que no vemos, solo escuchamos los disparos, al igual que los ruidos inquietantes en el túnel o en la casa del gran capo. Y en especial esa matanza que protagoniza Benicio del Toro sentado y mirando a los ojos al hombre más buscado del mundo. No hay explosiones de sangre, ni primeros planos de las muertes, pero es difícil olvidar una escena tan impactante.

El islandés que incomoda tu butaca

Otro miembro habitual del equipo técnico de Villeneuve es el compositor islandés Jóhan Jóhannsson (Reykjavic, 1969). Nominado dos veces al Oscar a la banda sonora en 2014 por *La teoría del todo* y en 2016 precisamente por *Sicario*, es un músico versátil, capaz de adaptarse a diferentes géneros con soluciones muy variadas.

Su trabajo en las películas de Villeneuve consiste en crear una música minimalista que acompañe la acción y aumente la intensidad de la escena. La mayoría de temas de la banda sonora siguen un esquema parecido; comienza de manera imperceptible y va aumentando la cadencia y el volumen.

Jóhannsson utiliza música electrónica acompañada de instrumentos de cuerda similares a los utilizados en grandes películas de acción de los últimos años dirigidas por David Fincher (*Seven*, *El club de la lucha*), Christopher Nolan (*El caballero oscuro*, *Origen*) o Ben Affleck (*The Town*).

Gracias a la música del islandés, son especialmente vibrantes las largas escenas de entrada y salida de furgonetas blindadas en la temible ciudad de Juárez, y la profundización en el túnel que lleva directamente a la casa del capo. Tensión de cuerdas, volumen mínimo y ritmo creciente vuelven a ser los elementos relevantes en esos momentos fundamentales.

Barata y valiosa; nominada y ninguneada

A pesar de formar parte de la Sección Oficial presentada en Cannes en 2015, obtener 3 nominaciones a los Oscar y ser considerada por la NBR una de las 10 películas del año, *Sicario* no obtuvo la repercusión que merecía. Con un presupuesto muy ajustado (30 millones de dólares) apenas logró 84 en la taquilla internacional.

La crítica internacional, eso sí, fue unánime. Todas confirmaban el sello del director, su talento en la planificación y dirección de actores, la intensidad de la historia y la habilidad narrativa. El paso del tiempo jugará a favor de esta película exacta en sus medidas, e inteligente a la hora de abordar de manera original un argumento tan manido como la lucha contra el narcotráfico.

CINE PENSADO / Sicario

SICARIO (2015)
País: **EE.UU.**
Dirección: **Dennis Villeneuve**
Guion: **Taylor Sheridan**
Fotografía: **Roger Deakins**
Montaje: **Joe Walker**
Música: **Jóhann Jóhannsson**
Diseño de producción: **Patrice Vermette**
Vestuario: **Renée April**
Intérpretes: **Emily Blunt, Benicio del Toro, Josh Brolin, Victor Garber, Jon Bernthal, Daniel Kaluuya, Jeffrey Donovan**
121 minutos
Distribuidora DVD: **eOne**
Estreno en España: **13.11.2015**

Filmografía de Dennis Villeneuve como director

- *Sicario* (2015).
- *Enemy* (2013).
- *Prisioneros* (*Prisoners*, 2013).
- *Incendies* (2010).
- *Polytecnicqe* (2009).
- *Maelström* (2000).
- *Un 32 août sur terre* (*32nd Day of August on Earth*, 1998).

Slow West (John Maclean)
LAURA POUSA

En un contexto audiovisual divergente donde los productos multigénero, las hibridaciones y las búsquedas estéticas trascienden la formalidad clásica y postclásica, el estreno de un *western* contemporáneo e intimista como *Slow West* supone la aproximación a un tipo de sofisticación narrativa que, basándose en los códigos del propio género, los trasciende, permitiéndole destacar entre las producciones cinematográficas estrenadas en los últimos años.

Ganadora del Gran Premio del Jurado en Sundance en la edición de 2015, *Slow West* es la *opera prima* del director y músico John Maclean. Definida por algunos críticos como una *pop song*[1], como una obra *psychedelic*[2] y por su distribuidora como un *western* clásico y a la vez moderno, a medio camino entre el cine de Wes Anderson, Tarantino y los hermanos Coen[3], *Slow West* construye un drama con carácter propio y con un mecanismo perfectamente definido.

Slow West se inspira en la pulsión narrativa de los clásicos del género como *Pasión de los fuertes* (*My Darling Clementine*, John Ford, 1946), *Grupo salvaje* (*Wild Bunch*,

---
[1] *Masukor, Sarinah. "Elegy on the Pioneer Trail: John Maclean's Slow West". Metro Magazine, 186. pp 62-67.*
[2] <https://www.theguardian.com/film/2015/jun/24/john-maclean-slow-west> *Consultada en julio de 2016.*
[3] <http://www.bettapictures.com/cine/slowwest.html> *Consultada en julio de 2016.*

En el guion literario de *Slow West* -versión 7 de noviembre de 2013- encontramos una referencia explícita a *La vergüenza* (*Skammen*, Ingmar Bergman, 1968). En la secuencia 20, un matrimonio sueco intenta robar la caja de un almacén mientras sus dos hijos esperan en la puerta, ajenos a la tragedia que se está viviendo en su interior.

Sam Peckinpah, 1969), *Solo ante el peligro* (*High Noon*, Fred Zinnemann, 1952), así como de las diferentes revisitaciones posteriores como *Sin perdón* (*Unforgiven*, Clint Eastwood, 1992), *No es país para viejos* (*No Country for Old Men*, Ethan Coen, Joel Coen, 2007), *Valor de ley* (*True Grit*, Ethan Coen, Joel Coen, 2010) o del *spaguetti western Django desencadenado* (*Django Unchained*, Quentin Tarantino, 2012). Pero al mismo tiempo que los tiene en cuenta y, en ocasiones, los homenajea, también es capaz de alejarse de su concepto para ofrecer un original relato de autor, una historia emotiva y *naif* en un luminoso pero trágico *Far West*. Con la estructura dramática de un cuento, *Slow West* plantea una reflexión sobre el colonialismo y la construcción de la nación norteamericana a partir de una historia marcada por el paradigma del amor romántico.

El amor y la desesperanza

Slow West narra las aventuras y desventuras de un forastero en el lejano Oeste, de un joven aristócrata escocés de dieciséis años, que llega a Colorado con su té y sus buenos modales en busca de su gran y único amor: Rose Ross. En su recorrido a caballo, a paso lento por tierras norteamericanas, su posicionamiento ante la historia del país es la de un observante, la de un hombre que intuye la esperanza del sueño americano mientras sufre la ausencia del mundo civilizado.

Para contar la historia de Jay Cavendish, el director Maclean -de origen escocés, como su protagonista- se inspiró en un viaje que había realizado años antes por Estados Unidos con su banda de música The Beta Band. Durante una gira que le llevó a recorrer diferentes estados, se encontró con un gran número de norteamericanos que tenían abuelos o familiares lejanos llegados de Escocia e Irlanda. De esta manera, Maclean tomó conciencia de unas vidas entrelazadas y comenzó a idear *Slow West* desde la poética de un pasado común y eligiendo el género norteamericano por excelencia como motor estructural de su drama. Además, después de haber ganado el Bafta al Mejor Cortometraje de Ficción en 2012 con *Pitch Black Heist* (2011) -un relato rodado en B/N que, desde una narrativa contemporánea, plantea un juego dramático entre dos personajes-, el director quería que su primera película se alejara de ciertos convencionalismos y temáticas adolescentes que están presentes en muchas de las obras de las directoras y los directores de su generación. Maclean quería hacer una película diferente, quería contar una historia sobre la desesperanza[4] del ser humano, y el *western* contaba con todos los elementos para poder hacerlo. Su experiencia y habilidad narrativa como director de videoclips le ayudaron a proyectar un relato cargado de matices sonoros y visuales que, junto a la aparición de nuevos referentes como Tarkovsky, Bergman y Kurosawa, convirtieron a *Slow West* en *western* de ritmos y cadencias basadas en una emoción contenida[5].

El *Far West* de Jay

El relato de *Slow West* comienza con una voz en *off* sobre fondo negro:

> **SILAS SELLECK (V.O.)**
> Once upon a time, 1870 to be exact,
> a sixteen year old kid travelled
> from the cold shoulder of Scotland,
> to the baking heart of America to
> find his love. His name was Jay -
> her name was Rose[6]
>   FADE IN:

---

[4] <http://www.bfi.org.uk/news-opinion/news-bfi/interviews/slow-west-i-wanted-make-film-about-desperation> Consultada en julio de 2016.
[5] En una entrevista concedida a la revista *Sight and Sound*, Maclean explica que durante el período de escritura del guión, comenzó a ver películas de Tarkovsky, Bergman y Kurosawa, y no las específicas del género.
[6] "Érase una vez, en 1870 para ser exactos, un chico de dieciséis años viajó desde la helada Escocia hasta el caluroso corazón de EE.UU. para hallar su amor. Su nombre era Jay, el nombre de ella era Rose".

Después, vemos un espectacular plano mostrando el cielo estrellado al que mira Jay Cavendish. El chico va nombrando las constelaciones al tiempo que, tras sus disparos simulados, el cinturón de Orión[7] se ilumina. Por corte, vemos a la joven Rose en el que será el primer *flash-back* de la película y un recuerdo recurrente de Jay. El encuentro con ella será el motor vital y emocional de su largo viaje. En este arranque, además de presentar al protagonista -como se explicita en el guion, *our hero*-, reside el concepto dramático de *Slow West* que, por un lado, consiste en un recorrido explicativo y dramatizado por el *Far West* narrado en *off* por el que será el coprotagonista de la historia, y por otro, la mostración del Oeste como un imaginario intelectualizado donde el uso de las armas de fuego determinan la supervivencia.

Jay Cavendish -*son of lady Cavendish*, como él mismo se presenta- proviene de la aristocracia escocesa. Jay, interpretado por Kodi Smit-McPhee, es un joven culto, refinado, sensible y reflexivo. En medio de la barbarie y la brutalidad del lejano Oeste, dominado por la destrucción de los pueblos nativos y originarios de América, su carácter idealista le permite permanecer a paso lento observando, escuchando y siendo capaz de ahondar en la realidad de su momento. Jay es capaz de asombrarse ante lo nuevo y estimulante, llegando a detenerse a escuchar una canción tradicional cantada por tres hombres negros y convertir sus pensamientos en profundos aforismos: *L'amour est universelle comme la mort*[8]. Esta sofisticación aparentemente descontextualizada de la historia -que incluso nos puede llevar a establecer una conexión con el cine francés de la modernidad-, tiene que ver con la determinación del director de construir un guion sólido con frases breves, capaces de sugerir desde la precisión de la idea y evitando los largos párrafos de texto. Frente al *Far* o el *Fast West*, la propuesta de Maclean es el *Slow West* a través de un introspectivo, cercano y comedido Jay.

Los contrastes

En *Slow West* se apuesta por el contraste, la tensión y la dualidad. La llegada del extranjero inglés -pálido, delgado, frágil- a un lugar inhóspito donde el sol te abrasa la cara es la primera de una dialéctica de opuestos presentes en toda la narración. Pero, sin duda, la aparición del personaje Silas Selleck -un ex bandido que aparece en pleno bosque salvándole de una posible muerte a manos de asesinos de indios- es la más importante y la que permitirá hacer avanzar la acción.

---

[7] No hay que olvidar que Orión, según la mitología griega, era el compañero de caza de Artemisa y Leto. Un dato que puede ser considerado como un subtexto en el desarrollo de la historia.
[8] "El amor es universal como la muerte".

Aunque Silas -interpretado por Michael Fassbender- es presentado como un bárbaro más, en realidad, no lo es. En su definición como personaje, el guion literario, de una manera metafórica, nos anticipa su naturaleza: "Silas is dirt ingrained, only his eyes are clean"[9]. A lo largo de la película veremos cómo, pese a su sentido trágico de la existencia y su capacidad de matar, Silas es un *cowboy* al que los ojos se le llenan de lágrimas, un hombre que siente impotencia ante la idea de que dos niños se queden huérfanos en un mundo hostil y un hombre que es capaz de anteponer sus sentimientos ante el cobro de una suculenta recompensa: la que pesa sobre Rose Ross y su padre.

Si para John Cawelti, el *western*, en su definición como género, se sitúa en un lugar entre dos eras, entre dos tierras y entre dos sistemas de valores donde los hombres se encuentran con su doble sin civilizar (1976), *Slow West* amplifica su sentido mediante dos personajes alejados del estereotipo construidos desde la libertad y la sutileza. Jay -el chico que a finales del siglo XIX mira a la luna y habla de *moon people* o cita la teoría de la evolución de Charles Darwin- complementa a Silas, el bandido arrepentido en busca de un hogar, que aprende a mirar a través de los ojos de Jay. *The kid was a wonder. He saw things differently*[10], dice su voz en *off* de narrador. A su vez, Silas adopta el rol de compañero, llegando a rozar lo paternal, enseñando al chico a afeitarse, pero también acompañándolo y protegiéndole hasta llegar a su destino final. De esta manera, si Jay responde a un Quijote escocés y soñador que lee libros sobre el *Far West* en el propio *Far West*, Silas se convierte en una versión de Preacher, en *El jinete blanco* (*Pale Rider*, Clint Eastwood, 1985), un personaje solitario con un código moral propio que le honra y le diferencia.

Esta contraposición representada entre la literatura y el género cinematográfico más popular responde al reto que la película plantea a partir del encuentro entre Jay y Silas. Su viaje en busca de Rose hasta un bosque llamado Silver Ghost nos permitirá -además de definir *Slow West* como una *horse-bound road movie*- entender su relato desde una perspectiva antropológica del mismo modo que ocurre con las estructuras binarias planteadas por Claude Levi-Strauss. La vida frente a la muerte, la civilización frente a la barbarie, el amor frente al desamor, el presente frente al pasado, el norte frente al sur y, finalmente, el este frente al oeste. La película se convierte así en un inventario de realidades, en un paseo etnológico que alberga el mito de las civilizaciones en un intento por comprender el origen de la nación norteamericana.

---

[9] *"Silas tiene la suciedad incrustada, sólo sus ojos están limpios".*
[10] *"El chico era una maravilla. Veía las cosas de manera diferente".*

La estética de otro mundo cruel

Slow West replantea cierto imaginario del *western* al ofrecer un paisaje en el que las flores y la vegetación verde de Nueva Zelanda -lugar donde se rodó la película- dominan los espacios naturales por los que transitan los protagonistas. Pero este Oeste colorido, a priori amable, no es incompatible con una crueldad extrema, que habita de forma primitiva y legendaria.

El personaje llamado Payne -interpretado por Ben Mendelson- es el representante de la violencia. Ataviado con un característico abrigo de pieles -inspirado en el de Warren Beauty en *Los vividores* (*McCabe & Mrs. Miller*, Robert Altman, 1971)-, su personaje funciona como un antagonista ambiguo presentado desde la fascinación estética del *bad boy*. Su aparición en el punto medio de la película nos lleva hasta Rose y hasta la performántica destrucción final: el mortal enfrentamiento que tiene lugar en la pequeña casa en la que vive la chica con su padre y el indio Kotori.

Los videoartísticos planos de platos y manzanas tiroteados se combinan con los rostros que, apoyados en rifles, apuntan al enemigo y los cuerpos que caen abatidos. *Jay! A thousand ways to die, choose one*[11]. Esta frase -gritada por Rose a Jay, cuando jugaban en Escocia en uno de los primeros *flash-backs*- resuena ahora como una premonición a punto de cumplirse. Pero antes de que eso ocurra, Jay, el falso Romeo, el héroe que puso el corazón en el lugar equivocado, salvará a Rose de la barbarie. La película cierra con un interesante epílogo que consiste en un catálogo de todos los muertos aparecidos en la historia, sin música. Los cuerpos inertes de inocentes y culpables nos permiten establecer una vinculación estética con los de *Hasta que llegó su hora* (*Once Upon a time in the West*, Sergio Leone, 1968), pero más allá de la referencia, nos ofrecen un instante para la reflexión desde lo que supone una nueva representación contemporánea y poética del *western* en forma de cuento audiovisual.

---

[11] "*¡Jay! Hay cientos de formas de morir, escoge una*".

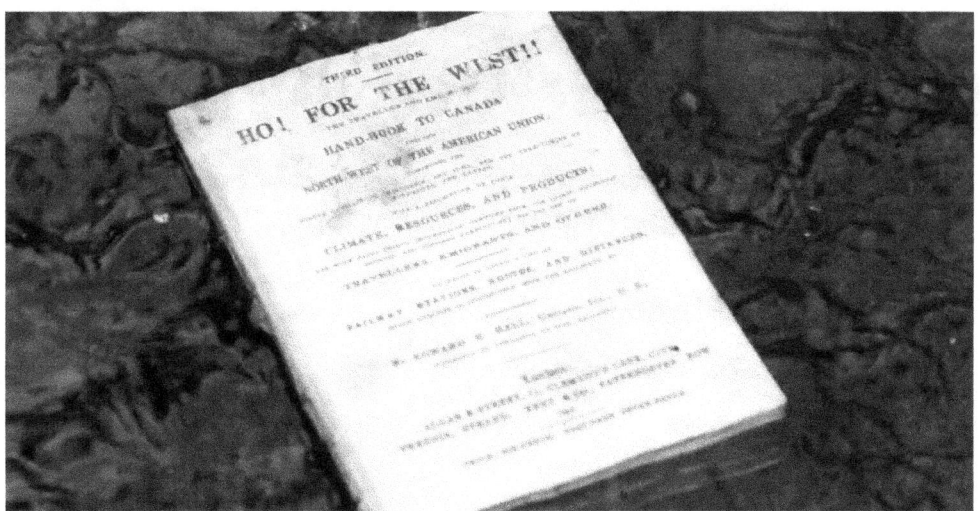

El protagonista Jay Cavendish viaja al Oeste con el libro *Ho! For the West! The Traveler and Emigrant's Hand-book to Canada and The North-West States of America*, de Edward Hepple Hall (1858).

SLOW WEST (2015)
País: **Reino Unido, Nueva Zelanda**
Dirección y Guion: **John Maclean**
Fotografía: **Robbie Ryan**
Montaje: **Roland Gallois, Jon Gregory**
Música: **Jed Kurzel**
Diseño de producción: **Angela Littlejohn**
Vestuario: **Amy Craven**
Intérpretes: **Kodi Smit-McPhee, Michael Fassbender, Ben Mendelsohn, Caren Pistorius, Brooke Williams, Rory McCann, Jeffrey Thomas**
84 minutos
Distribuidora DVD: **Betta**
Estreno en España: **16.10.2015**

Filmografía de John Maclean como director

- *Slow West* (2015).

FUENTES

• BETTA PICTURES <http://www.bettapictures.com/cine/slowwest.html> Consultada en julio de 2016.

• BFI <http://www.bfi.org.uk/news-opinion/news-bfi/interviews/slow-west-i-wanted-make-film-about-desperation> Consultada en julio de 2016.

• CAWELTI, John G. (1976) *Adventure, Mistry, and Romance. Formula Stories as Art and Popular Culture*. Chicago: The University of Chicago Press.

• GANT, Charles. Slow West. *Sight & Sound*, 00374806, Jul 2015, Vol. 25, Issue 7.

• MASUKOR, Sarinah. Elegy on the Pioneer Trail: John Maclean's Slow West. *Metro Magazine*, 186. pp 62-67.

• THE GUARDIAN <https://www.theguardian.com/film/2015/jun/24/john-maclean-slow-west> Consultada en julio de 2016.

Star Wars: El despertar de la Fuerza (J.J. Abrams)

JUAN LUIS SÁNCHEZ

Máximo exponente de la cultura popular, *La Guerra de las Galaxias* ha marcado a varias generaciones y su influencia en el cine, la televisión y los videojuegos resultaría imposible de cuantificar. Al aceptar ponerse a las riendas del proyecto, J.J. Abrams sabía sobradamente que iba a rodar uno de los filmes más esperados de todos los tiempos, pues llegó a las pantallas una década después del último lanzamiento de la franquicia, *La Guerra de las Galaxias, Episodio III: La venganza de los Sith*, la última de las precuelas de George Lucas.

30 de octubre de 2012. El mundo piensa que difícilmente saldrán más filmes de *Star Wars* (y muchos creen que para que las ruede George Lucas, mejor no hacer nada). Pero The Walt Disney Company anuncia prácticamente por sorpresa que ha llegado a un acuerdo para comprar por 4.050 millones de dólares la empresa Lucasfilm, fundada por el cineasta, que posee los derechos de *La Guerra de las Galaxias*, así como de la saga de *Indiana Jones*.

Para gran regocijo de los seguidores, Walt Disney desvela sus planes para rodar una nueva trilogía de la saga galáctica, cuya primera parte -el *Episodio VII*- llegaría a las pantallas en 2015.

Nombrada productora ejecutiva y máxima responsable de Lucasfilm, Kathleen Kennedy se pone manos a la obra con el nuevo filme. Debió buscar un equipo creativo. En primer lugar contrató al guionista, un profesional de primera categoría, nada menos que Michael Arndt, que había ganado un Oscar por su debut, el libreto de la excelente *Pequeña Miss Sunshine*, y una candidatura por su segunda película, la magistral *Toy Story 3*. Un crack que firmaba el contrato en noviembre de 2012.

Para dirigir la película se barajaron los nombres de Jon Favreau, Joe Johnston, Joseph Kosinski, Colin Trevorrow y Christopher Nolan. La búsqueda generó tanta expectación en los medios especializados, que se sucedieron las declaraciones de otros cineastas que se autodescartaban, como Brad Bird, Zack Snyder, Quentin Tarantino, Sam Mendes y Guillermo del Toro, que exponían motivos variopintos. Hasta Steven Spielberg se sumó a la moda de desmentir que se iba a ocupar de este asunto. «No es mi género, es el género de mi mejor amigo, George», declaró.

A todas luces, J.J. Abrams se perfilaba desde el minuto uno como la elección ideal, por el tono similar a *Star Wars* de sus películas de *Star Trek*. La primera vez que Kathleen Kennedy se reúne con él, la víspera de Navidad de 2012, el realizador deniega la oferta. Se encuentra en plena postproducción de *Star Trek: En la oscuridad*, que se estrenaría el siguiente julio. Pero Kennedy ofrece más dinero, y J.J. Abrams decide reunirse varias veces más con ella, lo consulta con su esposa según su costumbre y al final… ¡acepta el encargo! Además, J.J. ejercería como productor a través de Bad Robot, junto con su compañero habitual para estas tareas, Bryan Bruk.

La Fuerza se pone en marcha

Desde el primer momento, Walt Disney pretende darle los principales papeles a nuevos personajes, pero contar también con los actores iniciales. Por su parte, Mark Hamill (Luke Skywalker), Carrie Fisher (Leia Organa) y Harrison Ford (Han Solo) declaran estar dispuestos a retomar sus personajes de la saga, a pesar de que este último había dicho muchas veces, antes de que se anunciara el rodaje de la séptima entrega, que el contrabandista galáctico ya no tenía "ningún interés" para él.

Conociendo la trayectoria de J.J. Abrams era previsible que el cineasta no se sintiera a gusto con un libreto ajeno que se empezó a gestar cuando él no estaba a bordo. No sorprende demasiado que Michael Arndt acabara abandonando el proyecto, tras el descontento del realizador con su trabajo. El 24 de octubre de 2013 se aclara que el guionis-

La Guerra de las Galaxias **forma parte de la cultura popular.**

ta se iba, tras un año de trabajo, y que el propio Abrams se ocuparía de escribir el filme junto a Lawrence Kasdan.

El casting comenzó el 20 de marzo de 2013, en absoluto secreto, y de hecho no se llegó a conocer hasta más de un año después, el 29 de abril de 2014, justo antes de una reunión previa al inicio del rodaje en Londres, para mantener la tradición, esta vez en los estudios Pinewood. Las caras nuevas son John Boyega (Finn), Daisy Ridley (Rey), Adam Driver (Kylo Ren), Oscar Isaac (Poe Dameron), Andy Serkis (el líder supremo Snoke), Lupita Nyong'o (Maz Kanata), Gwendoline Christie (capitán Phasma), Domhnall Gleeson, Max Von Sydow y el mejor amigo de Abrams, Greg Grunberg. Además de Hamill, Ford y Fisher, se han repescado a los actores originales Anthony Daniels, Peter Mayhew y Kenny Baker.

El presupuesto ascendió a los 200 millones de dólares. Tras unas tomas en Islandia, el rodaje principal comenzó en la capital británica el 14 de mayo de 2014. Después tuvieron lugar dos semanas de trabajo en Marruecos y en Túnez, donde se habían rodado anteriormente las escenas que transcurrían en Tatooine y en el desierto de Abu Dabi (Emiratos Árabes Unidos).

Por desgracia, Harrison Ford se fracturó el tobillo en Pinewood, el 12 de junio, cuando se le cayó encima una puerta hidráulica del Halcón Milenario, la legendaria astronave de su personaje. El veterano actor fue trasladado a un hospital, donde recibió tratamiento. Durante el mes de agosto se programó una parada de dos semanas del rodaje, pues el calendario tenía que ser reajustado para esperar a que Ford se recuperase.

Las tomas finalizaron el 3 de noviembre de 2014.

Como es habitual, J.J. Abrams demostró su habilidad para crear expectación dosificando las informaciones sobre el *Episodio VII*. Para empezar, se desconocía cómo se iba a llamar hasta el 6 de noviembre de 2014, cuando LucasFilm, a través de sus redes sociales, anunció que el título oficial de la séptima entrega de la saga sería *Star Wars Episode VII: The Force Awakens*, traducido en España por *Star Wars. Episodio VII: El despertar de la Fuerza*. En principio Walt Disney pretendía estrenar en verano de 2015, pero con las complicaciones en la escritura del guion, el director pidió un poco de tiempo extra, y finalmente se fijó como fecha de desembarco en los cines el 18 de diciembre de 2015.

A través de Twitter, J.J. Abrams fue dando poco a poco detalles, como el regreso del Halcón Milenario, o de las tropas de asalto imperiales, lo que causaba una gran alegría entre los fans, aunque en realidad no les desvelaba detalles sustanciales del argumento. Gracias a su mano en esta red social, el realizador consiguió que no se dejara de hablar en ningún momento de *Star Wars*, utilizando todo tipo de tácticas.

Ante tanto secretismo, el primer *teaser* fue un bombazo. Hecho público el 28 de noviembre de 2014, mostraba imágenes que dieron pie a todo tipo de especulaciones, como John Boyega con un traje de tropa de asalto, Oscar Isaac a bordo de un caza estelar X-Wing y el célebre Halcón Milenario enfrentándose con unos cazas TIE, al estilo clásico. También triunfó el droide esférico BB-8 (posteriormente Mark Hamill desveló en una entrevista que no está creado por animación digital, sino que se trata de una maqueta que se dirige por control remoto).

El segundo *teaser* llegó el 16 de abril de 2015. En dos minutos mostraba imágenes de los restos del casco de Darth Vader, el sable láser de Luke, nuevas armaduras de los soldados de asalto, nuevos trajes para los pilotos de los cazas TIE y una sorpresa final, la aparición del ya maduro Han Solo de nuevo acompañado de Chewbacca, que causó auténtico furor.

Declaraciones de J.J. Abrams

«Cuando Kathleen Kennedy me contactó y me preguntó si quería estar involucrado en una nueva entrega de *Star Wars*, no estaba seguro de hacia dónde iríamos, pero me sumergí en la idea de nuevos personajes jóvenes. Y me excitaba mucho inventar este nuevo mundo, pero también cómo este iba a ser descubierto a través de estos personajes. También quería retroceder y recapturar ese sentimiento que ya habíamos experimentado, para ir hacia adelante, avanzar».

«Puedo entender que alguien diga al darse cuenta de que hemos rodado un refrito de *La Guerra de las Galaxias*: 'Oh, ¡esto es una completa estafa!'. Pero hemos heredado la saga y que la historia se repita era, creo, algo obvio e intencional. El argumento nos lleva a conocer a un personaje que viene de un lugar desértico y descubre que tiene un poder, o donde los chicos malos tienen un arma que es letal pero que acaba siendo destruida... Son quizás principios simples y, con mucho, los aspectos menos importantes de esta película, los que proporcionan el esqueleto, la estructura argumental que ya fue probada en numerosas ocasiones mucho antes de que se utilizara en aquel legendario filme».

«Para mí ha habido una constante: conseguir que ninguna de las cosas que hemos recuperado de las anteriores entregas fuese tratada o bien como una pieza de museo a la que hay que honrar ni como algo arbitrario que hay que poner sí o sí porque es una cinta de *La Guerra de las Galaxias*. Todo tiene que ser esencial para los personajes».

Sinopsis de *Star Wars: El despertar de la Fuerza*, en busca de *Luke*

Como Luke Skywalker ha desaparecido, su hermana, la general Leia, envía a su piloto más destacado, Poe Dameron, al planeta desertico Jakku, donde deberá encontrarse con Lor San Tekka, viejo aliado con pistas de su paradero. Este le entrega un mapa con la localización del jedi, justo antes de la aterradora llegada de las tropas de asalto lideradas por el siniestro Kylo Ren, sicario del Primer Orden, organización militar surgida de las cenizas del Imperio.

Los soldados capturan a Dameron, que sin embargo ha podido esconder los planos en BB-8, su pequeño droide. En su huida, este acaba ganándose la amistad de Rei, joven que sobrevive como chatarrera en una nave abandonada. Por su parte, el piloto conseguirá escapar gracias a la inesperada ayuda del soldado FN-2187, que arrepentido de las injusticias que cometen los suyos, ha decidido desertar, cambiarse el nombre por Finn y sumarse a las filas de la Rebelión.

Crítica de *Star Wars: El despertar de la Fuerza*, espectáculo visual

Apoyado en un inteligente guion coescrito por Michael Arndt, después reelaborado por Lawrence Kasdan (veterano de la saga) y él mismo, el astuto J.J. Abrams resucita el esquema de *La Guerra de las Galaxias*, de 1977, al que añade algún que otro elemento de las dos continuaciones de la trilogía clásica. Pero todo tiene la suficiente frescura como para parecer completamente nuevo.

También acierta al no abusar de los ingredientes ya conocidos, sino que los dosifica para generar cierto suspense en torno a cuándo va a encenderse cierta arma anticuada, cuándo hará su aparición determinada princesa, o qué ha sido de un esperadísimo caballero jedi, por poner algunos ejemplos. Hasta los acordes más conocidos de la banda sonora de John Williams parece que jamás van a resonar.

Con esta argucia, encandila por el lado nostálgico a los viejos seguidores de la saga. Pero esto no impide que se puedan subir los recién llegados o quienes no tengan nada frescas las anteriores películas. El creador de *Perdidos* compone un espectáculo visual brillante, con unos efectos especiales muy sólidos y sofisticados (atención al genial droide BB-8, que parece estar ahí de verdad), pero que siempre están al servicio de la historia y de unos personajes con humanidad.

A esto último contribuye en gran medida un casting muy pensado, en la línea de los filmes originales, pues los protagonistas son más o menos desconocidos, pero derrochan expresividad y simpatía. La joven Daisy Ridley (en su segundo largo de cine tras el poco difundido *Scrawl*) compone a una chatarrera tosca pero noble que empatiza con el público, mientras que el un poco más célebre John Boyega (*Attack the Block*) resulta ser el rostro ideal para un soldado de asalto arrepentido. Entre los recién llegados destaca Adam Driver (novio de la protagonista en *Girls*), émulo de Darth Vader en lucha interior, realmente memorable. El gran Oscar Isaac (*A propósito de Llewyn Davis*) se luce en un papel de típico héroe, un tanto breve, pero que apunta tener cierto arco de desarrollo para el futuro. Resulta paradójico que el aspecto más débil del filme resida en la recuperación de las estrellas originales, poco fotogénicas, y de las que se abusa, en especial de Harrison Ford, por mucho que al final su personaje sea la pieza clave de una secuencia magistral, clave del filme. Pero habría sido mejor que la muy desmejorada Carrie Fisher saliera menos, y no se empeñaran en que repitiera el vestuario original de sus años mozos. Por su parte, Mark Hamill (Luke) es el único que está bien presentado.

STAR WARS: THE FORCE AWAKENS (2015)
País: **EE.UU.**
Dirección: **J.J. Abrams**
Guion: **Michael Arndt, Lawrence Kasdan, J.J. Abrams**
Fotografía: **Daniel Mindel**
Montaje: **Maryann Brandon, Mary Jo Markey**
Música: **John Williams**
Diseño de producción: **Rick Carter, Darren Gilford**
Vestuario: **Michael Kaplan**
Intérpretes: **John Boyega, Daisy Ridley, Oscar Isaac, Harrison Ford, Mark Hamill, Carrie Fisher, Adam Driver, Lupita Nyong'o, Andy Serkis, Domhnall Gleeson, Anthony Daniels, Max von Sydow, Peter Mayhew**
136 minutos
Distribuidora DVD: **Disney**
Estreno en España: **18.12.2015**

Filmografía de J.J. Abrams como director

- *Star Wars: El despertar de la Fuerza* (*Star Wars: The Force Awakens*, 2015).
- *Star Trek: En la oscuridad* (*Star Trek Into Darkness*, 2013).
- *Super 8* (*Sami Sakhli*, 2011).
- *Star Trek* (*Star Trek XI*, 2009).
- *Misión imposible: Protocolo Fantasma* (*Mission Impossible: Ghost Protocol*, 2011).

FUENTES

• BARBER, Peter (2014). *J.J. Abrams 111 Success Facts. Everything you need to know about J.J. Abrams*. Nueva York: Emereo Publishing.

• CARMONA, Luis Miguel, y SÁNCHEZ, Juan Luis (2015). *De Perdidos a Star Wars: J.J. Abrams, un hombre y sus sueños*. Madrid: Diábolo.

• DANIELS, Neil (2015). *J.J. Abrams: A Study in Genius*. Nueva York: John Blake Publishing.

Taxi Teherán (Jafar Panahi)

NADIA MCGOWAN & LUIS DELTELL

Un cineasta condenado a no rodar más viaja en taxi y escucha la conversación entre el conductor y otros pasajeros. En ese momento se pregunta qué pasaría si, dado que no sabe hacer nada más que rodar, se viera obligado a convertirse en taxista. A raíz de esa reflexión surge *Taxi Teherán*, donde a lo largo de una tarde todo tipo de pasajeros se suben a un taxi conducido por el propio director.

Los clientes hablan con absoluta franqueza entre ellos y nos muestran diversas facetas del Irán actual: el vendedor ambulante de copias en DVD de películas prohibidas en el país, un hombre que sufre un accidente y está al borde de la muerte, dos señoras que deben arrojar un pez en un manantial exactamente a mediodía, una activista política que lleva rosas a la cárcel a una chica presa por acudir a un evento deportivo, o la sobrina de Panahi, que está rodando un vídeo para el colegio y debe atenerse en su práctica escolar al estricto código moral audiovisual del país. La película termina cuando, tras apearse del coche, dos desconocidos roban la cámara.

Una niña recoge el Oso de Oro

En febrero de 2015, Hanna Saedi, sobrina de diez años de Jafar Panahi, asía en nombre de su tío el Oso de Oro de la Berlinale. La niña que había protagonizado una de las secuencias fundamentales de *Taxi Teherán* temblaba con la estatuilla en la mano. El público, emocionado, aplaudía. Hanna, aturdida, tan solo pudo levantar con sus pequeños brazos el premio. Este leve gesto motivó uno de los mayores escándalos del festival de cine alemán, que tuvo que gestionar durante meses una profunda crisis diplomática con Irán.

Jafar Panahi no pudo acudir en persona a recoger el galardón puesto que le había sido prohibido filmar películas y abandonar su nación. A pesar de ello, este es el tercer largometraje que realiza desde su condena, tras *Esto no es una película* (codirigida con Mojtaba Mirtahmasb, 2011) y *Pardé* (codirigida con Kambozia Partovi, 2013). *Taxi Teherán* y las dos anteriores se rodaron sin permisos, sin presupuesto y casi sin equipo. Estas tres creaciones domésticas, sin embargo, se estrenaron en los certámenes de cine más importantes del mundo y obtuvieron los premios más prestigiosos.

Panahi recurrió a todo tipo de artificios para escapar de la censura y al control de la administración: desde filmar en su propia casa hasta crear una historia en su residencia de vacaciones o, en este caso, fingir ser taxista y grabar, aparentemente sin su consentimiento, a pasajeros supuestamente anónimos. Esta libertad formal ha ido acompañada de una rocambolesca aventura para poder exhibir sus obras en el extranjero.

Ninguna de estas películas salió de Irán a través de los medios tradicionales o por valija diplomática, como correspondería a una obra que se manda a estos festivales, sino de forma ilegal y clandestina. Para burlar aduanas y controles fronterizos, estos filmes han viajado en *pen-drives* escondidos en el equipaje de falsos turistas e, incluso, ocultos en el interior de una tarta, como en una mala película de espías de la Guerra Fría.

Por eso, cuando la joven Hanna Saed alzó el León de Oro, todos los asistentes sabían que Jafar Panahi no faltaba al acto por un ataque de narcisismo o de timidez, sino porque se encontraba recluido en su país. La ovación fue para una gran película pero, aún más, para la actitud valiente de un cineasta.

Liberados por la tecnología

Los medios de producción digital han conquistado tanto el cine comercial como el minoritario o *underground*. A principios del siglo XXI Matt Hanson (2004) sostenía que la bobina había quedado obsoleta y era algo estrictamente para nostálgicos. Este giro al digital es todavía mayor en las películas de bajo presupuesto y en los países periféricos, utilizando el término acuñado por Alberto Elena en 1999 para las filmografías nacionales alejadas de los grandes centros de producción.

Es precisamente una de estas cinematografías, la iraní, la que ha mostrado más entusiasmo en su acercamiento a lo digital. Parviz Jahed (2014) detalla acertadamente cómo toda una generación de creadores de dicho país ha recurrido a las nuevas tecnologías para abaratar el coste de sus producciones y, a la vez, para solventar los problemas con la administración y la burocracia de su nación, que son despiadadas en muchas ocasiones con las obras de los directores.

El caso de Jafar Panahi no es, por tanto, único; sin embargo es el más emblemático y radical de uso de la tecnología como herramienta al servicio de una nueva forma y enunciación del hecho cinematográfico. Tras su condena en el año 2009, sus largometrajes son asombrosamente domésticos e íntimos. *Esto no es una película* fue calificada de vídeo-diario por muchos, y la insólita *Pardé*, de rodaje casero. En ellas, Panahi recurrió a la ayuda de otros cineastas o al menos de otros técnicos. Sin embargo, en *Taxi Teherán* hay una vocación manifiesta por simular que solo hay un responsable de todo el proceso: el propio director. El filme está firmado por una única persona: Jafar Panahi. No hay créditos iniciales que den información previa al espectador sobre la obra y en los créditos finales solo se indica que lo que se acaba de contemplar se titula *Taxi Teherán* y que es una película de Jafar Panahi. Después un texto informa de lo siguiente:

> El Ministerio de Orientación Islámica aprueba los créditos de las películas distribuibles. A pesar de mi deseo sincero esta película no tiene créditos. Estoy en deuda con quienes nos han ayudado. Esta película no existiría sin su apoyo.

Panahi elimina a todos los colaboradores de la producción para eximirles de responsabilidades legales, al menos hasta que las circunstancias políticas permitan hacer públicos sus nombres. El gesto tiene también una importante connotación, ya que el cineasta ha construido una película sin ninguna *troupe* de operadores, sonidistas y otros miembros de la producción. Ha utilizado hábilmente la tecnología para liberarse de problemas económicos, con un presupuesto de 32.000 €, trabas políticas y legales e incluso para liberarse de los sistemas de producción clásicos. Pocos directores, hace un par de décadas, habrían pensado en poder filmar una obra con tanta libertad.

Rodaje y edición duraron dos semanas. Panahi montaba los brutos del día cada noche con la intención de acabar la película antes de que las autoridades se percataran de su existencia, y guardaba copias en diferentes lugares para que no pudiera ser destruida en caso de un fortuito registro.

La sobrina de Panahi rueda un vídeo para el colegio.

Esta discreción se extendió a los métodos de rodaje. La obra se grabó con tres cámaras Blackmagic Pocket Cinema como principales, instaladas en el interior del coche, además de la cámara doméstica que aportó la sobrina del director y el móvil de este. De pequeño tamaño pero con resolución suficiente para proyectar en sala de cine (1080HD en ProRes 422 HQ), la Blackmagic Pocket Cinema permitía tanto la invisibilidad de la técnica como el poder rodar en un espacio tan pequeño. A pesar de tener un amplio rango dinámico, trabajar en el interior de un coche a pleno día generalmente requeriría de iluminación para evitar tanto la sobreexposición de las ventanas como negros empastados en las sombras. Iluminar era absolutamente inviable por el secretismo que rodeaba el rodaje, por lo que se recurrió a eliminar el techo del coche, trabajar con luz natural y añadirlo después en postproducción.

El rodaje en continuidad a lo largo de situaciones lumínicas cambiantes en ocasiones nos lleva a imágenes demasiado oscuras o contrastadas, pero si tenemos en cuenta lo acostumbrado que está el espectador contemporáneo a la imagen de aspecto *amateur*, sobreexpuesta, subexpuesta, mal encuadrada o temblorosa como recurso de verosimilitud, es quizá un valor añadido en una película que juega con los límites de lo real. Las texturas de la cámara casera y el móvil no hacen sino reforzar este efecto.

La verosimilitud y el neorrealismo

Dos han sido desde hace años las metáforas que han explicado con más claridad el cine: la ventana y el marco. Ambas comparaciones representan concepciones del cine distintas: realismo versus formalismo. La primera de ellas, encabezada por André Bazin (1966), consideraba al cine como una ventana a la sociedad, por lo que debía tender a la búsqueda del realismo. Frente a ellos se encontraba el formalismo de Arnheim (1986), que consideraba el cine como un marco donde se selecciona y se encuadra y que, por lo tanto, lo retratado era necesariamente una construcción formal.

El cine de Jafar Panahi, como casi todo el nuevo cine iraní, parece acercarse a la visión realista. No es extraño que rápidamente los autores viesen en sus primeras películas los ecos del neorrealismo (el movimiento que tanto fascinó al propio André Bazin). Así sus retratos de los niños podrían encajar y encuadrarse en una evolución del propio cine neorrealista (Cardullo, 2002).

Las primeras obras de Panahi se encuadran sin dificultad en la metáfora de la ventana ya que, sin duda, se abren hacia un universo social y político. El autor no solo quiere mostrar la realidad sino que se adentra en las partes más conflictivas y complejas de su sociedad. No tiene problemas en ponerse del lado de los más necesitados y en retratar los conflictos de su país. Destaca su mirada hacia las mujeres y su voluntad por presentar y entender la situación de maltrato de las mismas en Irán (Gurkan, 2015).

El realismo, especialmente el propuesto por André Bazin y su teoría del plano-escena, apelaba a un cine sin intervención: el director debía quedarse al margen, el filme funcionaba como una ventana en la que la manipulación fuese mínima. Se esperaba que el espectador sucumbiese ante la verosimilitud y que al final de la película creyese que todo lo visible no solo pudiera ser verdad sino que era verídico. Sin embargo, desde el año 2009, las películas de Panahi no encajan en este modelo. Su cine ha olvidado la idea de la ventana y se centra ahora en el marco. La película *Pardé*, muy significativamente, se titula en su copia internacional *Closed Curtain*, que podría traducirse como cortina corrida o telón bajado. El filme comienza con una persona que tapa un gran ventanal, lo que preocupa no es la realidad, sino lo que ocurre dentro del marco.

Taxi Teherán es significativa en este importante cambio. La película aparenta ser un relato realista, pero lo que interesa a Panahi no es la realidad externa sino lo que ocurre en el interior de su vehículo. No se nos muestran apenas calles sino que se dibujan relatos interiores de algunos ciudadanos de Teherán.

Aún más indicativo es el uso del audio en la película. Si bien hay algunos planos que muestran el exterior, el sonido solo se centra en lo que acontece dentro del vehículo. Panahi aísla el ambiente sonoro urbano, solo escuchándolo cuando se abre una puerta o baja la ventanilla del coche. Así ni la propuesta visual ni mucho menos el sonido encajan en la idea de un relato neorrealista. La esencia del cine de Panahi hay que buscarla en otro lugar.

Una nueva forma de enunciación, un nuevo espectáculo

Desde el periodo finisecular del siglo pasado, el cine reflexivo llamado ensayo audiovisual o de pensamiento se ha transformado en una de las tendencias fundamentales. Tanto Antonio Weinrichter (2007) como Josep María Catalá (2014), que han abordado en varias ocasiones este modelo, recurren a la idea literaria del ensayo. Es decir, una formulación marcadamente personal y que reflexiona sobre la realidad al mismo tiempo que sobre la propia obra y el hecho de crear. El ensayo, como defendía Adorno (1962), nace con Montaigne, que se propone hablar sobre sí mismo y reflexionar sobre la realidad observando lo que mejor conoce su propio ser.

Taxi Teherán encaja con claridad en este nuevo concepto del cine reflexivo y pensado. No es una búsqueda de lo que sucede en las calles, sino que muestra cómo sus habitantes reflexionan sobre su entorno, incluyendo a Panahi, que dirige la narración. Del mismo modo que Adorno defendía en su texto *El ensayo como forma*, Panahi solo acepta la experiencia que él vive, que él cuenta. El cineasta puede ser el narrador de la historia solo porque es testigo de la misma.

La película es una continua reflexión sobre el hecho cinematográfico y la obra gira en torno a una idea clara: el público debe creer que todo lo que está viendo es verosímil. Sin embargo, el espectador se plantea desde el principio si lo que ve es un documental, una ficción o, incluso, un trabajo de cámara oculta. En el minuto diez del largometraje, Odid mira al conductor y le dice: *Le he reconocido: usted es el señor Panahi*. Odid y Panahi hablan sobre el cine y la realidad, y aunque el pasajero insiste en preguntar al director si está rodando una película, este se niega a responder. Aunque nosotros, como la casi totalidad de los críticos, nos adentramos más a la idea de que toda la obra es una gran ficción, lo cierto es que *Taxi Teherán* se sigue catalogando como documental o, en su defecto, como falso documental.

Uno de los elementos fundamentales del ensayo audiovisual es el carácter abierto de las obras. El final de la película no esboza una conclusión clara, ya que el relato queda interrumpido por el robo de la cámara. También algunas escenas se mantienen sin resolución, como cuando su sobrina decide que quiere filmar al niño vagabundo que encuentra dinero en la calle, pero él se niega a participar y la obra de la niña no llega a terminarse.

Taxi Teherán es, a fin de cuentas, el testimonio de una persona que para existir debe filmar. En una carta abierta dirigida a la Berlinale de 2009 tras la cruel sentencia, el propio director había predicho su nuevo futuro:

> Soy un realizador. Lo único que sé es hacer películas. El cine es mi medio de expresión y lo que da sentido a mi vida. A pesar de los obstáculos, de las limitaciones de trabajar en lugares tan privados, nada podrá impedirme hacer películas (...) El cine como expresión artística es mi mayor obsesión, por eso tengo que seguir haciendo películas sean cuales sean las circunstancias, para defender mi dignidad y sentirme vivo (PANAHI, 2009)

El presente texto se inscribe en el ámbito del proyecto de investigación titulado "El ensayo en el audiovisual español contemporáneo" (Ref. CSO2015-66749-P), financiado por el Ministerio de Economía y Competitividad dentro del Programa Estatal de Fomento de la Investigación Científica y Técnica de Excelencia

TAXI (2015)
País: **Irán**
Dirección, Guion, Fotografía, Montaje, Sonido y Producción:
Jafar Panahi
82 minutos
Distribuidora DVD: **Wanda**
Estreno en España: **22.9.2015**

Filmografía de Jafar Panahi como director

- *Taxi Teherán* (*Taxi*, 2015).
- *Pardé* (*Closed Curtain*, 2013).
- *Esto no es una película* (*In Film Nist*, 2011).
- *Fuera de juego* (*Offside*, 2006).
- *Sangre y oro* (*Talaye sorkh*, 2003).
- *El círculo* (*Dayereh*, 2000).
- *El espejo* (*Ayneh*, 1997).
- *El globo blanco* (*Badkonak-e Sefid*, 1995).
- *Kish* (1991).

Una activista lleva rosas a la cárcel.

FUENTES

- ADORNO, T. W. (1962). *Notas de literatura*. Barcelona: Ariel.

- ARNHEIM, R. (1986). *El cine como arte*. Barcelona: Paidos Ibérica.

- CATALÁ, J. M. (2014). *El cine de pensamiento: Formas de la imaginación tecno-estética*. Castelló, València, Barcelona: Publicacions de la Universitat Jaume I.

- CARDULLO, B. (2002). The Children of heaven, on Earth: Neorrealism, Iraian style. *Literutre/Film Quartely*. 30(2), 111.

- BAZIN, A. (1966). *¿Qué es el cine?* Madrid [etc.]: Rialp.

- ELENA, A. (1999). *Los cines periféricos: África, Oriente Medio, India*. Barcelona: Paidós.

- JAHED, P. (2014). Underground cinema in iran. *Film International*, 12(3), 106-111. doi:10.1386/fiin.12.3.106_1

- GURKAN, H. (2015). Cinema as an Alternative Media: Offside by Jafar Panahi. *Global Media Journal*. Vol. 13(24), 1.

- HANSON, M. (2004). *The end of celluloid: Film futures in the digital age*. Mies: Rotovision.

- WEINRICHTER, A. (2007). *La forma que piensa: Tentativas en torno al cine-ensayo* (1ª ed.). Pamplona: Gobierno de Navarra.

Timbuktu (Abderrahmane Sissako)

CRISTINA ABAD

En el desierto, una gacela huye despavorida de un grupo de hombres que le disparan desde un jeep. Uno a otro se gritan: *No la mates, cánsala*. Sobre la misma arena, unas figurillas antropomórficas de hombre y mujer son tiroteadas y derribadas trágicamente. Con este poético recurso, abre y cierra el director Abderrahmane Sissako *Timbuktu*, un largometraje dramático que desgrana el acoso al que el fanatismo yihadista somete al pueblo maliense de Tombuctú, en especial a las mujeres.

Es el año 2012. El grupo terrorista islámico Ansar Dine ocupa el territorio norte durante la guerra de Malí. La ciudad de Tombuctú/Timbuktu ha caído en manos de los extremistas, que día a día imponen su régimen de terror con consignas absurdas: se prohíbe fumar, oír música, jugar al fútbol, estar tranquilamente a la puerta de casa; se obliga a las mujeres a usar calcetines y guantes, incluso en el trabajo... Los castigos oscilan entre unos latigazos a quienes osen cantar y la muerte por lapidación por delitos graves como el adulterio.

A las afueras, entre las dunas, algunos touaregs, como Kidane, su mujer Satima, Toya, la hija, y el pequeño huérfano Issam, al que han acogido como un hijo, resisten en sus tiendas dedicados al pastoreo de sus exiguas reses. Otros ya se han marchado acuciados por la pobreza. En comparación con la ciudad, su vida es un oasis de libertad... hasta el día en que Kidane mata accidentalmente a Amadou, un pescador que ha acabado con la vida de su vaca favorita por enredarse entre sus redes. Ahora debe enfrentarse a las leyes impuestas por los ocupantes extranjeros.

El fundamentalismo religioso es un látigo que flagela a muchos pueblos del África subsahariana. Sissako quiere denunciarlo y combatirlo con las únicas armas que posee: la imagen y la palabra. Lo hace con estilo oriental, contando, o casi cantando a través de poemas visuales, la historia de cada "pequeño drama" que aflije a Tombuctú. Con sutileza, sin estridencias, sin recurrir casi a la violencia explícita, mostrando ese núcleo irreductible que el terror y la muerte no pueden arrebatar: la dignidad y el amor.

Un cine que despierta al mundo

Abderrahmane Sissako (Mauritania, 1961) es, junto a los senegaleses Ousmane Sembène y Djibril Diop Mambety, el maliense Souleymane Cissé, el burkinés Idrissa Quedraogo y el chadiano Mahamat-Saleh Haroun, uno de los pocos cineastas del África subsahariana con relevancia dentro y fuera de su país. Actor, productor y realizador, ha dirigido un puñado de documentales y largometrajes de ficción y superado no pocas trabas hasta lograr el interés internacional y el estreno de sus películas en otros países.

Su experiencia es común. «Mientras el oeste puede ser indiferente a las películas africanas, la situación es peor en su tierra natal. 'África no está interesada en las películas africanas', asegura. 'En todo el continente, los gobiernos no ven ningún valor en la cultura. En Tombuctú todavía no han sido proyectadas, pero el problema no es de los islamistas: es que no hay cines» (LEIGH, 2015).

Al cumplir un año, la familia Sissako se trasladó a Mali, el país de su padre, donde Abderramhne completó parte de su enseñanza primaria y secundaria. Regresó fugazmente a Mauritania en 1980. Entre los años 1983 y 1989, marchó a Moscú para estudiar cine en el VGIK (Federal State Film Institute), gracias a una beca, como tantos otros cineastas en los albores de la independencia de los países soviéticos.

Se afincó en Francia a principios de los noventa, donde se dio a conocer con *Oktober* (1992), un cortometraje en blanco y negro sobre la dolorosa experiencia del amor en el exilio de un africano. Esta obra fue su tarjeta de presentación en la escuela formalista soviética, y Catherine David lo incluyó en el primer programa de cine coproducido por

Documenta. Su participación tuvo como resultado el documental experimental *Rostov-Luanda* (1997), sobre la devastadora situación de Angola. Un año más tarde terminó *La vida en la tierra* (1998), en la que hacía un homenaje a su padre y a sus gentes, con la excusa de retratar África en el cambio de milenio.

Los temas de las películas de Sissako suelen girar en torno al exilio y la vida de los desplazados, la globalización y los males de África. *Esperando la felicidad* (*Maremakono*), largometraje de abstracción poética, que narra la espera de Abdallah en un puerto de donde salen barcos para Europa, fue proyectada en la sección oficial del Festival de Cannes de 2002, en *Un certain Regard*, y ganó el premio Fipresci. *Bamako* (2006), sobre un particular juicio de la sociedad africana contra el FMI y el Banco Mundial, recibió mucha atención por parte de la crítica y el público.

En la pasada edición de Cannes, su última película compitió por la Palma de Oro que finalmente recayó en *Winter Sleep*, del turco Nuri Bilge Cylan. Sin embargo, *Timbuktu* se llevó el Premio del Jurado Ecuménico por su "gran belleza formal, humor y moderación" y el François-Chalais por su consagración a los valores del periodismo. Además, fue galardonada con premios en Namur, siete César, incluyendo mejor película y director, con estreno comercial en Francia que cosechó un gran éxito de taquilla; el premio a la Mejor película extranjera, por el Círculo de Críticos de Nueva York; el de Mejor director en el Festival de Chicago; y nominaciones en los BAFTA y los Oscar.

Voz de la conciencia colectiva

> La ocupación de Timbuktu en 2012 duró un año, año en que la población fue privada de libertad y secuestrada. Los antiguos manuscritos, parte de la herencia del mundo, fueron destruidos. Yo fui a Timbuktu tras su liberación por las tropas francesas. Quería poner mi guion a prueba, reuniéndome con gente de allí. Entre las personas que conocí, algunas eran chicas que se describían modestamente como "novias forzadas", mujeres jóvenes que habían sido violadas. Exactamente igual que las chicas de secundaria nigerianas secuestradas por Boko Haram. Unas semanas antes del rodaje, un atentado suicida frente a la guarnición militar nos obligó a trasladarnos a Mauritania, concretamente a Oualata, una ciudad antigua, gemela de Tombuctú (SISSAKO, en: TIMBUKTU, 2014)

Sissako tenía proyectado hacer un documental, pero por esos días tuvo noticia de la lapidación en Aquelhok de una pareja con un hijo, condenada a muerte por convivir sin estar casados. Su ejecución fue retransmitida a través de internet. Y esta atrocidad innombrable fue recibida con total indiferencia por los medios de comunicación y el mundo.

«No conocemos el nombre de esta pareja -dice el director en el *pressbook* de la película-, pero han adquirido una importancia simbólica. Todo el mundo considera que es un escándalo, ¿por qué no se habla de ello? Nadie sabe qué hacer... Como artista, como cineasta, mi función es transmitir esta conciencia colectiva indignada» (TIMBUKTU).

Junto a este hecho, Sissako se dio cuenta de que resultaba imposible hacer hablar a los protagonistas sin poner en peligro sus vidas. «No se puede hacer un documental donde las personas no son libres para hablar» (LEIGH, 2015).

La conjunción de estos dos factores fue determinante para que el cineasta cambiara su forma de contar la historia, aprovechando la coyuntura de aquellos dramáticos sucesos y "ficcionándola" junto con otras historias que la gente de allí le relató. Su explicación da cuenta de ello con toda una declaración de intenciones:

«Soy uno de esos realizadores de países lejanos que no cuentan con recursos económicos para hacer películas con regularidad. Realizadores que pueden pasar diez años sin hacer una película. Así que cuando hacemos una, tiene que tener un significado, un mensaje universal, debe alertar y afectan a la totalidad de la humanidad. Quiero contar las historias que no se cuentan o no lo hacen suficientemente. Y entonces se produce un hecho desencadenante, uno que crea el pretexto, la chispa dramática» (TIMBUKTU).

Mujeres que resisten

Sissako repite una vez más con su editora habitual Nadia Ben Rachid. Para esta película cuenta, además, con Tessen Tall como coguionista (además es su esposa) y con la colaboración de la productora francesa Sylvie Pialat, todas ellas fundamentales para sacar todos los matices de las mujeres malienses: la inteligencia, la libertad interna, la dignidad, la resistencia ante la injusticia.

El realizador saca el máximo a unos actores que, como en anteriores ocasiones, son mezcla de profesionales y primerizos. Con ello logra ese efecto de verdad que da la improvisación de la propia vida.

Kidane, Salima y Toya son los protagonistas de *Timbuktu*, la plácida familia que vive en el desierto y desarrolla el drama principal. Ibrahim Ahmed (conocido como Pino) es actor de teatro y cantante de bandas touaregs nacido en Gao, Mali. Su papel en esta

Mujeres valientes, libres, capaces de enfrentarse a la barbarie.

película le valió el premio al mejor actor en el Festival Internacional de Cine de Durban. Toulou Kiki (Touareg Telawt Walet Bilal) es una cantante touareg nacida el 1 de enero de 1983, en Agadez, Níger. Debuta como actriz en esta película.

Junto a ellos destaca una galería variada e interesante de personajes: los yihadistas (invasores poderosos, gentes del lugar, meros ejecutadores de la yihad, conversos titubeantes, etc.); los legítimos líderes, como el imán, un hombre santo que intenta que se imponga la sensatez y la justicia al radicalismo -*Se sirve a Dios con la cabeza, no con las armas*, dirá-; las mujeres, de las que ya se ha hablado; los intocables, como la vieja loca (interpretada por la actriz y bailarina haitiana Kettly Noël), que enloqueció a consecuencia del terremoto de Haití de 2010 y es consentida y respetada por los yihadistas, quizá por miedo a la tradición africana que cree que los locos, los tullidos y los artistas tienen conexión directa con Dios.

El tratamiento que hace Sissako de los yihadistas no ha sido bien comprendido por determinado sector de la crítica y algunos gobiernos, que le han acusado de tibieza en su denuncia.

El director decía en una entrevista en El País:

> Estamos acostumbrados a mirar el mundo como si estuviese dividido entre buenos y malos. La razón por la que hice esta película es rechazar la violencia y la barbarie, pero eso no debe impedirnos mostrar a esa gente. Son personas que han tenido una infancia, que han sido normales, pero que luego han cambiado y esa transformación

les ha llevado a la yihad pero también podía haberles llevado a cualquier otra forma de criminalidad. Los yihadistas también son normales en cierto sentido. Todo hombre, incluso un bárbaro como ellos, tiene capacidad de remordimientos. El arte tiene que mostrar las cosas.

Toda religión debe estar al servicio de la humanidad, de la concordia, de la tolerancia. En el caso del Islam, una minoría la tiene tomada como rehén, nadie nace con una barba y un kalashnikov. El imán representa los principios del Islam en los que he sido educado, los valores que simboliza Tombuctú que también son universales (ALTARES, 2015)

Un guion inteligente de estilo oriental

El guion coescrito entre Sissako y Tessen Tall presenta una estructura fragmentada, herencia de su origen documental. Está formado de pequeñas historias que, sabiamente escritas y montadas, contribuyen a contar una historia general, la del sufrimiento de Mali -y de tantos otros países del África subsahariana-, un pueblo fuerte que intenta resistir enfrentándose y desenmascarando a los fanáticos con valentía, burlando la arbitrariedad o sencillamente acogiendo su injusto destino sin renunciar al amor. La trama de Kidane es fundamental a la hora de mantener una línea argumental, con la presentación del conflicto en las escenas de ganados y pesca, con unos personajes cercanos y amables con los que es posible empatizar. Pero las demás tramas, como afluentes de un río, también logran despertar interés. De esta forma, el ritmo, inicialmente lento, va adquiriendo velocidad conforme se precipitan los acontecimientos.

El filme desarrolla muchos temas a través de sus historias: el fanatismo y el verdadero sentido religioso, la incomunicación (presente en el babel de idiomas y en la presencia de una tecnología que apenas tiene utilidad), la belleza truncada de un pueblo, el sentido religioso y sobre todo el amor, que prevalece por encima de todo, el amor que salvará.

Timbuktu insiste en un punto esencial, a través del matrimonio de Kidane y Satima: que la violencia nunca será capaz de matar el amor. Se puede matar a un hombre, pero no se puede matar el amor que siente por su hija, su esposa. Esto es fundamental, y es la clave de la victoria sobre la barbarie. Es la forma en que desafían el extremismo. No tendrán la última palabra. La belleza y la dignidad triunfarán.

El tono dramático de *Timbuktu* es ligeramente suavizado con una fina ironía, no con el objeto de hacerla más digerible para el público sino por pura verosimilitud, porque, a fin de cuentas, así es también la vida real.

De ese modo, aparecen la vaca GPS, que se escapa de su itinerario establecido; los soldados, que al ir a detener a unos ciudadanos que escuchan música en la noche descubren que son cantos a Alá; los niños, que para burlar las prohibiciones juegan un partido de fútbol pero sin balón en una forma de resistencia pacífica; el joven rapero converso, que titubea incapaz de testimoniar su cambio de vida ante una cámara doméstica con fines proselitistas; los soldados yihadistas, que discuten sobre los jugadores internacionales de fútbol; uno de los jefes, que fuma a escondidas tras una lapidación y ronda la tienda de Satima cuando el marido se ausenta, etc.

En varias ocasiones aparece un burro como queriendo representar al pueblo de Tombuctú, estupefacto, hastiado, cargado: delante de los soldados cuando vigilan, atravesando el área de juego en el partido de los niños, acarreando pesadísimas alforjas por las angostas calles de la ciudad.

«El humor es comunicación -dice Sissako-, es un elemento esencial para contar las cosas. El humor debe ser utilizado como un elemento narrativo porque una película no trata de alcanzar la verdad, no es una declaración, es otra cosa. Debe tomar distancia para permitir que sea el espectador el que escoja. Es un elemento más, como los movimientos de la cámara, la música, todo eso forma parte del diálogo con el público» (ALTARES, 2015).

Hay dos valores que, junto al guion, hacen dolorosamente bella esta película: la fotografía y la música.

En cuanto a la primera, los ocres dominan la paleta, contrastando las suaves arenas del desierto con las angulosas construcciones de la ciudad. Los amarillos, el color con que los insectos señalan su peligrosidad, se reservan para los turbantes de los yihadistas. La cámara busca los contraluces, sobre todo en momentos dramáticos en los que hiere tanta belleza, como la secuencia del río, cuando Kidane discute con el pescador por la muerte de GPS; o se pierde entre el polvo donde las cabezas de los lapidados apenas sobresalen de la tierra; o se detiene en el rostro de Kidane resignado a su destino pero no a la pérdida del amor.

Como un elemento narrativo más, la banda sonora compuesta por Amine Bouhafa y grabada en París, Praga, Turquía y Túnez, se intercala en las escenas, dando fuerza dramática a las imágenes o aligerando su dureza. Alternan para ello los solos del clarinete, las notas del violín y los acordes de guitarra con la percusión africana y los instrumentos orientales acompañados de orquesta.

Hay también música intradiegética, la que componen los actores músicos y que contribuye al carácter sencillamente épico de la historia, como en la escena en que una mujer recibe cuarenta latigazos por cantar y entona un canto mientras es flagelada.

LE CHAGRIN DES OISEAUX (TIMBUKTU) (2014)
País: **Mauritania, Francia**
Dirección: **Abderrahmane Sissako**
Guion: **A. Sissako, Kessen Tall**
Fotografía: **Sofian El Fani**
Montaje: **Nadia Ben Rachid**
Música: **Amin Bouhafa**
Diseño de producción: **Sebastian Birchler**
Vestuario: **Ami Sow**
Intérpretes: **Abel Jafri, Hichem Yacoubi, Kettly Noël, Pino Desperado, Toulou Kiki, Ibrahim Ahmed, Layla Walet Mohamed, Mehdi A.G. Mohamed, Fatoumata Diawara, Adel Mahmoud Cherif, Salem Dendou**
97 minutos
Distribuidora DVD: **Golem**
Estreno en España: **6.2.2015**

Filmografía de Abderrahmane Sissako como director

- *Timbuktu* (*Le chagrin des oiseaux (Timbuktu)*, 2014).
- *Bamako* (2006).
- *Heremakono* (2002).
- *La vida en la tierra* (*La vie sur terre*, 1998).

FUENTES

• ALTARES, Guillermo (2015). Una minoría ha tomado el islam como rehén. *El País* 5.2.2015 <http://cultura.elpais.com/cultura/2015/02/05/actualidad/1423135017_925093.html>

• LEIGH, Danny (2015) Timbuktu's director: why I dared to show hostage-taking jihadis in a new light. *The Guardian*. 28.5.2015 <https://www.theguardian.com/film/2015/may/28/timbuktu-movie-jihadist-fighters-abderrahmane-sissako>

• TIMBUKTU (2014). Pressbook de Golem. <http://cohenmedia.net/films/timbuktu>

• SISSAKO, Abderrahmanne. Entrevistas con el director: rueda de prensa en Cannes <https://www.youtube.com/watch?v=sfcFf79LAHo>. Otras declaraciones en: <https://www.youtube.com/watch?v=vErZ1bauX2g>

Una pastelería en Tokio (Naomi Kawase)

JOSÉ M. GARCÍA PELEGRÍN

Probablemente, los europeos no alcanzaremos nunca a comprender enteramente el significado que el florecer de los cerezos tiene en la cultura japonesa. Ya en *Ise-monogatari* (Scharschmidt, 2000), una colección de relatos cortos del siglo X, se refiere la costumbre japonesa del "Hanami" (literalmente: "ver flores"). Los cerezos florecen en Japón entre finales de marzo y finales de abril -de sur a norte, dependiendo de las diferentes zonas climáticas. Pero las bellas flores blancas y rosas del cerezo japonés o "sakura" caen tras apenas diez días, recubriendo el suelo de los parques de un manto de pétalos. Por esto, el florecimiento de los cerezos es símbolo del renacer de la naturaleza tras el invierno, pero también de la caducidad de la vida. Los cerezos en flor son un tema recurrente no solo de la literatura, sino también del arte japonés; muy presentes se encuentran por ejemplo en Hiroshige, el mayor exponente del paisajismo japonés en la primera mitad del siglo XIX quien, a través de la planificación de sus estampas y grabados, ejerció una gran influencia sobre la fotografía y el cine.

En el cine, los cerezos en flor, o ya desnudos con un tapiz de pétalos a sus pies, han dejado asimismo bellísimas estampas, por ejemplo en *Dolls* (Kitano, 2002) -con la pareja de "mendigos atados" en su deambular por las diferentes estaciones del año- o en *Cere-*

zos en flor (Dörrie, 2008): no solo su título original *Kirschblüten - Hanami* expresa referencia al ritual japonés de observar el florecer de la flor "sakura", sino que muestra en sus escenas finales al protagonista Rudi Angermeier (Elmar Wepper) entre una muchedumbre de personas haciendo pícnic bajo los cerezos en plena flor, de acuerdo con la costumbre japonesa.

El florecer de los cerezos en *Una pastelería en Tokio*

En *Una pastelería en Tokio*, los cerezos en flor desempeñan asimismo un papel central. Al respecto, en la entrevista que me concedió con ocasión del estreno en Alemania, la directora-guionista Naomi Kawase decía:

> La flor sakura es muy bella, pero tiene una vida muy breve, pues solo está en plena flor durante dos o tres días al año. Se refleja aquí, poéticamente hablando, la vida humana: parece larga y, sin embargo, es en realidad corta. Una vez que caen las magníficas flores, crece de nuevo algo verde. Esto es lo fascinante: un ciclo que nunca termina. Para la mentalidad japonesa tiene gran importancia el que las personas esperen, durante todo el largo invierno, a que florezcan los maravillosos árboles por un corto tiempo. A mí me encanta esa fuerza de vuelta a la vida que posee la naturaleza. Por ello es un elemento importante en "Una pastelería en Tokio" (GARCÍA, 2015)

A pesar de que el florecer de los cerezos desempeña tan central papel en su película, Naomi Kawase los emplea sin especial ostentación; apenas utiliza alguna escena de contemplación Hanami explícita -como la imagen de la página anterior, con los tres protagonistas de *Una pastelería en Tokio*. Las imágenes de los cerezos, habitualmente en flor, que presentan Kawase y su director de fotografía Shigeki Akiyama, podrían pasar hasta cierto punto inadvertidas en un primer visionado de la película. Un ejemplo: desde la ventana de la pastelería o puesto de comidas rápidas se observan varios cerezos. Ahora bien, al enfocar la cámara en primer plano la ventana desde donde se despachan los productos para llevar, los árboles aparecen habitualmente desenfocados. Este comedimiento contrasta con la escenificación bastante más visible que hace del cerezo en flor, por ejemplo, la ya mencionada Doris Dörrie en *Cerezos en flor*. Quizá -sin entrar ahora en juicios de valor sobre el filme de Dörrie, lleno de humanismo y belleza- se deba esto a la visión del europeo cautivado por el "exotismo", que no se resiste a focalizar la cámara sobre este, como ocurre fundamentalmente en las escenas finales de *Cerezos en flor*, que incluso causan una marcada impresión documentalista.

Por otro lado, ese "desenfoque" de lo que sucede fuera del establecimiento de Sentaro -en el que transcurre gran parte de la película- es acorde con la planificación que Shigeki Akiyama principalmente emplea: primeros y medios planos. Exceptuando las últimas escenas, que se desarrollan en los alrededores de la ciudad, no hay planos generales de Tokio. Aparte de la pastelería en la que, como ya se ha dicho, se desarrolla prácticamente toda la acción de la película -y con excepción de la secuencia final- apenas hay otras localizaciones: el piso donde vive la adolescente Wakana o el pequeño apartamento de Sentaro.

A su vez, este modo de dirigir la cámara, que parece fomentar el hecho de que los protagonistas estén rodeados de un cierto misterio que se irá revelando tan solo paulatina y pausadamente, es directamente deudor de la dramaturgia que utiliza Naomi Kawase en *Aguas tranquilas* (2014), una dramaturgia que -salvando las distancias de la trama concreta y también del contexto cultural- me parece especialmente similar a la que emplearon Susanne Bier (directora) y Anders Thomas Jensen (guionista) en la magistral *Después de la boda* (2006).

Una dramaturgia al servicio del desarrollo de los personajes

El guion de *Después de la boda*, ya en su exposición, incluye un cierto elemento de intriga: el protagonista, el danés Jacob -interpretado por Mad Mikkelsen-, quien dirige un orfanato en India para niños abandonados, se siente sorprendido cuando recibe una interesante oferta de un empresario danés dispuesto a hacer un donativo muy importante que terminaría con los problemas económicos del orfanato, con una única condición: Jacob ha de acudir a Copenhague para firmar personalmente el acuerdo. También el espectador se pregunta: ¿por qué es necesario ese viaje, que Susanne Bier -aun sin necesidad de hacerlo con todo lujo de detalles- escenifica como complejo y largo? La sorpresa de Jacob -y, con él, del espectador- es aún mayor cuando comprueba que el empresario Jörgen (Rolf Lassgård) no tiene la menor prisa en cerrar el acuerdo; más aún, ni siquiera está realmente interesado por la labor que Jacob desarrolla en la India.

Tras una nueva sorpresa -durante la boda de la hija de Jörgen, Jacob reconoce en la mujer del empresario, Helene (Sidse Babett Knudsen), a la novia que tuvo hace veinte años y de la que se separó sin que en todo este tiempo haya vuelto a saber nada el uno del otro- se produce otra mayúscula: después de la boda, Anna (Stine Fischer Christensen) explica que no es la hija biológica de Jörgen. A Jacob no le queda la menor duda: ¡Anna es su hija! Con todo, Anders Thomas Jensen y Susanne Bier dejan abierta durante algún tiempo la cuestión de si ese reencuentro de Jacob con Helene es casual o se debe a un plan preconcebido. Con un ritmo pausado pero en absoluto parsimonioso, la resolución de las incógnitas en el modo de actuar de los personajes -y esto se refiere no solo, como es el caso de Jörgen, al presente, sino también y principalmente al pasado común de Jacob y Helene-, el guion va modelando el carácter de las figuras. La dramaturgia de *Después de la boda* está claramente al servicio del desarrollo de los personajes.

Filmes como *Después de la boda* y naturalmente también *Una pastelería en Tokio* no necesitan recurrir -permítaseme esta breve digresión- a esa dramaturgia de origen televisivo y que cada vez se extiende más también en el cine, que consiste en adelantar al principio de la película su escena supuestamente más impactante, cuyo lugar cronológico es muy posterior, a fin de captar la atención del espectador -o más bien para que el televidente no haga zapping- para, tras una escena más o menos breve, presentar el consabido cartel de "una semana antes" o "24 horas antes" y continuar, ahora sí, cronológicamente. Tal recurso, que puede tener justificación en ciertos filmes de acción, resultaría fatal en películas como *Después de la boda* o *Una pastelería en Tokio* no tanto por adelantar acontecimientos que desvelen la trama, sino porque para conocer con profundidad a un personaje se requiere un desarrollo orgánico que explique su modo de actuar.

Tras este inciso, retomo el hilo principal: Al igual que en *Después de la boda*, también en *Una pastelería en Tokio* la dramaturgia está orientada principalmente hacia la plasmación de los caracteres; el guion es más descriptivo que narrativo. A Jörgen, en *Después de la boda*, quien primeramente aparece como dominador e irascible, el espectador mira con ojos muy distintos después de conocer un elemento fundamental en su vida. Algo similar sucede con Sentaro en *Una pastelería en Tokio*. La guionista y directora Naomi Kawase lo presenta como una persona silenciosa e indiferente; regenta ese puesto de comidas rápidas, pero no parece tener especial interés ni siquiera en los productos que vende, Dorayaki, una especie de panqueque relleno de una pasta roja y dulce de judías, llamada An (que da su nombre al título original de la película); sin embargo trabaja con sentido del deber, al tiempo que se intuye en él un gran dolor. Las colegialas que se cuentan entre sus pocos clientes también le enervan; solo la callada y comedida Wakana es una excepción. Pero esta visión superficial de Sentaro cambiará a medida que vayamos conociendo su pasado y la razón por la que dirige esa mínima pastelería.

No obstante, el cambio que comienza a obrarse en Sentaro se debe al encuentro con la señora Tokue, que se presenta solicitando el puesto de ayudante que está buscando Sentaro. Tokue es una gran experta en la confección de An; pero desde un primer mo-

Una de las escasas escenas con un campo de visión más amplio de lo usual en el resto de la película: Sentaro (Masatoshi Nagase) y Wakana (Kyara Uchida).

mento comprendemos que hay algo oculto en su vida que la ha marcado profundamente. Naomi Kawase logra crear un clima de misterio y melancolía en torno a ella. Las horas que Sentaro y la señora Tokue pasan juntos preparando la pasta para los dulces es el vehículo para ir desvelando la personalidad de los dos personajes principales de *Una pastelería en Tokio*; a ellos se viene a añadir una adolescente que, con Tokue y Sentaro, tiene en común «el hecho de ser *outsiders* en la sociedad; denominarles marginados sería un tanto exagerado, pero sí que están fuera de la norma. Además, se encuentran solos con sus problemas, por lo que también tienen en común la soledad» (KAWASE, en: GARCÍA, 2015).

Las cosas sencillas de la vida

«Sabe de las cosas sencillas de la vida, cuyo conocimiento escasea tanto: amor al prójimo, solidaridad y el discernimiento de que la penuria económica no hace de uno, automáticamente, un idiota y que, por lo tanto, toda persona humana posee dignidad» (BAGH, 2006). Estas palabras, con las que el historiador Peter von Bagh (1943-2014) caracteriza al director finlandés Aki Kaurismäki, bien podrían aplicarse a la película de Naomi Kawase. Sentaro recuerda a esos personajes de Kaurismäki que se encuentran, por así decir, en la "planta baja" de la sociedad, o aún en su "sótano": Ilona (Kati Outinen) en *Nubes pasajeras* (1996), sobreponiéndose a la pérdida de su trabajo para abrir, a pesar de todas las dificultades, un restaurante; o M (Markku Peltola) luchando, en *Un hombre sin pasado* (2002), para volver a la sociedad después de haber sufrido un duro golpe del destino y defendiendo su dignidad gracias a la solidaridad de las personas sencillas. Sin embargo, esas personas marginadas en una sociedad compleja y a veces hostil -representada en *Una pastelería en Tokio* por la intransigente propietaria del puesto en el que trabaja Sentaro, persona que se mueve únicamente por móviles económicos- aparecen llenas de dignidad humana. Recuerdan asimismo al Idiota, al príncipe Lev Nikoláievich Myshkin en la novela homónima de Fiódor Dostoievski. Myshkin no se caracteriza tan solo por representar la dignidad humana; resulta significativo que Hermann Hesse, al hablar del «príncipe idiota» Myshkin, subraye el «momento de un aislamiento increíble y total, de una soledad trágica» (HESSE, 1919: 2). En cierta medida, estas palabras podrían aplicarse también a los protagonistas de *Una pastelería en Tokio*.

Otro aspecto más enlaza los personajes de la película que nos ocupa con el último filme de Aki Kaurismäki, *Le Havre* (2012): su protagonista, interpretado por André Wilms, fue un conocido autor y bohemio en París, que se retiró a la ciudad portuaria francesa, donde lleva una vida feliz apoyada en las cosas sencillas, en su familia y en el trabajo realizado con dedicación. También la señora Tokue cocina la pasta An poniendo los cinco sentidos en su trabajo:

> Tokue siente una gran satisfacción al hacer sus creaciones; su arte culinaria hace aparecer algo donde no había nada antes. Deseo trasmitir al público la idea de que se puede sentir una gran satisfacción con el propio trabajo, con las cosas creadas por uno mismo, sin que sea enjuiciado desde fuera, aunque se trate de algo tan sencillo como la pasta de judías. Es importante que esté bien hecha, que sepa bien y también que se comparta esa satisfacción, aunque sea solo por un breve momento (KAWASE, en: GARCÍA, 2015)

Un aspecto más llama la atención en *Una pastelería en Tokio* -y, de nuevo, es un elemento común con las obras de Kaurismäki-: los aparatos tan extendidos en la vida actual como el teléfono móvil o el ordenador apenas tienen presencia; es la persona la que ocupa el centro de atención; ningún aparato, ningún objeto reivindica un protagonismo que solo a ella corresponde. Una acertada crítica al consumismo actual.

Poesía envuelta en un clima de melancolía

Con su mezcla de tradición japonesa y vida moderna -sobre todo en la banda sonora de David Hadjadj-, *Una pastelería en Tokio* es un canto a la solidaridad en un mundo cada vez más individualista, un asomarse al alma de personas que han sufrido grandes reverses, pero que encuentran la alegría de lo cotidiano. Naomi Kawase opta por una escenificación sencilla para acercar al espectador a personas que han pasado largos periodos de sufrimiento, pero que también viven momentos de esperanza; para ello le sirve de metáfora la preparación de esa pasta An, que exige no solo cuidado, sino también paciencia... al igual que la floración de los cerezos: merece la pena la larga espera para disfrutar, aunque solo sea un breve tiempo, la belleza del momento.

AN (2015)
País: **Japón, Francia, Alemania**
Dirección: **Naomi Kawase**
Guion: **N. Kawase, basado en la novela homónima de Durian Sukegawa**
Fotografía: **Shigeki Akiyama**
Montaje: **Tina Baz**
Música: **David Hadjadj**
Diseño de producción: **Kyôko Heya**
Vestuario: **Miwako Kobayashi**
Intérpretes: **Kirin Kiki, Masatoshi Nagase, Kyara Uchida, Miyoko Asada, Etsuko Ichihara**
113 minutos
Distribuidora DVD: **Caramel**
Estreno en España: **6.11.2015**

Filmografía de Naomi Kawase como directora

- *Una pastelería en Tokio* (*An*, 2015).
- *Futatsume no mado* (*Still the Water*, 2014).
- *Hanezu no tsuki* (2011).
- *Nanayomachi* (2008).
- *Mogari no mori* (2007).
- *Sharasôju* (2003).
- *Hotaru* (2000).
- *Moe no suzaku* (1997).

FUENTES

• ABAGH, Peter von (2006) Aki Kaurismäki. Helsinki 2006, WSOY. Cit. por la edición alemana (2014) *Kaurismäki über Kaurismäki*. Berlín: Alexander Verlag.

• BIER, Susanne (Directora). (2006). *Efter brylluppet* [Película]. Dinamarca: Zentropa Entertainments.

• DÖRRIE, Doris (Directora). (2008). *Kirschblüten - Hanami* [Película]. Alemania: Olga Film GmbH.

• GARCÍA, José (2015). Kirschblüten und rote Bohnen. Entrevista a Naomi Kawase. Recuperada de <http://textezumfilm.de/sub_detail.php?id=1584> La entrevista se desarrolló en Berlín, con intérprete de japonés-alemán, con ocasión del estreno de Una pastelería en Tokio en Alemania (31-12-2015). Fue publicada asimismo en el diario *Die Tagespost* del 5-1-2016, pág. 11.

• HESSE, Hermann (1919). Gedanken zu Dostojewskis. *Idiot*. Recuperada de <http://www.gss.ucsb.edu/projects/hesse/Idiot-mit-Dostobild.pdf>

• KAURISMÄKI, Aki (Director). (1996). *Kauas pilvet karkaavat* [Película]. Finlandia: Sputnik.

• KAURISMÄKI, Aki (Director). (2002). *Mies vailla menneisyyttä* [Película]. Finlandia: Bavaria Film, Pandora Filmproduktion.

• KAURISMÄKI, Aki (Director). (2011). *Le Havre* [Película]. Finlandia: Sputnik, Pandora Filmproduktion.

• KITANO, Takeshi (Director). (2002). *Dolls* [Película]. Japón: Bandai Visual Company.

• SCHARSCHMIDT, Siegfried (2000). *Das Ise-monogatari. Kavaliersgeschichten aus dem alten Japan*. Berlín: Insel Verlag

Viaje a Sils Maria (Olivier Assayas)
ANA SÁNCHEZ DE LA NIETA

Maria Enders (Juliette Binoche), una madura y consolidada actriz que se encuentra inmersa en un difícil proceso de divorcio y con una carrera estancada en películas mediocres, recibe una interesante oferta: volver a interpretar la obra teatral que la convirtió en estrella veinte años atrás. En aquel momento interpretaba a Sigrid, una joven carismática y segura de sí misma que mantiene una tóxica relación con su jefa, Helena, una mujer casada y con hijos que terminará suicidándose. En esta ocasión, el papel que tendrá que interpretar Maria será el de Helena. Para prepararlo, se instalará con su asistente personal, Valentine (Kristen Stewart), en Sils Maria, una pequeña localidad suiza donde vivía el autor y director de la obra: Wilhelm Melchior, un personaje clave en la vida de Maria Enders que acaba de fallecer. La nostalgia por la muerte del maestro, la relectura de un texto al que dio vida hace dos décadas, el peso del paso del tiempo y la irrupción de la joven Jo-Ann (Chloë Grace Moretz), que interpretará a Sigrid (una extrovertida y famosísima actriz californiana, carne de prensa rosa), hacen que el frágil equilibrio psíquico de Maria se tambalee y con él, el de la propia Valentine.

La filmografía de Olivier Assayas es tan irregular y ecléctica como, en el fondo, compacta y coherente. Me explico: este cineasta francés, nacido hace 61 años en París, ha estado ligado desde su infancia al cine. Su padre fue el director de cine Raimond Assayas (conocido como Jacques Rémy). De él heredó el gusto por el cine y el conocimiento de la industria. Se dice que, cuando su padre enfermó, fue el propio Olivier el que se encargó de escribir alguno de sus guiones finales.

Olivier Assayas estudió literatura y pintura, rodó un par de cortos, escribió durante cinco años (1980-1985) en la prestigiosa revista de crítica cinematográfica *Cahiers du Cinema* y trabajó como ayudante de dirección y coguionista del cineasta francés André Techniché antes de dirigir su primer largometraje, *Desordre*, que se estrenó en Cannes con buena acogida por parte de la crítica.

Desde entonces, Assayas ha dirigido una quincena de películas muy diferentes entre sí. Hay en su filmografía comedias dramáticas sentimentales muy del gusto francés (como la temprana *París se despierta*, *Una nueva vida*, *Principios de agosto, primeros de septiembre* o, la más reciente, *Después de mayo*), escarceos con el cine experimental (como la interesante *Irma Vep* o la fallida *Demon Lover*), cine de época (*Los destinos sentimentales*), dramones en toda regla como *Clean* o *El niño del invierno*, thrillers eróticos como *Boarding Gates* y producciones para televisión, también tan heterogéneas como el documental sobre el cineasta coreano Hou Hsiao-Hsien, o la notable *TV movie Carlos*, que recorre la vida del famoso terrorista internacional Ilich Ramírez Sánchez.

El mérito de estas películas es muy desigual, como también es muy desigual la valoración de los críticos, que no suelen ponerse de acuerdo al juzgar las obras del cineasta francés. *Viaje a Sils Maria*, que es la última película estrenada en España (no hemos visto todavía *Personal Shopper*, la cinta que Assayas presentó en el último festival de Cannes), no es quizás su mejor trabajo pero sí es uno de los más completos y uno de los que mejor refleja la visión que tiene Assayas sobre el séptimo arte y el rico mundo de referencias y saber cinematográfico y literario de este autor. Pero empecemos por el principio.

El origen: un lugar, un filósofo y una actriz

Lo de empezar por el principio es literal porque, para entender y valorar esta película, es importante conocer qué hay detrás de su aparentemente anodino título. ¿Qué es Sils Maria? ¿Dónde está? ¿Quién estuvo en Sils Maria? ¿Y qué significan esas nubes... si es que significan algo? Sils Maria es una comuna suiza del cantón de los Grisones, una región casi totalmente montañosa que es, al mismo tiempo, la más extensa y menos poblada de los 26 cantones suizos. Sils Maria se encuentra en la llamada Alta Engadina, en la orilla izquierda del Eno, entre los lagos de Sils y Silvaplana.

Aquí vino Nietzsche a curar su maltrecha salud, unos constantes dolores de cabeza de aparente causa psicosomática. Buscaba un clima seco y soleado y lo encontró después de recorrer diferentes localidades suizas. «Me parece haber encontrado la tierra prometida», escribió después de su primera visita a la Engadina en verano de 1879 y, unos años después, cuando alquila una casa en Sils Maria -casa que se conserva actualmente como museo dedicado al filósofo- escribe a su hermana: «Me encuentro aquí en el lugar que, de lejos, es el más confortable del mundo. Siento una continua tranquilidad y ninguna presión».

En Sils Maria, Nietzsche escribió muchos de los pasajes de *Así habló Zaratustra* pero, sobre todo, es en este lugar donde el filósofo alemán dio la primera forma a su idea sobre el tiempo. Es en agosto, en 1881, cuando bordeando el lago Silvaplana, «a 6.000 pies sobre el nivel del mar y mucho más alto aún sobre todas las cosas humanas», su mente atisbó lo que después recogería en el aforismo 341 de *La Gaya Ciencia*: «¿Qué ocurriría si, un día o una noche, un demonio se deslizara furtivamente en la más solitaria de tus soledades y te dijese: 'Esta vida, como tú ahora la vives y la has vivido, deberás vivirla aún otra vez e innumerables veces, y no habrá en ella nunca nada nuevo, sino que cada dolor y cada placer, y cada pensamiento y cada suspiro, y cada cosa indeciblemente pequeña y grande de tu vida, deberá retornar a ti...'».

Unos años después, en 1924, el documentalista alemán Arnold Frank, rueda en Sils Maria un corto en el que, en 14 fantasmagóricos minutos, recrea un curioso fenómeno atmosférico denominado "La serpiente de Maloja". Maloja es una zona alpina en Sils Maria donde las nubes bajan de la montaña cubriendo enteramente el valle y formando una especie de serpiente. Olivier Assayas encontró este documental de manera casual en internet y quedó fascinado por la fuerza de las imágenes. Tanto, que decidió incluirlas en la película. O mejor dicho, tanto, que terminarían dando título y argumento central a *Clouds of Sils Maria*.

La acción se desarrolla en Sils Maria, la obra teatral que representarán las dos actrices se llama *La serpiente de Maloja* y en la película se contará el descubrimiento de Assayas convenientemente transmutado en el director de cine Wilhelm Melchior (que Assayas utiliza claramente como *alter ego*).

La primera vez que Maria Enders recorre Sils Maria lo hace con Rosa, la hermana de Melchior, que le enseña la zona de Maloja y le describe con detalle el extraño fenómeno atmosférico que los lugareños, por cierto, identifican con la llegada del mal tiempo.

Inmediatamente después, Assayas nos vuelve a llevar a la casa de Wilhelm Melchior, donde residen, para terminar la explicación utilizando las imágenes del corto de Arnold Frank. La primera vez que veamos el fenómeno de la serpiente de Maloja, lo veremos con las imágenes que vio Assayas por primera vez.

Rosa le cuenta a Maria que, cuando Wilhelm Melchior vio aquellas imágenes, decidió escribir la obra teatral *La serpiente de Maloja*, igual que Assayas, cuando vio el corto de Frank Arnold, decidió rodar esta película (es solo uno de los juegos de espejos que recorren *Viaje a Sils Maria* y de los que hablaremos detalladamente).

Con la potente localización, el descubrimiento del corto de Frank y las ideas de Nietzsche sobre el eterno retorno que vieron la luz en ese mismo paraje, a Olivier Assayas solo le faltaba el tercer elemento donde enraizar la historia, y este elemento es la propia Juliette Binoche. Assayas es muy claro cuando afirma: «No es una película con Juliette Binoche, sino sobre ella». Hay que recordar que la relación entre ambos venía de lejos: Assayas escribió el guion de *La cita*, una película que dirigió André Téchiné en 1985 y que significó uno de los primeros papeles como protagonistas de Juliette Binoche. «Éramos dos niños -señala Assayas- pero desde ese momento quisimos volver a trabajar juntos. No pudo ser hasta *Las horas del verano*, que no era en absoluto la película que teníamos pensado hacer. Pero entonces me llamó y me dijo: ¿qué te parece?».

Claramente, *Viaje a Sils Maria* es una película concebida en torno no solo a una actriz, sino a lo que significa esa actriz en la cinematografía francesa. Juliette Binoche cuenta con una larga carrera a sus espaldas, una carrera que se ha ido consolidando y ganando en coherencia. Binoche, como desgraciadamente muchas actrices jóvenes, empezó su carrera con papeles que explotaban su físico y no ha sido hasta la madurez cuando ha empezado a brillar con registros más variados y sólidos. Es fácil trazar una línea que va de *La cita*, una película en la que una jovencísima Juliette Binoche interpreta a una ambiciosa joven (¿Sigrid?), que quiere abrirse paso en el mundo del teatro a costa de lo que sea necesario, y Maria Enders, una madura actriz consolidada que ve amenazada su fama por una jovencísima actriz que no se para ante nada con tal de saltar a la fama.

Cine, literatura y metacine

En *Viaje a Sils Maria* se perciben nítidamente dos líneas de fuerza muy potentes en la filmografía de Assayas. La fuerza de la palabra, de la literatura (en el fondo, del

En esta imagen, Rosa le explica a Maria el fenómeno de la serpiente de Maloja.

guion), y el peso que tiene la reflexión sobre el cine. Es fácil de entender en un autor que empezó a diseccionar películas y a escribirlas -primero como crítico y después como guionista- mucho antes que a dirigirlas. Assayas es autor del guion de la gran mayoría de sus películas y no tiene ningún empacho en declarar que, para él, la escritura va antes que la imagen. «Muchas veces -porque siempre tuve la suerte de escribir las películas- pude trabajar como trabaja un novelista; nunca me encontré en la lógica de un realizador: nunca hice publicidad, vídeos musicales, ni trabajos mercenarios para televisión, sino que pude hacer como un novelista, que hace un libro detrás de otro, y se da el lujo de poder concentrarse en una obra. Mi problemática siempre fue literaria porque siempre me sentí más cercano de los novelistas que de los cineastas».

En *Viaje a Sils Maria* esa importancia del texto es clave, porque toda la película remite a un texto, el del libreto de *La serpiente de Maloja*, que las dos actrices ensayan en casa del director teatral recién fallecido. El guion de la película se estructura a partir del guion de la obra teatral, en un juego de réplicas muy interesante.

Por otra parte, este guion es en realidad una larga disertación sobre el cine, la literatura y el teatro. O dicho de otro modo, de aquellas artes en las que más directamente se aborda la creación de personajes y mundos ficticios. Assayas ya había abordado esta temática en *Irma Vep* pero, si en ese caso, se pegaba a la narración para hacer avanzar su discurso (la película aborda el complicado proceso de rodar un *remake*), ahora no teme introducir directamente este discurso. Por ejemplo, en la larga secuencia en la que Maria y Valentine van a ver por primera vez a Jo-Ann en el cine. Empieza un largo diálogo sobre el futuro del séptimo arte. Valentine defiende que, bajo el ropaje del cine de superhéroes, se puede hablar de los mismos dilemas existenciales que abordaban los clásicos. Maria, perturbada aún por la imagen de la joven Jo-Ann y algo celosa por la admiración que manifiesta Valentine, se dedica a denigrar un cine que le parece superficial y artificioso. Abordan, en el fondo, un debate muy trabajado por el propio Assayas. No deja de ser curioso que *Irma Vep* sea una película de superhéroes... en la que Assayas aborda asuntos de calado existencial y plantea muchas cuestiones de su pensamiento cinematográfico y vital.

Bergman como referente

De todas formas, además de las referencias filosóficas y el diálogo de Assayas con el resto de su filmografía, si hay una referencia clara en *Viaje a Sils Maria*, esta es Ingmar Bergman.

Assayas nunca ha escondido su admiración por Bergman, no en vano es autor de una serie de entrevistas con el cineasta sueco que recogió en su libro *Conversación con Bergman*. «Hay algo en su trabajo que me habla directamente a mí de forma íntima a través de sus escritos y sus referencias autobiográficas... Es una situación muy extraña encontrarte ante un artista que utiliza su propia vida como una herramienta más», señala Assayas.

Viaje a Sils Maria se ve muy bien a la luz de esta relación entre los dos cineastas. Podría decirse que Assayas ha tratado de hacer una relectura del cine de Bergman. Evidentemente, la comparación con *Persona* (BERGMAN, 1966) es la más evidente. Assayas sustituye la ya mítica isla de Fàro por las montañas y valles de Sils Maria y, como Bergman, encierra a dos poderosos personajes femeninos y los enfrenta a una cruel dialéctica construida a base de silencios, reproches, enfados y reconciliaciones.

Pero no es el único elemento reconocible. Como citábamos antes, hablando de su encuentro con Bergman, Assayas destaca que le llamó la atención cómo el cineasta sueco utilizaba su propia vida como materia cinematográfica. A lo largo de estas líneas, hemos visto cómo *Viaje a Sils Maria* está construida con retazos de la vida de Assayas: desde su relación con Binoche y aquella primera película que los unió, hasta el descubrimiento de *La serpiente de Maloja* o sus reflexiones sobre el cine contemporáneo.

Es también nítidamente *bergmaniana* la presencia del teatro en esta película. Como señalamos antes, todo se articula alrededor del teatro, del texto y de la interpretación.

Bergman admiraba el teatro y señalaba que le parecía superior al cine. Entre otras cosas porque muchas veces afirmó el valor que le daba a los actores y, en su última etapa, especialmente a las actrices. Aquí, Assayas centra también la película en tres actrices. Hemos hablado ya de la importancia de Binoche, pero no menos clave resulta el personaje de Valentine, del que hablaremos en unas líneas. La película nos habla de la construcción de los personajes, un tema absolutamente dramático y muy querido para un cineasta tan psicológico como Bergman. Por otra parte, esta referencia se observa hasta en la estructura de la película dividida en actos.

Podríamos seguir encontrando paralelismos entre el cine de Bergman y *Viaje a Sils Maria*: la reflexión sobre el tiempo y la vejez, la presencia de la muerte (la película comienza con la muerte de Wilhelm Melchior), la complejidad de unas relaciones afectivas que, lejos de liberar al individuo, lo acorralan y, a veces, lo intoxican (en el filme no se refleja ninguna relación afectiva positiva: hay dos divorcios, una infidelidad y una ambigua relación de amistad-dominación que termina anulando a uno de los personajes).

Podríamos seguir, pero quiero centrarme en un aspecto muy tratado por Bergman y que le sirve a Assayas para construir el guion: la importancia de los espejos.

Es nítido el valor que le da Bergman a los espejos. El espejo como búsqueda de la verdad de un rostro, como reflejo distorsionado de la realidad, como afirmación del yo... Es muy interesante ver el vídeo que realizó la revista digital *Criterion Collection* recogiendo algunas de las escenas en las que Bergman utiliza los espejos; pero es más interesante aún comprobar el hondo sentido metafísico que tienen los espejos en películas como *Como en un espejo* (Bergman, 1961) o la citada *Persona*.

Assayas recoge el testigo de su maestro sueco y construye *Viaje a Sils Maria* como un juego de espejos. Un juego caleidoscópico porque cada uno de los elementos que se mueven en el tablero de juego del filme tiene su propia imagen.

Evidentemente, el primer juego de espejos -y alrededor del que gira toda la trama- es el de la obra teatral que se representa 20 años después: Maria ha pasado de ser Sigrid a convertirse en Helena. La película habla de esa negación a mirarse en el espejo y aceptar que ha pasado el tiempo, que ha dejado arrugas en el rostro y en el alma. Pocos elementos nos hacen tan conscientes del paso de los años como un espejo. Juliette Binoche trata de enfrentarse al paso del tiempo pero no es capaz de aceptar a su personaje. Lo afirma con rotundidad: *Soy Sigrid, no quiero ser Helena*. Valentine, mientras lee el papel de Sigrid, trata de convencer a Maria de que capte el personaje de otra manera, que trate de comprenderlo. Aquí entra en escena el juego de espejos más interesante de toda

Cuando Maria conoce a Jo-Ann comienza de nuevo un juego de seducción (Maria reconoce a la verdadera Sigrid) que deja fuera a Valentine.

la película. Aparentemente, Valentine y Maria representan el duelo dialéctico de Sigrid y Helena respectivamente. Valentine es joven, está mucho más cerca de la actualidad, se muestra segura manejando las nuevas tecnologías y marcando el ritmo y la agenda de su jefa. Por otra parte, Maria se muestra celosa ante la relación de Valentine con el fotógrafo y, ante un comentario positivo de Valentine hacia Jo-Ann (que no deja de ser la verdadera nueva Sigrid en otro juego de espejos), Maria no puede evitar preguntarle *¿qué tengo que hacer para que me admires?*, con un tono lastimero que podría haber sido de la maltratada Helena. En los ensayos, se palpa una tensión que parece indicar que la dependencia de Helena hacia Sigrid es similar a la de Maria hacia Valentine y, sin embargo, poco a poco el espejo va girando y comprendemos que Valentine es, en realidad, Helena. O dicho de otra manera, Maria vuelve a ser Sigrid y es capaz de chantajear afectivamente a Valentine, que no consigue aguantar la presión emocional a la que la somete su intensa jefa. Hay tres momentos que marcan el derrumbe de Valentine y son tres escenas de gran valor. En la primera, Valentine regresa por la noche después de haber quedado con el fotógrafo. No sabemos nada de lo que ha ocurrido. Solo que le ha pedido el coche a Maria, después de una conversación algo tensa, y que vuelve de madrugada, borracha y llorosa. Se para en mitad de la carretera, vomita en el arcén, fuma y escucha a todo volumen *Kowalski*, un tema del grupo de música tecno Primal Scream (un tema musical que rompe absolutamente con una banda sonora en la que hasta ahora solo hemos escuchado música clásica absolutamente convencional).

Esta imagen se alterna con las nubes de Maloja. Se aproximan malos tiempos. No sabemos lo que ha pasado, ni lo que ocurre en la cabeza de Valentine, pero percibimos que algo está definitivamente roto.

La segunda escena que marca el drama de Valentine es el momento en el que Maria se entrevista con Jo-Ann. Las relaciones entre Maria y Valentine son cada vez más tirantes, fruto de los constantes desencuentros al ensayar el texto y a que, en cierto modo, Maria está viendo en Valentine la juventud de la Sigrid que fue. En esta entrevista, rodada por Assayas de modo circular, Valentine queda absolutamente fuera de plano. Y no solo desde un punto de vista visual, sino porque ni Maria ni Jo-Ann cuentan con ella para nada. Jo-Ann se pasa toda la velada halagando de manera empalagosa a Maria, que cambia radicalmente su actitud de escepticismo. Cae en las redes de Jo-Ann. Como Helena. Y ahora, una vez que se ha establecido el verdadero juego de espejos entre Maria y Jo-Ann, Valentine sobra.

La tercera escena será la de la desaparición de Valentine. Como en la obra teatral, Helena (ahora Valentine) desaparece. Mientras pasea con Maria por Maloja esperando a ver las nubes, se esfuma. Con todo, nada apunta a un suicidio (aunque hay espectadores que lo interpretarán así), sino a una decisión de no seguir plegada a la voluntad de Maria. Valentine decide romper con quien ha sido hasta ahora parte importante de su vida, y seguir su camino en un giro al argumento de la obra teatral que han estado ensayando. Valentine se da cuenta que es Helena, pero decide -como le ha aconsejado a Maria durante los ensayos- ser una Helena con voz y voluntad propia.

Por último, hay un juego de espejos también muy interesante que es el del propio director, Olivier Assayas. Assayas es Wilhelm Melchior en *Viaje a Sils Maria* (lo hemos explicado al principio), es también Klaus Diesterweg (el joven director de cine que lucha por sacar adelante la nueva versión de *La serpiente de Maloja*), pero es, sobre todo, y, de nuevo, Valentine. En el discurso de la joven agente vemos gran parte del pensamiento del director. Assayas es un cineasta bastante moralizante. Sus películas siempre tienen una toma de postura sobre alguna cuestión de carácter moral, ya sea sobre la eficacia del mayo francés (*Después de mayo*), sobre la importancia de las relaciones familiares (*Las horas de verano*) o sobre los negocios que se acaban haciendo a costa de la dignidad personal (*Boarding gate* o *Demonlover*). En *Viaje a Sils Maria*, Assayas no se priva de añadir algunas reflexiones sobre el paso del tiempo y la importancia de aceptarlo y darle valor a la experiencia. En uno de los momentos en los que Maria y Valentine discuten sobre el personaje de Helena, Valentine señala -y es Assayas quien habla-: *No puedes ser prestigiosa y tan completa como actriz y esperar los privilegios de la juventud.* Valentine está hablándole a Maria para que acepte el paso del tiempo, pero esta reflexión se extiende a la propia Juliette Binoche, a Chloë Grace Moretz (que en cierto modo se interpreta también a sí misma) y al cine de autores con recorrido que tienen experiencia. Es el autor -Assayas- hablando con él y de él mismo, por boca de uno de sus personajes.

Assayas termina con un guiño al espejo final. *La Serpiente de Maloja* se representa por fin y volvemos a encontrar los espejos: una oficina donde el cristal y los reflejos constituyen la base de toda la decoración. Assayas termina su *Viaje a Sils Maria* con un plano fijo de Juliette Binoche absolutamente sola. Un personaje que es, al mismo tiempo, Sigrid, Helena y Valentine. Las tres mujeres terminan fundiéndose en una sola imagen. Igual que en *Persona*. Otra vez Bergman.

CLOUDS OF SILS MARIA (2014)
País: **Alemania, Francia, Suiza**
Dirección y Guion: **Olivier Assayas**
Fotografía: **Yorick Le Saux**
Montaje: **Marion Monnier**
Diseño de producción: **François-Renaud Labarthe**
Vestuario: **Jürgen Doering**
Intérpretes: **Juliette Binoche, Kristen Stewart, Chloë Grace Moretz, Brady Corbet, Claire Tran, Johnny Flynn, Hanns Zischler, Angela Winkler**
124 minutos
Distribuidora DVD: **Vértice**
Estreno en España: **12.6.2015**

Filmografía de Olivier Assayas como director (últimas 10 películas)

- *Personal Shopper* (2016).
- *Idol's Eye* (2014).
- *Viaje a Sils Maria* (*Clouds of Sils Maria*, 2014).
- *Después de mayo* (*Après mai*, 2012).
- *Carlos* (*Carlos, le film*, 2010).
- *Las horas del verano* (*L'Heure d'été*, 2008).
- *Boarding Gate* (2007).
- *Clean* (2004).
- *Demonlover* (2002).
- *Los destinos sentimentales* (*Les Destinées sentimentales*, 2000).

FUENTES

• NIETZSCHE, Friedrich (2001): *La gaya ciencia (Die fröhliche Wissenschaft)*. Madrid. Akal.

• NIETZSCHE, Friedrich (1885): *Así habló Zaratustra (Also sprach Zarathustra. Ein Buch für Alle und Keinen)*. Obra de dominio público <http://www.alejandríadigital.com>

• JORIO, Luigi (2007). *El despertar alpino del autor de Zaratustra*. 27-06-2007. Recuperada de <http://www.swissinfo.ch/spa/friedrich-nietzche_el-despertar-alpino-del-autor-de--zaratrusta-/899238>

• ASSAYAS, Olivier (2014). Entrevista a Olivier Assayas en *Cineuropa*, Jorn Rossing Jensen, 2-julio-2014. No es una película con Binoche, sino sobre ella <http://cineuropa.org/it.aspx?t=interview&l=es&did=259497>

• ASSAYAS, Olivier (2001). Entrevista a Olivier Assayas publicada en *Página12*, periódico argentino, en agosto de 2001, y recuperado por Ernesto Babino en *Cine Impuro*, 24 de septiembre de 2007. A propósito de los destinos sentimentales <http://ernesto-babino.blogspot.com.es/ 2007/09/entrevista-olivier-assayas-director-de.html>

• MARTÍNEZ, Luis (2014). Bergman después de Bergman. *El Mundo* 11-07-2014 <http://www.elmundo.es/cultura/2014/07/11/53bebd8022601da6668b458d.html>

• KOGONADA (2015). *Mirrors of Bergman*. The Criterion Collection. 12-02-2015 <https://vimeo.com/119452347>

• FANK, Arnold (1924). *Das Wolkenphänomen in Maloja / Cloud Phenomena of Maloja*. Vídeo <https://www.youtube.com/watch?v=tQMT5v0yk9o>

Whiplash (Damien Chazelle)
SOFÍA LÓPEZ

Andrew Neiman, un baterista de 19 años, sueña con llegar a ser alguien importante en el mundo de la música, aunque está lleno de miedos, abrumado por el fracaso de su padre como escritor. Sabe lo que quiere y para ello ha conseguido entrar en el más prestigioso conservatorio del país. Allí se encuentra con el temido y admirado director de orquesta Terence Fletcher, conocido por sus terribles métodos educativos.

Al leer esta sinopsis es fácil -y comprensible- concluir que la historia está trillada, manida: una leyenda de superación personal, a través de la música. Hay que sumergirse de lleno en la propuesta del joven director Damien Chazelle (Providence, Rhode Island, 19-1-1985) para descubrir que un *storyline* que suena a sabido puede contener toda una aventura cinematográfica y musical llena de sorpresas de alto nivel.

Un director que ama la música

Chazelle estudió en Harvard, donde se graduó en Artes Visuales. Sin embargo, para él la música siempre fue muy importante: estudio batería en el instituto donde tuvo un profesor en el que se inspira el de la película.

Su debut como director y guionista fue en 2009 con un musical titulado *Guy and Madeline on a Park Bench*, ganador del Premio Especial del Jurado en el Festival de Cine de Turín, en el año 2009. Según Joan Sala, crítico y editor de *Filmin*, esta película,

> Es, por un lado, una comedia romántica que homenajea la tradición del cine musical norteamericano de los cuarenta y cincuenta, pero con una puesta en escena rabiosa y pálida cercana al *cinema vérité*. Por el otro, es la historia de un hombre (Guy) y la típica relación amorosa con dos mujeres durante un período determinado de su vida, aunque la verdadera protagonista del filme es la música de jazz que desborda el relato (SALA, 2015)

A partir de ahí, en su breve filmografía como guionista o director, casi siempre aparece la música como elemento temático. Por ejemplo, escribió el guion de *Grand piano* (2012), película dirigida por el español Eugenio Mira, un *thriller* que presenta a un pianista, amenazado de muerte si falla una nota durante un concierto.

Acaba de presentar su última película como realizador, *La, la Land*, en el Festival de Cine de Venecia de 2016, una versión moderna del musical *hollywoodiense*, cuyo protagonista es un pianista de jazz.

Mucho de autobiográfico

Whiplash bebe de experiencias y recuerdos del realizador, según él mismo ha reconocido. Cuando era adolescente, se formó como batería de jazz en la Princeton High School. En esos años, tuvo un profesor muy exigente, con fuerte carácter, que le sirvió de inspiración para su película. El profesor logró convertir una banda principiante de jazz de un colegio público de New Jersey en la mejor agrupación musical de su estilo en el país.

Pero el guion no solo se nutre de estos apuntes biográficos, que sirven de excusa para armar una trama, sino que va más allá. La historia adopta un enfoque de fondo, muy personal, que radica en la pasión del miedo.

> Miedo de perder el ritmo. Miedo de perder el tempo. De forma más abrumadora, miedo de mi director de orquesta. (…) Durante años, tocar la batería se convirtió en mi vida; y por primera vez la música estaba asociada en mi mente, por encima de todo, no con el entretenimiento, la diversión, o una forma de expresión personal, sino con el temor (CHAZELLE, 2015)

El miedo y la tensión invaden la trama y proporcionan una historia que suena a guerra, a violencia. El protagonista vive con estos sentimientos y cada actuación musical se percibe como un concurso a vida o muerte. Cada enfrentamiento con el profesor lo aboca a un estado de mayor o menor desesperación; nunca existe la indiferencia. Y es que, según dice Damien Chazelle,

> ... todavía puedo recordar vivamente las pesadillas, las náuseas, las comidas que me saltaba, los días de insoportable ansiedad, etc. Todo al servicio de un estilo de música que visto desde fuera es reflejo de libertad y felicidad. Lo más crucial para mí en aquellos días fue una única relación: la existente entre mi profesor y yo. Esta relación -tan cargada y tan llena de tensión- es la que yo quería realmente explorar en *Whiplash* (CHAZELLE, 2015)

Comenzó con el tratamiento de su historia en un momento en el que, dedicado a la escritura de otro guion, se atascó y lo dejó de lado. Una vez acabado, le costó darlo a conocer porque se trataba de una historia bastante personal. En un principio, los productores no se interesaron por la historia. Aún así, apareció en la lista de las mejores películas no rodadas de 2012[1] con 19 votos a favor, siendo el máximo 65 y el mínimo 6. Finalmente, aceptaron el reto, aunque primero se hizo un corto de 18 minutos, que fue muy bien acogido en el Festival de Sundance 2013: ganó el premio al Mejor Cortometraje.

Una película visualmente poderosa

Whiplash está pensada, sentida y montada de un modo muy visual. La idea de partida -ya analizada- tiene fuerza y está desarrollada con potencia. El guion cuenta con una sólida y equilibrada estructura. La trama principal se centra en el enfrentamiento entre los coprotagonistas, que crece hasta el momento grandioso del clímax final. Como excusa para esta relación profesor-alumno, planea la figura del gran saxofonista Charlie Parker y una historia sucedida con el baterista Jo Jones, antes de ser una figura legendaria.

Los respiros emocionales provienen de las dos pequeñas tramas secundarias, casi relaciones menores (la novia y el padre de Andrew), y de algún momento de cierta humanidad por parte del duro profesor. En general, estamos ante un drama con tratamiento de *thriller*, que toca el conflictivo tema del maltrato psicológico como modo de llegar al arte supremo. Y digo conflictivo porque esta película ha originado ríos de tinta en foros no cinematográficos, entre profesores a favor y en contra de este sistema docente.

Brillan con luz propia los protagonistas J. K. Simmons (Fletcher) y Miles Teller (Neiman). Simmons se llevó el Oscar al Actor de Reparto, un premio que no hubiese sido posible sin Teller, que supo estar a la altura en las réplicas. Son interpretaciones de

---
[1] *Black List de 2012.* Vid http://files.blcklst.com/2012_black_list.pdf

Cuando Andrew ensaya solo, toca hasta sangrar.

poco diálogo, de muchas miradas y de intensos sentimientos, emocionales y musicales, transmitidos con autenticidad y mucha fuerza. Escenas como la secuencia final contienen mucho cine.

Y a eso contribuye el cuidadísimo montaje de Tom Cross. Toda la producción es un juego espléndido de planos de músicos, caras, instrumentos, etc., que capturan detalles significativos de una obra musical: los auriculares, las baquetas, las ampollas y cortes en las manos, el sudor, la fatiga, etc. Cross une todos estos elementos con un cuidadísimo tempo, siempre al ritmo de la música.

All That's Jazz

En *Whiplash* se encuentra otro de los amores del realizador, la música de jazz. Repite en su segunda película el homenaje a este género. La leyenda de Charlie Parker, que siempre le intrigó, se sitúa en el eje de la historia: sale a relucir en tres momentos diferentes, a modo de columna vertebral, pues sirve de inspiración del duro profesor, Fletcher.

> La leyenda del jazz que siempre me ha intrigado más es la del joven Charlie Parker. (…) Una noche, Charlie Parker participó en una sesión en un club de Reno y estropeó su solo: el baterista principal le lanzó un cimbal a la cabeza y el público le abucheó. Se fue a la cama con lágrimas en los ojos. Ensayó como un poseso durante el año siguiente y, cuando volvió a Reno, dejó perplejo a todo el mundo (CHAZELLE, 2015)

La historia de Parker la cuenta Clint Eastwood en *Bird* (1988). En una de las escenas, concebida como un momento simbólico y especial, aparece el sucedido de Reno. El batería que le lanza el platillo era el famosísimo y virtuoso Jo Jones. En realidad, se lo lanzó a los pies. Y, efectivamente, este gesto desencadenó que Parker reaccionara, trabajara y se superara (CROUCH, 2013).

Por *Whiplash*, además, desfilan otros grandes del jazz, como el baterista Buddy Rich, fuente continua de inspiración del joven Neiman, que observa con frecuencia su modo de tocar.

El compositor (y director) de la banda sonora es Justin Hurwitz, que acompaña a Chazelle en los tres largos que ha dirigido. Junto a él, Tim Simonec hizo los arreglos musicales. Hurwitz compone 24 temas.

1	Snare Liftoff (I Want To Be One Of The Greats)	J. K. Simmons
2	Overture	Justin Hurwitz
3	Too Hip To Retire	Tim Simonec
4	Whiplash	Hank Levy
5	Fletcher's Song In Club	Justin Hurwitz
6	Caravan	John Wasson
7	What's Your Name (If You Want The Part, Earn It)	J.K. Simmons
8	Practicing	Justin Hurwitz
9	Invited	Justin Hurwitz
10	Call From Dad	Justin Hurwitz
11	Accident	Justin Hurwitz
12	Hug From Dad	Justin Hurwitz
13	Drum & Drone	Justin Hurwitz
14	Carnegie	Justin Hurwitz
15	Ryan / Breakup	Justin Hurwitz
16	Drum Battle	Justin Hurwitz
17	Dismissed	Justin Hurwitz
18	Good Job (He Was A Beautiful Player)	J.K. Simmons
19	Intoit	Stan Getz
20	No Two Words	J. Hurwitz/Nicholas Britell
21	When I Wake	Justin Hurwitz
22	Casey's Song	Justin Hurwitz
23	Upswingin'	Tim Simonec
24	First Nassau Band Rehearsal / Second Nassau Band Rehearsal / Studio Band Eavesdrop / Studio Band Rehearsal After Breakup	Tim Simonec

Temas musicales de Whiplash. Fuente: Spotify.

Aunque se compusieron y grabaron 24 temas, en el desarrollo de la trama se pueden distinguir 37 bloques musicales[2], porque a veces un tema se divide en varios bloques a lo largo de la película, como sucede con el tema 24: son cuatro melodías y cada una aparece en un bloque diferente. Están unidas por pertenecer a los diferentes ensayos de las bandas de la escuela Shaffer.

Hurwitz ha acertado en el estilo de los 14 temas originales. Casi todos corresponden a sonido extradiegético (11 de los 14), que refuerza siempre los momentos de tensión y miedo por los que pasa el protagonista. Es una música de una estructura melódica muy simple, en ocasiones apenas audible, compuesta casi siempre por los ruidos de algún metrónomo, algo de batería y alguna nota de bajo continuo de saxo jugando con las disonancias, en sintonía con el mundo interior de Neiman.

De entre estos temas, hay dos de estilo diferente al resto y casi iguales entre sí. *Hug From Dad* y *Dismissed* suponen los dos momentos más líricos, de gran crisis de Neiman, que encuentra el apoyo de su padre. Hurwitz acude al piano, esta vez con una melodía tonal, muy sencilla, lírica, tierna y triste. Lo curioso es que estas dos melodías surgen como *leitmotiv* de la composición diegética *Fletcher's Song In Club*, una tierna melodía de jazz que ejecuta *Fletcher* casi al final de la película, esta vez arropada por la batería.

Por lo demás, hay mucho sonido diegético, que se justifica por la historia, donde lo fuerte son las clases, los ensayos, las actuaciones.

Whiplash y *Caravan* son los temas célebres que están en el corazón de la película. Ambos son estudiados e interpretados por los jóvenes músicos de la escuela Shaffer. *Whiplash* fue compuesto por el americano Hank Levy, en 1973. Da la casualidad (o no) de que Levy fue profesor de música en la Towson State University desde 1967, donde fundaría su propia banda, la Towson State Jazz Ensemble. Con trabajo duro y pasión, consiguió que el grupo se convirtiera en una de las bandas de jazz más prestigiosas de Estados Unidos, ganando premios en festivales como el de Notre Dame en 1970, donde uno de sus alumnos consiguió también el galardón a mejor trompetista[3].

Caravan es una melodía de jazz muy conocida, compuesta en 1936 por el trombonista puertorriqueño Juan Tizol, que tocaba en la banda de Duke Ellington. La canción suena en dos películas de Woody Allen -otro amante del género, clarinetista además de director-: *Acordes y desacuerdos* (1999) y *Alice* (1990).

---

[2] En esos 37 bloques no se han contado algunos bloques menores, como tres o cuatro de sonidos diegéticos compuestos por momentos donde se afinan los instrumentos, antes de empezar un tema, o por un bloque en el que Neiman se encuentra a un mendigo por la calle tocando tres cubos del revés con unas baquetas, a modo de batería.

[3] Vid http://vivoenlaerapop.com/whiplash/

Whiplash se posiciona como una gran película dentro del género jazzístico, pero sobre todo como ejemplo de buen quehacer cinematográfico de un director joven con un presupuesto muy bien aprovechado (costó 3,3 millones y recaudó casi 50, con solo 13 en Estados Unidos[4]) y siguiendo muy fielmente la plantilla previa que supuso el cortometraje.

Al margen de discusiones acerca de la conveniencia o no de ese sistema pedagógico para obtener la grandeza del genio, la cuestión es que estamos ante una buena historia muy bien contada. Es lo que se pide a un cineasta.

WHIPLASH (2014)
País: **EE.UU.**
Dirección y Guion: **Damien Chazelle**
Fotografía: **Sharone Meir**
Montaje: **Tom Cross**
Música: **Justin Hurwitz**
Diseño de producción: **Melanie Jones**
Vestuario: **Lisa Norcia**
Intérpretes: **Miles Teller, J.K. Simmons, Paul Reiser, Melissa Benoist, Austin Stowell, Jayson Blair, Kavita Patil, Kofi Siriboe, Jesse Mitchell**
106 minutos
Distribuidora DVD: **Sony**
Estreno en España: **16.1.2015**

Filmografía de Alex Garland como director

- *La, la, land* (2016).
- *Whiplash* (2014).
- *Guy and Madeline on a Park Bench* (2009).

---

[4]Vid <http://www.boxofficemojo.com/movies/?id=whiplash.htm>

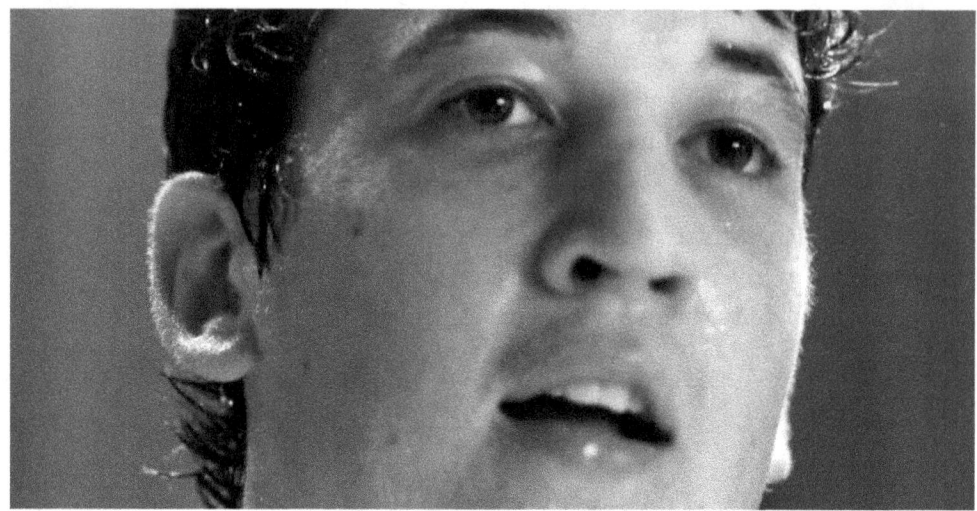
Neiman después de la última actuación, en el brillante clímax de la película.

FUENTES

• CROUCH, Stanley (2013). *Kansas City Lightning. The rise and times of Charlie Parker*. New York: Harper Collins.

• EASTWOOD, Clint (Director). (1988). *Bird* [Película]. Estados Unidos: Warner Bros / The Malpaso Company.

• CHAZELLE, Damien (2015). *Whiplash*. Pressbook. Madrid: Sony Pictures.

• SALA, Joan. (2015) *Antes de Whiplash*, Guy & Madeleine on a Park Bench. 21 de enero de 2015. Recuperada de <https://www.filmin.es/blog/antes-de-whiplash-guy-madeleine-on-a-park-bench>

• SÁNCHEZ DE LA NIETA, Claudio. BSO: Whiplash. *FilaSiete* (6 de junio de 2015). Recuperada de <http://filasiete.com/noticias/bso-musica-cine/bso-whiplash/>

• SPOTIFY. BSO Whiplash.

Índice

AUTORES >>> 5
PRESENTACIÓN >>> 11
ATRAPA LA BANDERA (ENRIQUE GATO) JERÓNIMO JOSÉ MARTÍN >>>>>>>>>>>>>>>>>>>>> 15
BIRDMAN (ALEJANDRO GONZÁLEZ IÑÁRRITU) CARMEN AZPURGUA >>>>>>>>>>>>>>>>>>>> 23
CONDUCTA (ERNESTO DARANAS) MARÍA CABALLERO >>>>>>>>>>>>>>>>>>>>>>>>>>>>>> 33
DEL REVÉS (PETE DOCTER, RONNIE DEL CARMEN) JULIÁN LARRAURI >>>>>>>>>>>>>>> 49
DEUDA DE HONOR (TOMMY LEE JONES) ALBERTO FIJO >>>>>>>>>>>>>>>>>>>>>>>>>>> 55
DHEEPAN (JACQUES AUDIARD) ALBERTO FIJO >>>>>>>>>>>>>>>>>>>>>>>>>>>>>>>>> 63
EL AÑO MÁS VIOLENTO (J. C. CHANDOR) ENRIQUE FUSTER >>>>>>>>>>>>>>>>>>>>>> 71
EL FRANCOTIRADOR (CLINT EASTWOOD) RUTH GUTIÉRREZ >>>>>>>>>>>>>>>>>>>>>>>> 81
EL PUENTE DE LOS ESPÍAS (STEVEN SPIELBERG) ARMANDO FUMAGALLI & PAOLO BRAGA >>>> 91
EX MACHINA (ALEX GARLAND) MARTA GARCÍA SAHAGÚN >>>>>>>>>>>>>>>>>>>>>>>>>> 99
FOXCATCHER (BENNETT MILLER) CRISTINA ABAD >>>>>>>>>>>>>>>>>>>>>>>>>>>>>> 109
LA VISITA (MICHAEL NIGHT SHYAMALAN) FERNANDO HERNÁNDEZ BARRAL >>>>>>>>>>> 119
LEJOS DEL MUNDANAL RUIDO (THOMAS VINTERBERG) FERNANDO GIL-DELGADO >>>>>>>> 125
LEVIATÁN (ANDREY ZVYAGINTSEV) ÁNGEL PEÑA >>>>>>>>>>>>>>>>>>>>>>>>>>>>>> 133
MACBETH (JUSTIN KURZEL) FERNANDO GIL-DELGADO >>>>>>>>>>>>>>>>>>>>>>>>>>> 141
MAD MAX: FURIA EN LA CARRETERA (GEORGE MILLER) LAURA MONTERO PLATA >>>>>>>>> 149
MANDARINAS (ZAZA URUSHADZE) JUAN ORELLANA >>>>>>>>>>>>>>>>>>>>>>>>>>>>> 159
MARTE (RIDLEY SCOTT) ANTONIO SÁNCHEZ-ESCALONILLA >>>>>>>>>>>>>>>>>>>>>>> 167
MISTRESS AMERICA (NOAH BAUMBACH) PABLO ECHART >>>>>>>>>>>>>>>>>>>>>>>>>> 177
MR. HOLMES (BILL CONDON) JUAN PABLO SERRA >>>>>>>>>>>>>>>>>>>>>>>>>>>>>> 185
NIGHTCRAWLER (DAN GILROY) JOSÉ GABRIEL LORENZO >>>>>>>>>>>>>>>>>>>>>>>>> 195
RED ARMY (GABE POLSKY) JORGE MILÁN >>>>>>>>>>>>>>>>>>>>>>>>>>>>>>>>>>>> 205
SICARIO (DENNIS VILLENEUVE) CLAUDIO SÁNCHEZ DE LA NIETA >>>>>>>>>>>>>>>>> 215
SLOW WEST (JOHN MACLEAN) LAURA POUSA >>>>>>>>>>>>>>>>>>>>>>>>>>>>>>>>>> 223
STAR WARS: EL DESPERTAR DE LA FUERZA (J.J. ABRAMS) JUAN LUIS SÁNCHEZ >>>>>>>> 231
TAXI TEHERÁN (JAFAR PANAHI) NADIA MCGOWAN & LUIS DELTELL >>>>>>>>>>>>>>>> 239
TIMBUKTU (ABDERRAHMANE SISSAKO) CRISTINA ABAD >>>>>>>>>>>>>>>>>>>>>>>>>> 247
UNA PASTELERÍA EN TOKIO (NAOMI KAWASE) JOSÉ M. GARCÍA PELEGRÍN >>>>>>>>>> 257
VIAJE A SILS MARIA (OLIVIER ASSAYAS) ANA SÁNCHEZ DE LA NIETA >>>>>>>>>>>> 265
WHIPLASH (DAMIEN CHAZELLE) SOFÍA LÓPEZ >>>>>>>>>>>>>>>>>>>>>>>>>>>>>>>> 277

www.ingramcontent.com/pod-product-compliance
Lightning Source LLC
Chambersburg PA
CBHW080240170426
43192CB00014BA/2502